The Practice of Land Rights

总主编：吴汉东

·南湖法学文库编辑委员会·

主　任：吴汉东
副主任：陈景良　刘　笋　张　红
委　员：吴汉东　陈景良　刘　笋　张　红
　　　　王广辉　郑祝君　张继成　赵家仪
　　　　胡开忠　樊启荣　詹建红　邓　烈

南湖法学文库

地权的实践

龚春霞 著

图书在版编目(CIP)数据

地权的实践/龚春霞著. —北京:北京大学出版社,2015.3
（南湖法学文库）
ISBN 978-7-301-25393-9

Ⅰ.①地… Ⅱ.①龚… Ⅲ.①土地所有权—研究—中国 Ⅳ.①F321.1

中国版本图书馆 CIP 数据核字(2015)第 016625 号

书　　　名	地权的实践
著作责任者	龚春霞　著
责任编辑	李　倩
标准书号	ISBN 978-7-301-25393-9
出版发行	北京大学出版社
地　　　址	北京市海淀区成府路 205 号　100871
网　　　址	http://www.pup.cn
电子信箱	law@pup.pku.edu.cn
新浪微博	@北京大学出版社　@北大出版社法律图书
电　　　话	邮购部 62752015　发行部 62750672　编辑部 62752027
印刷者	北京溢漾印刷有限公司
经销者	新华书店
	965 毫米×1300 毫米　16 开本　15 印张　215 千字
	2015 年 3 月第 1 版　2015 年 3 月第 1 次印刷
定　　　价	35.00 元

未经许可,不得以任何方式复制或抄袭本书之部分或全部内容。
版权所有,侵权必究
举报电话:010-62752024　电子信箱:fd@pup.pku.edu.cn
图书如有印装质量问题,请与出版部联系,电话:010-62756370

本研究受中央高校基本科研业务费专项资金资助（项目名称："农地制度变动与公共品供给改革研究"，编号：20132015）

本研究为中南财经政法大学博士后科研项目"地权的理论与实践——以我国农村地权调研为基础"的前期研究成果。

总 序

历经几回寒暑,走过数载春秋,南湖畔的中南法学在不断精心酿造中步步成长。中南法学的影响与日俱增,这离不开长江边上这座历史悠久、通衢九州的名城武汉,更离不开中南法律人辛勤耕耘、励精图治的学术精神,中南学子源于各地,聚集于此,又再遍布大江南北传播法学精神,砥砺品格、守望正义的同时也在法学和司法实践部门坚持创新、止于至善,作出了卓越的贡献。

纵观中南法学的成长史,从1952年9月成立中原大学政法学院,到1953年4月合并中山大学、广西大学、湖南大学的政法系科,成立中南政法学院,后至1958年成为湖北大学法律系,1977年演变为湖北财经学院法律系,转而于1984年恢复中南政法学院,又经2000年5月的中南财经大学与中南政法学院合并至今,中南财经政法大学法学院已然积攒了50年的办学历史。虽经几度分合,但"博学、韬奋、诚信、图治"的人文精神经过一代又一代中南学人的传承而日臻完善,笃志好学的研习氛围愈发浓厚。中南法学经过几十年的积累,其学术成果屡见丰硕。"南湖法学文库"这套丛书的编辑出版,就是要逐步展示中南法学的学术积累,传播法学研究的中南学派之精神。

中南法学经过数十载耕耘，逐渐形成了自成一格的中南法学流派。中南法律人在"为学、为用、为效、为公"教育理念的引导下，历练出了自有特色的"创新、务实"的学术精神。在国际化与跨地区、跨领域交流日益频繁的今天，中南法学以多位中南法学大家为中心，秉承多元化的研究模式与多样性的学术理念，坚持善于批判的学术精神，勇于探讨、无惧成论。尤其是年轻的中南法学学子们，更是敢于扎根基础理论的研习，甘于寂寞；同时也关注热点，忧心时事，活跃于网络论坛，驰骋于法学天地。

从历史上的政法学院到新世纪的法学院，前辈们的学术积淀影响深远，至今仍为中南法学学子甚至中国法学以启迪；师承他们的学术思想，沐浴其熠熠生辉的光泽，新一辈的中南法律人正在法学这片沃土上默默耕耘、坚忍不拔。此次中南财经政法大学法学院推出这套"南湖法学文库"，作为中南法学流派的窗口，就是要推出新人新作，推出名家精品，以求全面反映法学院的整体科研实力，并使更多的学者和学子得以深入了解中南法学。按照文库编委会的计划，每年文库将推出5到6本专著。相信在中南法律人的共同努力下，文库将成为法学领域学术传播与学术交流的媒介与平台，成为中南法律人在法学研习道路上的阶梯，成为传承中南法学精神的又一个载体，并为中国法学研究的理论与实践创新作出贡献。

晓南湖畔书声朗，希贤岭端佳话频。把握并坚守了中南法学的魂，中南法律人定当继续开拓进取，一如既往地迸发出中南法学的铿锵之声。

是为序。

吴汉东
2010年12月1日

序　言

《地权的实践》一书是龚春霞在博士论文基础上修改而成。很长一段时间以来,地权问题就一直是学界、政策部门和媒体关注的焦点话题,2010年龚春霞博士的论文选题选了地权研究,现在看来是很正确的。2014年9月,中央全面深化改革领导小组召开第五次会议,审议了《关于引导农村土地承包经营权有序流转发展农业适度规模经营的意见》《积极发展农民股份合作赋予集体资产股份权能改革试点方案》。同年12月,中央深改组第七次会议审议了《关于农村土地征收、集体经营性建设用地入市、宅基地制度改革试点工作的意见》,涉及主题都是地权问题。

既然是焦点话题,在地权问题上面就会有不同意见。龚春霞在《地权的实践》一书中讨论了相关争议,提出了相当有主见的观点。龚春霞的意见我都同意。就我看来,在当前引起社会广泛关注的地权问题上存在很多认识上的误会,我愿意借《地权的实践》序言的一角讲讲我的看法。也许我的这些看法有助于读者进一步理解《地权的实践》。

一、中国现代化成败的关键是缺少大约 1 亿亩建设用地？

经济发展、城市扩张,在人口城市化的过程中也同时进行着土地的城市化。中国人多地少,能否保持 18 亿亩耕地红线,关涉到能否养活所有中国人的大问题。城市化会占用农地,从而会减少耕地,因此,国家采取了严格的耕地保护政策,严格控制新增城市建设用地指标,强调城市建设集约节约用地。为了集约节约用地,保护耕地,国家出台了很多具体政策。在保护耕地和严控新增建设用地指标的情况下,造成城市建设用地的相对稀缺,这种建设用地稀缺产生的价值再加上土地不可移动所产生的城市建设用地级差收益,使城市建设用地具有远高于一般农地的价值,在一些地区甚至高达每亩数百万元。

城市建设用地价值巨大,容易让人误会为土地价值巨大,从而以为,如果中国再多 1 亿亩土地,就可以产生巨额的财富,就可以为中国现代化提供关键资源。中国现代化能否成功,中国能否走出中等收入陷阱,关键是我们能否获得一亿亩城市建设用地。

这个认识显然是错误的。中国有 960 万平方公里的国土面积,相当于 140 多亿亩国土,其中有 20 亿亩耕地。城市化需要占用土地,并非仅是耕地,140 亿亩国土上,虽然有沙漠、高山、河流、戈壁等不适宜建城的地方,但适宜建设城市的国土少说也有三、四十亿亩,当然就不缺少当前中国快速城市化所必需的大约 1 亿亩土地。

何况城市化就意味着农民进城。农民进城之后,他们就会退出自己的宅基地。现在农民有大约 2.5 亿亩宅基地,即使退出一半也有 1 亿多亩,足以弥补城市新增建设用地所占用耕地。

有人说,自 1990 年以来,中国耕地由 19 亿多亩降低到 18.26 亿亩,就是因为城市建设用地过多。这个说法有误,因为耕地减少的主要原因是退耕还林,退耕还林的耕地高于城市建设占用耕地。

现在城市建设用地具有远高于一般农地的价值,并非土地本身有价值,而是因为经济发展、城市扩展,使得土地上的经济容量极大地增加所致,也就是说,是经济发展所产生的价值附着在特定的不可移动的用于建设的土地上的缘故。没有经济发展就不需要建设用地,土地也就不会产生增值收益。国家为保护耕地进行的土地用途管制和严格控制城市新增建设用地指标,使得建设用地相对稀缺,从而进一步提高了城市建设用地的价值。

值得再次强调的是,城市建设用地具有高价只是因为两个原因,一是经济发展和城市扩张,使特定区位的土地附着了巨大增值收益,一旦离开这个特定区位,附着在土地上的价值也就不再存在。没有经济发展和城市扩张带来的价值附着,一块土地,无论你是否叫它建设用地,都是没有这样一种增值收益的。二是因为土地用途管制,国家采用偏紧的建设用地供给政策,而使建设用地相对稀缺,从而产生形成指标价值。这个指标价值是管制形成的,一旦取消管制,指标价也就没有了,因为建设用地不再稀缺。

这样一来,无论有多少土地,叫什么名字,作什么用途,没有经济发展和城市扩张对建设用地的需要,这些土地就没有超出农业用途以外的高价。而农业用途土地的价值现在也就在1万元左右。这个价值相对于动辄数百万元的城市建设用地来说,实在太少。

换句话说,中国即使可以从天上掉下来1亿亩土地,中国也并不能因此获得每亩数百万元的土地增值收益。土地增值收益来自经济发展和城市扩张,这本来是一个朴素的真理。没有哪个国家是因为土地丰富就实现了现代化,也没有哪个国家只是因为土地稀缺就无法实现现代化。可惜的是,当前中国社会中普遍出现了土地拜物教,将附着在土地上的价值当作了土地本身的价值,从而闹出很多笑话。

其中比如为节约土地而填海造地,为节约集约用地将城市拆了重建,为获得建设用地指标而拆农民房子以致于每亩建设用地指标达数十万元,等等。在中国总体建设强度还不足的情况下,这其中造成的严重资源浪费简直是犯罪啊。这样的节约集约用地必导致中国现代化重大损失。

二、现行土地制度没有效率?

一种普遍的认识是,中国现行土地制度没有效率,必须得改。这种认识认为,现行土地制度剥削了农民利益,引起土地冲突,导致国家合法性的流失。现行土地制度限制了土地自由流动,降低了土地的资源配置效率。城乡建设用地不能形成统一市场,既不公平,又无效率等等。总之,现行土地制度是无效率的制度。

以上认识可谓是大杂烩,还可以列举更多关于现行土地制度没有效率不合理必须改变的认识出来。

问题是,现行土地制度真的没有效率不公平吗?

现行土地制度是经由新民主主义革命和社会主义改造的两场革命所锻造出来的制度。新民主主义革命平均地权,消灭了土地食利者,社会主义改造消灭了土地私有制,这样就彻底摧毁了依附于土地谋取利益的食利者阶层,从而使中国经济发展剩余主要用于分配给劳动者。随着改革开放和私人资本的兴起,参与中国经济剩余分配的就主要是资本和劳动,而无关土地,农地非农使用所形成增值收益主要通过土地出让金的形式用于城市基础设施建设,从而最终归还给社会,做到了"地利共享""涨价归公"。这样的土地制度,得益于新中国两场革命摧毁了土地既得利益,才使得中国社会具有远比未经历土地革命国家强大得多的活力。

假定中国土地是私有的,这就意味着,中国经济发展所形成剩余要由资本、劳动和土地所有者来分。在全球化背景下,资本要获得全球平均利润,土地分享剩余,则劳动必减少剩余的分享。劳动者之间的利益分配关系必进一步紧张,这样的社会结构当然是无法与不存在土地分享剩余的中国经济相竞争的。

有人说,现行土地制度剥削了农民的利益,问题是,土地本来就不是农民的私有财产,国家征收农民土地是给予了补偿的,且农民是欢迎国家征地的(当然要有足够的补偿)。关于在征地拆迁过程中出现冲突,其中原因并非农民利益受到损失,而是有人希望得到更多补偿。中国正处在史无前例的高速城市化过程中,附着在土地上的利益极其巨大,如何分享土地利益,各利益主体必有争执甚至争夺。在城市化快速推进和土地利益激增的背景下,难以避免发生矛盾和冲突。相对来讲,虽然征地拆迁发生了一些矛盾,总体却是可控的,因为农民从征地拆迁中是得到了巨大利益的。再过十多年,城市化结束,征地拆迁也就不再有,与此相关的征地拆迁冲突也就不再有了。

有人说,当前城市建设用地与农村建设用地同地不同权也不同价。这种说法也是似是而非。农村建设用地是服务于农业生产和农民生活的建设用地,是生产生活附属设施用地,虽然也是建设用地,与城市用于第二、三产业的建设用地根本就是两码事。有人望文生义,说农村建设用地与城市建设用地同地不同权不同价,但本来就不是同一类型的土地,怎么可以同权,且本来就处在不同区位,如何可以同价呢!建立城乡统一的建设用地市场?这种说法完全不理解中国土地制度及不理解土地不可移动的属性。

当前中国具有全世界最高效率的土地制度,且这个土地制度防止了土地食利者的产生,做到了农地非农使用增值收益的涨价归公,地利共享,因此也是世界上最公平的土地制度。这个土地制度是两场革命的结果,用宪法巩固下来的,因此可以称之为中国土地制度的宪法秩序。我们要防止有反革命的力量来破坏土地制度的宪法秩序。

三、农地入市即产生巨额货币财富?

这是一种十分流行的误会。这种误会认为,只要放开农地入市就可以产生出巨大的货币财富,而完全忽视了城市建设用地之所以具有远高于农地的价值,是因为经济发展和城市扩张需要建设用地,正是经济发展和城市扩张,使用于城市建设的土地附着了增值收益。是经济发展而非土地本身创造出了巨大的城市建设用地的价值。因为城市只能平面扩张,就使得只有在城市近郊的土地才具有更高增值收益。而因为国家对土地用途的管制和相对偏紧的建设用地供给,使城市建设用地相对稀缺而具有超出实际价值的超额价值。

显然,让农地自由入市,并不能创造出额外的巨额货币财富,而最多只能分享现有的附着在土地上的价值。农地可以自由入市,则土地用途管制和建设用地指标就不再存在,偏紧的建设用地供给所形成建设用地稀缺也就不再存在,因为建设用地指标稀缺而使入市农地可以获得的价值自然也不存在。而正好处在城市近郊的农地因为可以分享到城市发展附着在土地上的利益,这些农地入市的确可以产生巨额货币财富,但这个货币财富与农民劳动无关,与土地无关,而只是特定区位参与分享了经济发展的成果,从而产生了不劳而获。而占全国95%以上的土地,入市不入市,都因为缺少经济发展对建设用地的需要,而不可能获得农地入市的机会,更不可能产生巨额货币财富。

四、农民需要更大土地权利?

在广西农村调查时,农民说,"国家不能只给我们钱,还要给我们权利",农民要更大的权利,这话听起来很熟悉,因为现在学界和政策部门都在说,应当给农民更大的土地承包经营权,现在正在全国试点的土地确权正是以给农民更大土地权利作为目标的。但与农民讨论,很容易就知道,他们所要的更大土地权利,恰恰不是个体农户更大的土地权利,不是土地确权所确权利,而是要让村社集体有一定的调整农民土地以便于耕作的权利。农民并不需要抽象的土地权利,他们也不是要将土地当作财产去抵押、交易的权利,而是要适应生产技术条件的发展和农村普遍出现的人地分离,而可以通过土地调整、尤其是小块并大块,以达到连片经营的问题,以及村社集体为单家独户小农提供共同生产服务的问题。农民最急需解决的问题,恰恰是因为个体农户土地权利过大而成钉子户,以及因此导致农业共同生产协商困难,组织交易成本过高,从而造成的"反公地悲剧"。

农村土地是用于耕种的,耕种方便才是作为耕者的农民的最大最强烈期盼。给农民更大的土地权利,其实不仅不能解决农民耕作便利问题,而且极大地提高了农民协商成本,使农民无法解决一家一户难以解决的生产困难,从而不得不在农业生产中多流汗与多流泪。甚至要多流血。

五、农地非正规流转没有效率?

当前全国都在建农村土地产权交易所,其中一项是将农村土地流转纳入到正规的土地产权交易所进行交易,从而形成正式的规范的农地经营权的流转。之所以要建产权交易所来流转农地经营权,是因为据说农民之间自发进行的农地流转无效率,且易引起争议。

但农民之间自发进行的不正式非正规的农地流转是在熟人社会进行的,我几乎从来没有听说农民之间自发的土地流转会引起争议,且这种自发流转,因为是在熟人社会中进行的,流转极其便利,手续基本不需要,可以说是效率极高。

极高的效率还表现在农村自发流转,进城农民将土地流转给亲朋邻里之后,亲朋邻里也正好帮他看看房子,照顾老人。流入耕地的农民,因为种种原因无法进城务工经商而留村务农,他们自家承包地太少,流入一定面积耕地形成适度规模经营,他们就可以从农业中获得不低于外出务工的收入,并因此成为村庄的"中坚农民"。正是村庄中坚农民的存在,使农村人财物流出背景下面仍然可以保持一个健全的社会结构和稳定的样态。这如何可以说效率不高!

农民自发的土地流转,租金比较低,这对耕者有利,而流转出土地的进城农民也不在乎土地租金的多与少,但他们可以随时回来要地自己种,这也为他们进城失败提供了退路。这也是高效率。

所以,认为农民自发进行的土地流转没有效率,实在是错误的认识。这种自发进行的土地流转及因此形成的农村中坚阶层,正是自生自发秩序的典范啊。

我以上讨论的问题,龚春霞在书中大多都有讨论。此不赘述,还是请读者诸君看龚春霞在书中的具体阐述吧!

贺雪峰
2015年1月于华中科技大学中国乡村治理研究中心

前　言

现阶段,我国经济进入城市化、工业化快速发展的黄金增长期,同时也是各种利益关系和矛盾冲突加剧的敏感期。进入利益博弈时代之际,随着土地价值的日益增加,以土地为载体的各种社会关系复杂化。地权配置问题不仅影响人与物之间的关系,而且极大刺激了人与人之间的关系。农民与土地的关系构成了农村的一对基本关系。地权制度构建的目的即在于有序协调各方主体在土地利用中的经济社会关系,促使不同主体科学合理地行使土地财产权利,实现地权效益的最大化。

关于地权研究的主要视角是"权利"视角,强调应赋予农民更多的土地权利。权利是指法律赋予人实现其利益的一种力量。对于"农民权利"的强调,实则是强调保证农民依靠土地获得一定的利益。法律只有通过对于农地法律关系的界定,才能更好地保护农民从农地上获得更多的利益。地权的研究不可能脱离"权利"视角,但就"权利"视角想要达到的目标而言,笔者认为需要重点关注"权利的实践"问题。地权关系的确立发生在具体的场域之内,以当事人之间达成一致合约为条件,得到社区认可的权属关系才具有实际的作用和意义。换言之,地权配置的有效运行必须依赖一定的时空条件，土地权属安排要在村庄内部有效运行，必须符合村庄内部对于产权的理解、支持与认同，与村庄的社会基础相吻合。

基于此，本书的研究视角侧重于对"权利实践"的关注，理解地权关系在不同场域的运行过程，在此基础上考察地权运行遇到的实践问题。本书的研究内容主要从地权诉求的实践、地权纠纷的实践、地权市场的实践及地权博弈的实践等四个方面来理解地权的实践情况。本书的目的并不在于呈现四者之间严密的逻辑关系，而在于通过这四个面向，来呈现文本意义上的地权配置如何在一定的约束条件和限制因素下运行。这对于认清土地制度的现实图景及可能的改革方向更为重要。

本书的主旨在于，通过具体呈现地权的实践逻辑，来回应土地制度的理论设计问题。当前并不存在单一的农民权利问题，农民的权利问题必须细化为什么农民的什么权利问题。不同农民的权利诉求不一样，对于土地制度的建构要求也不一样。与发达地区工业化程度较高的"农民"对于农地的诉求不一样，农业型地区的大多数农民希冀土地制度的设计满足他们关于土地上基础公共品供给的需求。土地法律制度关于农户承包经营权和集体土地所有权的界定应充分考虑这一点。城市化背景之下，土地非农化的增值收益不能突出个体的权利诉求，而应在基层政府、国家及个体之间进行合理配置。

目录

第一章　导论 / 1

第二章　地权话语的实践 / 19

 第一节　已有研究及问题意识 / 19

 第二节　农地制度的变迁历程 / 22

 第三节　农地制度的文本表述及理论阐释 / 30

 第四节　地权话语的地方性实践 / 45

 第五节　土地权利与地权的逻辑 / 52

第三章　地权诉求的实践 / 60

 第一节　已有研究及问题意识 / 60

 第二节　农民的分化及农民对土地的诉求 / 63

 第三节　农业生产的困境 / 73

第四节　农民合作的实践 / 83
第五节　土地权利与农田水利建设 / 91

第四章　地权纠纷的实践 / 99
第一节　已有研究及问题意识 / 99
第二节　地权纠纷的表达 / 102
第三节　地权共识与多元规则的博弈 / 110
第四节　法律规则的困境及运行的可能选择 / 118
第五节　土地权利与地权纠纷 / 126

第五章　地权市场的实践 / 131
第一节　已有研究及问题意识 / 131
第二节　地权市场与地权交易 / 134
第三节　地权市场的事实判断 / 141
第四节　地权市场的实践逻辑 / 146
第五节　产权与地权市场 / 155

第六章　地权博弈的实践 / 162
第一节　已有研究及问题意识 / 162
第二节　博弈的多方主体：政府与不同类型的农民 / 165
第三节　地权博弈的逻辑——以"钉子户"为代表 / 172
第四节　利益博弈过程中的征地拆迁 / 179
第五节　土地权利与利益博弈 / 188

第七章　结语：土地权利与地权的实践 / 192

主要参考文献 / 202

后　记 / 218

第一章 导论

一、问题缘起与中心主题

2007年始,笔者跟随中国乡村治理研究中心的步伐,致力于对中国农村问题的经验研究和理论提升。历次为期半个月至三个月的调研,通过"客观"[①]观察理解农村社会,呈现农村社会性质,探求在城市化、工业化、现代化进程中农村诸多问题的缘起和可能的解决途径。在全面把握村庄社会性质的基础上,关注某一个焦点问题。用这种不脱离中国语境、充分关注历史延续性,用经验来检验理论,并不断修正理论的研究方法,致力于以乡村中国为切入点,实现中国社会科学本土化和主体性的研究,希冀真正理解中国,为中国问题开出可能的良方。以扎实的调研经验和深厚的理论功底为基础,中心研究人员对中国农村的相关问题有深刻的理解,完成了一系列有

---

① 社会科学领域,研究者是否能够真正客观观察并阐释调研对象,一直是一个被不断讨论的问题。研究者的成长经历、学术训练、身份地位,甚至是接触研究对象那一刻的个体情绪都会影响对研究对象的客观判断,从而影响研究者解读经验,并进而影响研究结论。按照这样的理解,"客观"本就是一个主观判断了。不存在完美的研究方法,研究者只能在既有的限度条件下,进入研究对象之际,悬置自己对问题和现象的想象,以一个"当地人"的视角来看问题,并逐步得出自己的分析结论。正如韦伯对"价值中立"和"价值关联"的阐释一样。知识分子在进行社会科学研究时,应强调"价值中立",亦不否认"价值关联"在社会科学研究中的存在和作用。参见侯钧生:《"价值关联"与"价值中立"——评M·韦伯社会学的价值思想》,载《社会学研究》1995年第3期。

参考价值和实践指导意义的"作品"。①

关注经验研究的中国问题的研究方法对笔者偏重纯理论逻辑思考的法学思维模式是一个冲击。如何利用既有的法学学术训练,同时结合社会学的研究视角和理论,从交叉学科的角度深化对研究对象、研究问题的理解,成为笔者一直思考的问题。地权问题一直是研究中心关注的焦点问题。中心研究人员通过对湖北、湖南、江西、安徽、河南、山东、重庆、广东、广西、浙江等地农村的调研和考察,基本上实现了对农村土地问题的初步理解。这种理解除了充分考虑中央及各级地方政府关于土地的法律、法规及政策外,更关注地权的实践问题。如何从地权实践的角度关注地权制度的构建是笔者第一次调研开始思考和解答的。

2007年7月,笔者在河南崔村调研。当时正值雨季,同时也是棉花开花、玉米结棒之际。因下雨时间持续较长雨量较大,且没有良好的排水系统,积水严重降低了棉花、玉米等农作物的产量。为了减少损失,必须尽快将积水排出农田。排涝需要村民之间的合作。一旦耕种相邻地块的村民之间不能就排涝达成一致意见,积水就难以排出。即使部分饱受积水之苦的村民想要合作排涝,但由于无人愿意牵头组织,合作依然难以达成。有村民试图单独用水泵排水,但把自己地里的水排出去后,与之相邻地块的水又流进来了,排水问题仍然解决不了。随后几年,笔者在研究中心大规模持续性的田野调研中,参与了对湖北、安徽、河南、湖南、重庆等地农村的深度调研,同时分享中心老师和同学对各地农村的调研经验,并在相互交流中深化了对地权问题的认识。在天气干旱或者大雨滂沱之际,为何在同样的土地法

---

① 2009年,《中国村治模式实证研究丛书》出版后,中国乡村治理研究中心的研究又推出了一系列立足中国问题的优秀著作,代表性的作品主要有:贺雪峰:《地权的逻辑——中国农村土地制度向何处去》,中国政法大学出版社2010年版;《地权的逻辑Ⅱ——地权变革的真相与谬误》,东方出版社2013年版;陈柏峰:《乡村江湖——两湖平原混混研究》,中国政法大学出版社2011年版;杨华:《隐藏的世界——农村妇女的人生归属与生命意义》,中国政法大学出版社2012年版;田先红:《治理基层中国——桥镇信访博弈的叙事(1995—2009)》,社会科学文献出版社2012年版;郭亮:《地根政治——江镇地权纠纷研究(1998—2010)》,社会科学文献出版社2013年版;欧阳静:《策略主义——桔镇运作的逻辑》,中国政法大学出版社2011年版。

律政策之下,有些农村——如河南崔村,不能解决旱灾和排涝问题;有些农村,村民能进行较好的合作,抵御小灾小旱,保证农产品产量。不仅仅是农地耕作的问题成为土地问题的关注点;同时,随着城市化、工业化步伐的加快,村庄内部因土地利益之争而滋生的纠纷越来越多、越来越复杂,且难以在村庄场域内解决;是否放开地权市场也成为土地制度如何规划的主要议题之一。不理顺与土地制度相关的利益主体、利益的分配方式,土地问题极有可能成为影响社会稳定的因素。

土地制度的设计是宏观抽象且具有普遍性的,不可能细化到不同村庄土地实践的不同形态,也不可能细致到规划村民之间如何更好地合作解决土地纠纷问题。但任何普遍性的制度都必须接受不同实践的检验,宏观的制度是否合理且符合绝大多数人的利益,必须以其是否能有效解决具体的问题为判断。以实践作为检验理论的标准,宏观的制度设计必须回归到实践中,对应具体问题的解决。那么如何设计地权才能解决合作抗旱排涝的困境?农地法律制度如何设计有利于农地纠纷的解决?地权市场如何为中国城市化、工业化的发展提供资源并确保社会和谐稳定有序发展?基于对现实土地纠纷和土地争议的思考,以及对地权问题的理论关怀,笔者将地权问题限定为本书的研究对象。希冀结合法学和社会学研究方法之优势,深化对地权实践的把握,提供切合中国国情和现实发展需要的制度政策建议,为中华民族的发展和崛起提供一个学术研究者的绵薄之力。如果这样的努力能引起其他研究者对于这一问题的讨论,从而进一步推进制度的改进,笔者的努力就没有白费。

地权研究不能脱离中国的语境,不能不回应城市化日趋加速的现实。具体而言,地权的研究深嵌在以下几个背景中:

第一,就土地的特征而言,因其不可移动亦不可再生,随着城市化和工业化的推进,即使国家严格控制农地的非农化,依然会有大量农地被合法征收。因农地征收而产生的巨大级差地租将引起各方主体的"殊死搏斗",基于土地的利益纷争会不断呈现。

第二，因资源禀赋、扶持政策、地理环境及经济发展传统等因素的差异，区域间经济发展水平的不平衡性越来越明显，并有进一步扩大的趋势。同一经济区域，城乡之间的经济发展阶段相差甚远，农地在不同的经济区域，在同一经济区域的城乡之间具有不一样的作用。不同农民对农地的诉求不一样，农民对农地的诉求出现了分化。

第三，税费改革以来，随着基层政府及基层自治组织不再协助国家从农村提取资源，相反，在工业反哺农业的号召之下，大量资源输入农村，基层政府及基层自治组织逐渐丧失了动员组织农民的权力和能力，他们既不可能成为"赢利型经纪人"也不可能成为"保护型经纪人"。① 乡村社会出现了"治理性困境"②，乡村基层组织难以有效解决涉及土地的矛盾纠纷。

第四，在个体主义、自由主义及消费主义文化的大量渲染和影响下，农民的自我意识、权利意识日趋增强，"熟人社会"③的交往规则逐渐被"半熟人社会"④之间的交往规则取代。农民在与其他村民交往时，不再遵循"打个招呼就是了，还用得着多说吗"⑤的行动逻辑，而是强调理性算计，甚至以类似陌生人之间的交往规则来约束交往主体的行为。

第五，农地制度牵一发而动全身，农地法律制度是农村土地问题的法律表达，直接关乎农民、集体组织、基层政府、国家等各级组织及相关个人和团体的利益实现问题。立法机关及政府部门高度重视农地法律制度的表述和规定。伴随城市化的迅速扩大，地权成为构建和完善农地法律制度的重要

---

① 参见〔美〕杜赞奇:《文化、权力与国家——1900—1942 的华北农村》，王福明译，江苏人民出版社 2004 年版，第 29—37 页。
② "治理性困境"有别于李昌平于 20 世纪 90 年代末期针对"三农"问题提出的"治理性危机"。"治理性危机"强调税费时代下，乡村基层组织享有较大权力，制约农民的行为。因提取繁重的税费任务及各种附加费用，导致以农民负担为核心的农民与国家的关系紧张。参见李昌平:《我向总理说实话》，光明日报出版社 2002 年版。"治理性困境"指的是后税费时代，乡村基层组织缺乏基本的权力和能力有效组织农民进行村庄的公共建设，日常治理逐渐程序化、形式化。
③ 参见费孝通:《乡土中国 生育制度》，北京大学出版社 1998 年版，第 6—11 页。
④ 参见贺雪峰:《新乡土中国》，广西师范大学出版社 2003 年版，第 1—4 页。
⑤ 费孝通:《乡土中国 生育制度》，北京大学出版社 1998 年版，第 10 页。

内容。①

城市化的发展是不可逆的潮流,新农村建设以乡村的经济繁荣、设施完善、环境优美、文明和谐为目标,有利于全面改善乡村政治经济社会文化等多方面的发展状况。然而,完美的制度设计能否产生良好的效果,必须受现实处境中诸多约束条件的限制。② 那么,中国式地权市场约束条件又是什么呢?笔者虽然难以全面调查研究得出一个精确的判断,但显然后农业税费时代,在城市化迅速推进,新农村建设成为时代要求之际,上述五个方面的现实状况是本书关于地权研究的大背景。在土地的权利话语之下,到底什么样的地权制度反映了绝大多数农民的利益诉求?在区域发展不平衡、城乡差异明显的经济发展趋势下,中国农民是否出现了分化?农民的利益,到底是哪些农民的利益?见诸报端,激起广泛讨论和争议的征地拆迁纠纷,背后主导的因素和各方主体的行动逻辑到底是什么?家庭联产承包责任制实施三十多年之后,农户的承包经营权以及集体的土地所有权该何去何从?这些具体问题的汇集,形成了本书的核心问题意识:地权是如何实践的?

本书的主旨在于,通过具体呈现地权的实践逻辑,回应土地制度的理论设计问题。当前并不存在单一的农民的权利问题,农民的权利问题必须细化为"什么农民的什么权利问题"。③ 不同农民的权利诉求不一样,对于土地制度的建构要求也不一样。与发达地区工业化程度较高的"农民"对于农地的诉求不同,农业型地区的大多数农民希冀土地制度的设计,满足他们关于土

---

① 钱忠好、曲福田:《中国土地征收制度:反思与改革》,载《中国土地科学》2004年第10期;高圣平、刘守英:《集体建设用地进入市场:现实与法律困境》,载《管理世界》2007年第3期;严金明:《土地规划立法的导向选择与法律框架构建》,载《中国土地科学》2008年第11期;刘俊:《土地权利沉思录》,法律出版社2009年版;王利明、周友军:《论我国农村土地权利制度的完善》,载《中国法学》2012年第1期;陈小君:《我国〈土地管理法〉修订:历史、原则和制度——以该法第四次修订中的土地权利制度为重点》,载《政治与法律》2012年第5期。尽管各位研究者所强调的土地权利的主体有所差异,但研究者都认为,清晰且明确界定各方主体享有的土地权利对于有效规范因土地而滋生的利益纠葛至关重要。

② 张五常:《新卖桔者言》,中信出版社2010年版,第98页。张五常解释了经济学理论的有效运用,首先要准确把握相关的局限条件。笔者将之推演,认为不管是经济制度,抑或其他制度的有效实现,都必须充分考虑到相关的局限条件,否则,理论上再完美的制度,也难以有良好的社会效果,甚至可能出现背道而驰的结果。

③ 参见贺雪峰:《新乡土中国》,广西师范大学2003年版,第16—27页。

地上基础公共品供给的需求。土地法律制度关于农户承包经营权和集体土地所有权的界定应充分考虑这一点。在城市化背景之下,土地非农化的增值收益不能突出个体的权利诉求,应在基层政府、国家及个体之间进行合理配置。

二、研究的意义、视角和内容

(一)研究的意义

中国进入城市化、工业化快速发展的同时,也是各种利益关系和矛盾冲突加剧的敏感期。① 进入利益博弈时代之际,随着土地价值的日益增加,以土地为载体的各种社会关系复杂化。地权配置问题不仅影响人与物之间的关系,而且极大地刺激了人与人之间的关系。农民与土地的关系构成了农村的一对基本关系。地权制度构建的目的即在于有序协调各方主体在土地利用中的经济社会关系,促使不同主体科学合理地行使土地财产权利,实现地权效益的最大化。②

中国地权的属性及其发展阶段,决定了地权效益最大化仅仅只是地权配置考量的一个因素。在社会主义意识形态传统③中,地权的配置还必须首先符合最低生存权及农民④对公平观的朴素想象。能否满足农民对最低生

---

① 陈锡文、赵阳、罗丹:《中国农村改革30年回顾与展望》,人民出版社2008年版,第400页。关于利益关系加剧的判断,孙立平有深刻见解。孙立平认为,中国社会中利益博弈开始进入一个新的阶段,博弈主体在市场和社会中展开博弈关系;随着社会分化的加深,不同的利益群体开始形成;任何一个具体的经济社会事务都可以成为一种利益,不同个体和群体甚此展开争夺。参见孙立平:《中国进入利益博弈时代》,载《经济研究参考》2005年第68期。

② 波斯纳指出"财产权的法律保护创造了有效率地使用资源的激励。"参见〔美〕理查德. A. 波斯纳:《法律的经济分析》(上),蒋兆康译,林毅夫校,中国大百科全书出版社1997年版,第40页。

③ 经济研究领域,研究者早已就意识形态与经济发展之间的关系进行了分析和探讨。研究者断言"现代政治经济变动史实际上也是各种意识形态相互竞争、破产、重构、更新的历史"。参见杨雪冬:《论意识形态与经济增长》,载《经济体制比较》1996年第1期。人民公社阶段顺利完成农地产权制度的根本性转变,立足于农民确立了牢固的社会主义意识形态观念,强调对绝对平等的追求。意识形态一旦形成,就具有了相对稳定性和刚性,成为一种"制度化力量"。意识形态的刚性是指意识形态转变的滞后性和一旦形成后的不易被剥夺性。关于地权的社会主义意识形态一旦确立,同样具有了相对稳定性,并影响地权的改革与变迁。

④ 在城镇化、工业化、现代化发展背景下,"农民"并不是一个有着同质性诉求的群体。地权配置还必须考量与土地利益直接相关的"农民"群体的利益诉求。虽则不同经济发展区域农民的分化有一定差异,但农民内部的分化是一个普遍现象。在农民已经发生分化的背景下,如何重新审视地权配置问题,本书第三章将重点阐释。

存权的期待与想象,关键不在于文本层面的规定,更重要在于制度实践的过程及其效果。即地权配置是否保证了生产生活依附于农地的农民的利益诉求;是否符合农民对土地权利的期待;是否有利于化解地权纠纷,维持农村作为改革深化的"稳定器"和"蓄水池"的地位。土地权属的配置直接决定了民事主体在法律上享有何种权利的可能性,进一步影响不同主体在利益实现中的行为逻辑,从而直接决定了个体行为的后果。任何制度都服务于预期目标,而目标的实现有赖于制度的实践。深入开展地权实践的研究,有利于保障土地合法利益的有序实现,整合、协调各方利益,促成稳定政治社会局势之下,经济建设的快速发展。地权实践的研究不仅有助于从宏观上判断制度实施的可行性,更重要的还在于,能从微观上充分把握地权实践的过程,并在此基础上反思已有的地权配置问题。另一方面,在中国改革发展的攻坚阶段,地权的改革及完善有助于解决农民收入水平的提高及农村的繁荣稳定,并进一步为中国经济社会的稳定与发展提供保障。

(二) 研究的视角

现阶段,"权利"视角是关于地权研究的主要视角。权利是指法律赋予人实现利益的一种力量。不同个体在社会中交往,具有不同的利益主张。为了避免发生冲突,保证社会生活正常有序的进行,法律必须确认一定条件下个体行为的边界和合理性,赋予个人某种力量,让其实现利益,因此权利"乃享受特定利益的法律之力"。"权利为主观化的法律(subjektives Recht),法律为客观化的权利(objektives Recht)。"[1]对于"农民权利"的强调,实则是强调保证农民依靠土地获得一定的利益。法律通过对农地法律关系的界定,更好地保护农民从农地上获得更多的利益。科斯分析了权利的界定和权利的安排对经济交易活动的影响[2],主张明晰的产权可以促使人们通过市场机制有效率的分配风险和激励理性行为。著名的科斯定律即强调财产的明确归属影响市场的效率,认为在产权明晰的制度安排下,交易双方会尽量

---

[1] 王泽鉴:《民法总则》(增订版),中国政法大学出版社2001年版,第84—85页。
[2] 参见〔美〕R.科斯、A.阿尔钦、D.诺斯等:《财产权利与制度变迁——产权学派与新制度学派译文集》,刘守英等译,上海三联书店、上海人民出版社1994年版,第20—34页。

寻求减少各自利益损失最小化的一致合约,从而减少交易费用,最终保证市场均衡的结果是有效率的,实现资源配置的帕累托最优。① 研究者认为,我国现行农地制度存在的根本缺陷是农地产权主体拥有的产权残缺不齐,不明晰的产权制度和不完全的市场机制下,农民的权益极易被侵害。因不享有充分的"控制权",农民难以抵制"上级"的侵权行为,导致各级政府以"公共利益"发展之名侵蚀农户土地的使用权和收益权的现象屡禁不止。② 据此得出深化农地制度改革的法律政策建议,认为确立土地私有产权制度是市场经济发展的必要条件③,应赋予农民充分的土地权利,从法律制度上保证农地成为农民的私产。④

当制度的选择并不明朗时,对于制度变迁的主张不可能只有一种声音。另外一种有代表性的关于农地权利的观点主张,恢复集体的行动能力,赋予集体应有的权利,将集体享有的土地所有权落到实处,才能满足农户对土地的诉求。农民的土地问题不能一概而论,中国的农民已经出现了高度分化,不同区域的农民对土地的诉求并不一样。纯农户和兼业农户对土地的诉求代表了中国农民对土地的诉求。对于以农业为主要收入和生活来源的农民来说,他们对土地的要求是希望生产方便和水利、道路等基础公共品供给充足。⑤ 在这个意义上规划农地法律制度,需要在充分肯定农地承包经营权的基础上,赋予所有权人——农民集体应有的权利。与贺雪峰直接分析当前中国农村农民的分化问题,进而引发出农村土地问题的差异性相对应,温铁军、曹锦清等人从反面着手,论证了农村土地私有化之后,中国农村、中国社会可能出现的情景。农村土地对于中国农民来说承载了太多的东西,除了经济的诉求之外,土地之于他们,还有社会保障的功能。土地一旦私有化,

---

① 除科斯之外,阿尔茨和登姆塞茨都强调产权对于实现自我利益最大化的重要性。参见《财产权利与制度变迁——产权学派与新制度学派译文集》,第59—95页。
② 刘守英:《中国农地制度的合约结构与产权残缺》,载《中国农村经济》1993年第2期。
③ 李再杨:《土地制度变迁的比较研究》,载《当代经济科学》1999年第5期。
④ 蔡继明:《中国土地制度改革论要》,载《东南学术》2007年第3期。
⑤ 参见贺雪峰:《地权的逻辑——中国农村土地制度向何处去》,中国政法大学出版社2010年版,第106—116页。

资本力量的介入会使中国出现大量失地农民,而城市没有足够的吸纳能力,"贫民窟"的出现将不可避免,社会将极有可能处于动荡不安之中。①

地权的研究不可能脱离"权利"视角,但就"权利"视角想要达到的目标而言,笔者认为需要重点关注"权利的实践"问题。地权关系发生在具体的场域之内,以当事人之间达成一致合约为条件,得到社区认可的权属关系才具有实际的作用和意义。换言之,地权配置的有效运行必须依赖一定的时空条件,土地权属安排要在村庄内部有效运行,必须符合村庄内部对产权的理解、支持与认同,即应该与村庄的社会基础相吻合。在这个意义上,所谓"产权残缺""模糊产权"的农地制度是否必然构成制约经济发展、阻碍城乡一体化、侵害农民权益的因素,就值得进一步探讨。基于此,本书的研究视角侧重于对"权利实践"的关注,理解地权关系在不同场域的运行过程,在此基础上考察地权运行遇到的问题,并提出相应的解决之道。

(三)研究的内容

陈锡文认为,农民获得土地所有权,并不必然导致土地使用效率的提高,扩大农民地权并不会增加农民收入,土地的所有权和土地的使用效率之间不具备直接的关系。同时,他还指出,农村土地制度应该是一个不允许农民失去土地的制度。不允许农民失去土地包括两方面的含义:从外部而言,绝对禁止任何个人或组织剥夺农民对土地行使的承包经营权;从内部来说,也禁止农民因短期利益或困境而出售土地。②李昌平更直接地提出,赋予农民土地所有权并不是扩大农民地权、满足农民对土地的利益诉求的表现。扩大农民地权有两个核心:农民能分享较高的地租(特别是非农地租)和农民能较高占有土地的资本化收益。如果赋予农民土地所有权,但农民并不能因出租土地或出卖土地获得较高的土地收益,那么赋予农民土地所有权就与研究者宣称的通过实现土地私有化而赋予农民更多权利,从而使农民

---

① 曹锦清:《坚持土地家庭承包制还是土地私有化》,载《华中科技大学学报》2009年第1期;温铁军:《我国为什么不能实现农村土地私有化》,载《红旗文稿》2009年第2期。
② 陈锡文:《让农民自己为土地做主》,载《南方周末》2001年11月1日。

获得更多收益的初衷南辕北辙。① 因此,是否扩大了农民对土地的权利诉求,应直接按农民从土地上得到了什么来衡量。

那么,我们要继续思考:地权如何配置,才能更好地保护农民的利益?而农民的利益诉求到底是什么?中国的农民阶层是否具有同质性的利益诉求?在现有社会政治经济文化制度约束条件下,地权应如何合理配置不同权利主体对农地的权利主张,才能保证农民利益不受侵害?在土地利益激增、地权纠纷增多的背景下,土地的各方主体如何行使权利才能合理、公平、正义地保护各方的利益?本书将在对以下四个问题的追问中,呈现地权实践的现象、逻辑,土地制度的实践后果及关于土地制度改革的建议。第一要追问,在强调粮食安全和耕地保护的国策下,法律上如何界定农地权利,才能确保耕地不抛荒,确保农民依靠土地依然能完成劳动力再生产,并能在村庄中有体面的生活?第二要追问,在从"熟人社会"到"半熟人社会"的演变中,确立怎样的地权规则才能有效化解纠纷,确保社区稳定?第三要追问,中国是否具备足够的土地交易的条件,保证实现土地效益最大化的同时,仍能满足大多数农民对土地权利的期待与想象?第四要追问,城市化快速发展中,立法机关和政策部门如何在把握征地拆迁的实质矛盾的基础上,制定征地拆迁的基本法律和政策性文件?

基于对以上问题的思考,本书的研究内容主要从地权诉求的实践、地权纠纷的实践、地权市场的实践及地权博弈的实践等四个方面来理解地权的实践情况。本书的目的并不在于呈现四者之间严密的逻辑关系,而在于通过这四个面向,来呈现文本意义上的地权配置,如何在一定的约束条件和限制因素下运行。这对于认清土地制度的现实图景及可能的改革方向更为重要。具体而言,本书的内容包括以下五个方面:第一,厘清新中国成立以来中国农地制度变迁的基本历程及相应的政策法规,从而为本书后续研究提供理论基础和历史借鉴材料。第二,地权之于"农民"到底意味着什么?即农民的地权诉求是什么?当前的地权配置是否有利于满足农民对土地权利

---

① 参见李昌平:《大气候》,陕西人民出版社2009年版,第145—146页。

的诉求?第三,在权利话语的影响和刺激下,农村地权纠纷的实践过程及其影响,并反思权利语境下,如何确立法律规则对纠纷解决的主导作用。第四,地权市场交易中,农民到底居于何种地位。特别关注,地权交易之后农民可能的处境以及这种处境是否符合地权配置的预期目标。第五,呈现地权博弈的实际过程,以"征地拆迁"为视角,厘清地权博弈中政府和农民的行为策略。

三、已有研究现状述评

地权的研究从来都是一个极具理论价值和现实意义的课题,吸引了不同学科的学者从不同的视角展开阐释和进行制度建构。具体而言,已有研究主要集中在以下几个方面。

第一,探讨中国历史上乡村地权关系的演变及影响,同时回应地权的现实问题,这一视角以历史学的研究为主。① 张佩国的研究表明乡村社会的地权关系昭示了乡村社会历史变迁的全部信息。② 王露璐以"生存伦理"和"理性意识"为理论资源,探讨了在此基础上生成的农民对土地权利的期待,苏南乡村经济的发展状况及乡村社会内部沿袭的土地权属交易习惯,形塑了农民关于田底权和田面权的不同观念。③

第二,对中国土地权利的建构进行法理阐释,并提出具体的制度政策建议,这一视角以法学的研究为主。许章润提出"有成熟地权,才有成熟国家",表明农民应获得对于土地的完整的所有权,唯如此,才能"迫使政府控制其自身",形成优良的政治秩序。④ 王利明主张在现有制度之内扩大农民

---

① 也有法学学者从历史学的视角切入反思土地承包权,并进一步提出地权的建构不是一个法律问题,而是一种政治抉择。研究者指出农村土地所有权"主体虚位"是表面现象,真正虚位的是所有权本身;若以农民的具体利益作为比较尺度,历史上的最高水平是一田多主的"田面",而非土地承包权。参见吴向红、吴向东:《传统地权秩序对土地承包权的挑战》,载《法学》2007年第5期。
② 张佩国:《近代江南乡村地权的历史人类学研究》,上海人民出版社2002年版,第1页。
③ 王露璐:《"生存伦理"与"理性意识"的共生与紧张——20世纪20—40年代苏南乡村地权关系的经济伦理解读》,载《江苏社会科学》2007年第6期。
④ 许章润:《地权的国家德性》,载《比较法研究》2010年第2期。

地权,保护农民权益。① 陈小君强调应当在"抑公扬私"立法理念的指导下,重新思考农村集体土地征收的问题。② 还有学者具体分析了地权法律体系的内部瑕疵问题,从而提出应完善现有关于土地权利的法律制度之间的衔接问题,减少地权冲突的发生。③

第三,探索地权市场、产权制度安排对于解决地权问题的重要性,这一视角以经济学的研究为主。④ 龙登高通过梳理明清以来地权交易的多种形式,强调在生产要素的动态组合之中,土地流转和交易形式的多样化,能提高农业经济效率。⑤ 张曙光、程炼同样从经济学视角出发对中国近六十年的地权变迁的考察显示,由于中国农村土地制度的改革是在政府、集体和农户的反复博弈中不断改进的结果,因此中国六十年地权变迁有其独特之处。在此基础上他提出,"没有绝对有效的产权安排,只能在状态依存的互动过程中寻求相对有效的产权结构。"⑥ 还有学者从产权不清、产权残缺的角度来解读地权的实践问题。⑦

第四,从社会关系的角度阐释地权问题,认为地权并不仅仅是权利归属

---

① 王利明、周友军:《论我国农村土地权利制度的完善》,载《中国法学》2012年第1期。
② 陈小君:《农村集体土地征收的法理反思与制度重构》,载《中国法学》2012年第1期。
③ 相关研究参见史卫民:《农村土地承包纠纷——特点、类型及其解决》,载《理论探索》2010年第1期;高圣平、刘守英:《〈物权法〉视野下的〈土地管理法〉修改》,载《中国土地科学》2008年第7期。
④ 不仅中国学者关注地权问题,外国学者对此也有研究,如美国学者罗伯特.C.埃里克森对中国地权的研究表明,土地不能完全买卖的制度安排,将会削弱中国经济发展的速度。参见〔美〕罗伯特·C.埃里克森:《复杂地权的代价:以中国的两个制度为例》,载《清华法学》2012年第1期。
⑤ 龙登高:《地权交易与生产要素组合:1650—1950》,载《经济研究》2009年第2期。同样视角的研究参见程世勇、李伟群:《地权市场演进和要素组合的制度绩效:1978—2008》,载《社会科学研究》2009年第5期。该文指出,随着城市化进程的加速,以资产性地权为主导的土地需求成为地权交易和要素组合模式的新特征。
⑥ 张曙光、程炼:《复杂产权论和有效产权论——中国地权变迁的一个分析框架》,载《经济学》2012年第4期。钟甫宁的研究同样认为现阶段进一步改革我国土地产权制度难以促进农户进行农业生产投资,增加非农就业机会才能提高土地经营收益。钟甫宁、纪月清:《土地产权、非农就业机会与农户农业生产投资》,载《经济研究》2009年第12期。
⑦ 杨小凯、陈志武、文贯中在驳斥农民集体所有弊病的基础上,主张清晰的产权安排,提倡土地私有化,参见杨小凯、江濡山谈话录:《中国改革面临的深层问题——关于土地制度改革》,载《战略与管理》2002年第5期;《农村土地私有化后果不会比现在糟》,载《财经时报》2005年10月8日;文贯中:《市场畸形发育、社会冲突与现行的土地制度》,载《经济社会体制比较》2008年第2期。

问题。即不仅仅是抽象的法权问题,地权深嵌在社会关系之中,这一视角以社会学的研究为主。申静、王汉生通过一个村庄的实证研究,指出产权的建构是个体行为者与其所处的社会环境不断互动的过程。① 马良灿从征地场域着手分析地权问题,认为地权嵌入在特定的权力关系之中。解决地权问题,维护农民权益,需要关注主体之间的动态平衡,通过扩大国家和农民的权利并以此挟制地方的权力,改革补偿方式和补偿程序。②

土地问题从来都是中国革命和建设的根本问题。中国农村的土地问题直接关系到占中国人口绝大多数的农民的根本问题。③ 土地权利体系中,农民、集体、国家三方主体应享有怎样的权利,各方享有的土地权利在实践中是如何运行的,以及产生了怎样的社会后果,成为一个需要认真对待的课题。不同学科的学者从不同的视角探讨地权问题,丰富了笔者对土地问题的理解,成为本书能完成的重要理论资源。历史学的研究通过扎实的史料分析,阐释了历史上土地权属的安排及其实践过程,丰富了土地制度的历史资源;法学的研究注重权利主体、客体、内容的分析,从制度建构的高度规划土地权利体系,具有一定的现实意义;经济学的研究主要从效率的视角考察土地制度安排,丰富了地权的内涵;社会学的研究强调制度与社会关系之间的互动过程,呈现出接地气的研究模式。

---

① 申静、王汉生:《集体产权在中国乡村生活中的实践逻辑——社会学视角下的产权建构过程》,载《社会学研究》2005 年第 1 期。他们的问题意识虽则是产权建构,但实证经验主要来自于对当地征地问题。从个案的角度而言,实则是从土地产权的理解扩展至其他产权的建构。曹正汉有一篇评论,集中分析了社会学家对产权制度的理解问题,他肯定了社会学家立足于从社会建构的角度理解产权问题,通过具体考察产权的界定过程、理解行动者的动机和价值取向来分析产权的学术贡献。参见曹正汉:《产权的社会建构逻辑——从博弈论的观点点评中国社会学家的产权研究》,载《社会学研究》2008 年第 1 期。

② 马良灿:《地权是一束权力关系》,载《中国农村观察》2009 年第 2 期。

③ 亨廷顿指出:"农民可以是捍卫现状的砥柱,也可以是革命的突击队。究竟扮演什么角色,取决于农民认为现有体系满足其眼前的经济、物质需要到什么程度。在正常情况下,这些需要集中在土地的拥有、租佃、赋税和物价上。只要土地所有制的各种条件是公正的,也能使农民生存下去,革命是不可能的。如果条件不公正,农民生活处于穷困痛苦之中,除非政府迅速采取措施加以纠正,革命即使不是不可避免,也是大有可能的……在进行现代化的国家里,政府的稳定取决于它在农村推进改革的能力。"以农民为主要构成主体的中国同样面临着农民稳定的问题,土地制度的选择至关重要。参见〔美〕塞缪尔·亨廷顿:《变动社会中的政治秩序》,张岱云等译,上海译文出版社 1989 年,第 404 页。

已有研究虽则为笔者的研究提供了理论资源和背景材料,但综合而言,已有研究存在以下不足之处:首先,经济学和法学对地权的研究主要采取的是一种"产权缺陷——重新赋权"的逻辑论证框架。① 虽则论证的视角有差异,但结论趋同。即认为土地制度运行的诸多问题,根源在于土地产权不清,土地权属规定不明确。应从立法及制度界定上,重新安排土地权利体系,既避免土地法律制度体系内部的不协调,同时也对"农民集体""土地使用权"等权利主体和内容进行规范。② 这种研究容易屏蔽现实地权运行的实践逻辑。③ 中国区域差异甚大,相同制度在不同区域会形成特定的实践后果。已有法学和经济学的研究缺乏深入地权实践的场域,难以准确理解地权实践的过程、机制和后果。其次,历史学的研究虽则具有丰富的史料和真诚的现实关怀,但在国际、国内局势已然发生重大变化的社会环境之下,地权实践的历史经验如何对接地权实践的理论与经验,仍然有待进一步研究。最后,社会学视角的研究注重经验的重要性,强调对地权实践过程的理解④,以解释现象见长,理论建构有待进一步提升。

本书关于地权实践阐释,将充分吸收已有的研究成果;同时,也深知地权问题的研究并不能一蹴而就,需要假以时日,在不断解决问题中持续前行。本书力争吸收各个学科研究方法和研究视角的优势之处,在全方位把

---

① 笔者对已有研究成果的列举中,虽则有些经济学家通过模型论证了产权的缺陷并不必然导致效率低下,但在主流经济学界及"通说"观点,依然强调农民权益的维护需要重塑产权。更确切地说,需要赋予农民完整的土地财产权利。

② 经济学的研究强调产权,在法治语境下,任何权属的规定必须首先表现在立法层面。也正是在这个意义上,法学和经济学共享了一个逻辑起点。也有学者将这两个学科对地权的研究总结为"侵犯—反抗"类型,这主要是从权利主体的角度进行的阐释,解释地权冲突的核心在于强势政府——弱势农民。参见黄鹏进:《基于学科比较的农村地权冲突研究述评》,载《中国土地科学》2013年第7期。

③ 也有研究在关注地权实践的基础上,反思制度实践的效果,进而提出具体建议。如陈柏峰对土地发展权的阐释。参见陈柏峰:《土地发展权的理论基础与制度前景》,载《法学研究》2012年第4期。

④ 还有一些学者从不同面向丰富了地权的实践逻辑。"华中乡土派"关于地权问题的研究极具代表性,如杨华:《地权的阶层关系属性:阶层分化与地权冲突——对江汉平原农村一个乡镇的个案分析》,载《中国农业大学学报(社会科学版)》,2013年第4期;郭亮:《土地"新产权"的实践逻辑——来自湖北S镇的田野经验》,载《社会》2012年第2期。

握地权实践逻辑的基础上,为土地权属的制度构建提出一点建议。

四、相关概念与表述框架

(一)相关概念

不同语境下的概念具有不同的含义,土地所指内涵非常广阔。[①] 本书所指的土地隶属于经济土地范畴,并且将含义限制在农地之内。农村土地指涉甚广,既包括农民集体所有的一切农业用地,还包括国家所有、依法归农民集体使用的农业用地,主要有耕地、林地、草地、养殖水面等,还包括荒山、荒丘、荒沟、荒滩等"四荒地"。在美丽中国和生态经济的双重背景下,任何一种农地都值得认真研究,探讨如何合理有效利用的问题。因精力和时间所限,本书所指土地主要以耕地和宅基地为客体。对于大多数以农业劳动为重要生活来源的农民而言,耕地在农民的生产生活中占据特别重要的位置,而宅基地是其能安居乐业的重要载体。

基于此,本书关于土地权利的讨论,主要以耕地和宅基地为权利客体,探讨地权的实践逻辑。比如,"地权诉求的实践"部分,主要探讨农民对于耕地有怎样的诉求、地权的安排是否合理,以及是否满足了这一诉求在村庄场域内有效实现的问题;农民对于宅基地以居住为目的,诉求具有个体差异性,需要依靠个体的力量满足,不能一概而论。这并不是否认地权配置中对宅基地的研究,只是表明,"地权诉求的实践"的章节不会涉及宅基地。但在"地权市场的实践"中,宅基地是研究的重要客体。由于农村土地纠纷形态的多样性以及复杂性,特别是在摸索征地拆迁补偿合理化规范化的过程中,耕地和宅基地极易引发村民之间的纷争。在"地权纠纷的实践"一章,耕地和宅基地将是同样重要的地权客体。另一方面,中国土地制度历史悠久,不

---

① 根据《牛津法律大辞典》的诠释,"从法律上讲,土地通常包括地表层生长的树木和农作物,也包括建造于地表层并永久附着于地表层的建筑物。"参见〔英〕David M. Walker:《牛津法律大辞典》,李双元等译,法律出版社 2003 年版,第 648 页。在《土地经济学原理》中,周诚将土地划分为自然土地和经济土地,自然土地不仅指地球表面,而且包括地面、地下、地上所组成的一个自然综合体;经济土地强调对自然土地进行加工之后形成的"自然—经济"综合体。参见周诚:《土地经济学原理》,商务印书馆 2003 年版,第 2 页。

同历史阶段,土地制度差异甚大。为了集中论述且充分回应现实问题,笔者对土地制度的描述及对地权的分析主要以改革开放以后的家庭联产承包责任制为重心。

长期从事农业生产的人被称为农民,农民以从事农业生产为核心要件。随着社会经济的发展,农民的内涵也发生了相应的变化。现阶段,我国主要以是否具有农村户口判断某一个体是否是农民。简单地说,具有农村户口,即使人在城市工作,仍然是农民,而不是城市居民。如果不具有农村户口,就不是农民。本书对农民的界定,以国家法律标准为依据,强调农村户口对农民的直接定义。这不代表农民是一个统一体,特别是随着城市化的快速发展、经济利益纷争日益增多的背景下,农民内部的分化逐步呈现。探讨农民享有的地权,还必须将农民分化纳入研究视野。本书的第三章、第五章将"农民分化"作为研究问题的角度之一。

中国目前的土地制度仍然是土地集体所有权和农户承包经营权相结合的制度。在逐渐强化农户的承包经营权时,土地集体所有权中,集体如何实现所有权的权能,成为一个不可回避的问题。而集体所有权的实现又决定了集体组织的能力和权力。如果法律政策上肯定土地集体所有,但实践层面集体所有没有可操作的空间,那么,静止的集体所有权是没有意义和价值的。如何在稳定农户承包经营权,赋予农户充分且自由的土地使用权限时,在集体所有和农户承包之间寻求一个平衡点,就变得至关重要。发挥集体组织的优势和农户个体分散经营的优势,既保证农户对土地的稳定预期,也让农民在权利增长的同时,能获得良好的外部生产环境,降低生产成本。

本书所指的土地集体所有权主要包括以下几个方面的内容:权利主体,解决集体土地所有权主体虚化的问题;权利内容,清晰土地集体所有权,集体应享有哪些权能,通过对权能的具体运用,增加集体组织的能力和权力。

(二)表述框架

本书所使用的研究材料主要有三个来源:第一,笔者本人的调查经验。自2007年始,笔者在农村调研累计约180天。每次调研时间7天至30天不等,立足在全面把握村庄社会性质的基础上关注具体问题,土地问题一直是笔者关注的焦点,累计完成了近50万字的研究笔记。本书的经验材料以笔者本人的调研笔记为主。第二,华中科技大学乡村治理研究中心研究人员赴全国各地访谈的经验材料成为本书展开研究的重要资料来源。乡村治理研究中心的研究人员进行了共计约千人次的驻村调查,完成了大量的研究报告和论文。这些研究成果和调研报告为本书的研究积累了深厚的研究基础和学术传统。就地权的研究而言,形成了丰富的研究成果。① 第三,与本书研究相关的中外文献资料。对中外文献的引用,绝大部分是笔者阅览并列为注释的;对于间接引用的材料,则明确转引出处。

本书共有七章,除本章"导论"及最后结论(第七章)外,主体部分在把握土地制度历史变迁及地权制度文本表述的基础上,从四个视角切入对地权实践问题的讨论。一是,从农业生产的角度关注地权的实践问题(第三章);二是,从土地纠纷的角度关注地权的实践问题(第四章),笔者曾将本章的核心观点撰文《地权共识与规则混乱》发表于《华中科技大学(社会科学版)》2013年第4期;三是,从地权交易的角度关注地权的实践问题(第五章);四是从地权博弈的视角关注地权的实践问题(第六章)。

第一章"导论"。介绍本书的问题意识、中心主题、已有研究成果及表述框架,并对相关概念进行界定,明确本书的具体对象及研究资料来源情况。

第二章"地权话语的实践"。通过呈现新中国成立以来土地制度的历史变迁,理解家庭联产承包责任制的文本表述及其理论阐释,并分析地权话语指导之下的地方性实践情况,在此基础上思考地权的逻辑与土地权利的关系问题。

第三章"地权诉求的实践"。通过对农业生产及农民分化的分析,理解农民对土地的诉求何在,以及如何有效实现农民对土地的诉求,在此基础上

---

① 每次调研完毕,研究人员即马不停蹄地撰写3—5万字左右的村治模式,将村庄访谈经验用某一主线贯串,呈现村庄的样态。所以研究成果除了已经发表论文和著作外,还包括饱含厚重经验的村治模式报告及大量随笔,这些都成为本课题进行研究的重要基础。依照惯例,在不影响事件真实的前提下,本书所涉及的调研村落及当事人姓名均经过技术处理。

思考农业水利建设与土地权利的关系问题。

第四章"地权纠纷的实践"。通过对土地纠纷的分析,理解法治社会语境下,地权纠纷的形态、表达及解决,在此基础上思考地权纠纷与土地权利的关系问题。

第五章"地权市场的实践"。以农地流转和城乡建设一体化为视角,结合地权交易实践及其对农民可能的影响,在此基础上思考地权市场与土地权利的关系问题。

第六章"地权博弈的实践"。以征地拆迁为视角,结合不同主体行为的逻辑,及其展开地权博弈的实践过程,在此基础上思考地权博弈与土地权利的关系问题。

第七章"结语"。在对权利内涵进行解读的基础上,阐释土地权利与地权实践的关系,并提出地权制度建构需要警惕和注意的问题。

第二章 地权话语的实践

第一节 已有研究及问题意识

地权实践的研究,首先需要了解中国农地制度变迁的历程及相关话语体系。文本制度本身就是一种话语,延伸至研究领域,会有不同的表达和阐释,并以此为基础形成不同的话语表达方式。不同的话语表达方式,寄托了不同的研究视角、研究方法、解释路径和政策建议。笔者用地权话语的表达来概括有关农地制度变迁历程及对农地制度本身的阐释。已有关于地权话语表达的研究主要体现在三个方面:通过制度变迁来呈现中国地权话语的变化并剖析既有制度存在的问题;在具体制度框架之下,从微观的角度探析农地制度对农村发展的影响;从农民和农村社会内部视角出发,探讨农地制度的合理性和可行性。

从时间序列上,中国农地制度的研究可上溯至传统社会。但就农地制度的现实相关性而言,已有研究多从新中国成立之后农地制度的历变来反思既有制度及其存在的问题。① 张红宇的研究从政治表现角度、经济发展角度、制度创新角度论证了中国农地制度变迁的制度绩效。他认为中国农地制度的变迁,在不触动旧制度根本利益格局的前提下发育新制度成分,最后逐步改变经济中两种制度相结合的方式,将成为中国经济制度变迁的主导方式。② 姚洋的研究表明,确定农地制度改革的方向,必须从农地制度的稳定性和资源配置效应;农地制度的社会保障和失业保险功能;公平问题及农民的自发选择等方面来衡量。③ 在此基础上,思考农地制度的改革举措。韩俊的研究指出,家庭联产承包责任制取得了巨大的成功,但农地产权制度建设仍不够完善,表现为集体土地产权主体不清与产权残缺;农户土地承包经营权不稳定。为了实现土地微观配置的有效性,需要在坚持土地集体所有制的前提下,建立稳定的农村集体产权,在法律上明确界定土地所有者的权利和义务,同时赋予农户独立的土地承包经营权。④

除却宏观的研究视野,也有学者从农地制度的微观视角探讨农地制度的发展问题。微观视角以经验研究和实证研究为基础,从农地制度的某一个面向出发,以某一区域或村庄的发展经验为基础,从个案的角度延伸至对农地实践问题的反思。谭淑豪、曲福田等人从土地细碎化的角度分析了农业生产的问题,提出应采取有效措施减轻土地细碎化对农业生产成本的影

---

① 当然由于学者知识背景和研究领域的差异,历史学、党史研究领域的学者对于传统社会和新中国成立前土地制度的研究较丰富,且为后续研究提供了丰富的史料,同样对于当今土地制度具有极大的借鉴意义。比如,张佩国:《中国乡村革命研究中的叙事困境——以"土改"研究文本为中心》,载《中国农史》2003 年第 2 期;郭德宏:《中国近现代农民土地问题研究》,山西人民出版社 1993 年版;成汉昌:《中国土地制度与土地改革——20 世纪前半期》,中国档案出版社 1994 年版。本书第五章关于地权市场的研究,充分参考了传统社会地权交易的研究成果。

② 张红宇:《中国农地制度变迁的制度绩效——从实证到理论的分析》,载《中国农村观察》2002 年第 2 期。从制度变迁、制度绩效的角度探讨农地制度的还包括董国礼:《中国土地产权制度的变迁:1949—1998》,载《中国社会科学辑刊》2000 年秋季卷;万举:《制度效率、群体共识与农地制度创新》,载《农业经济问题》2010 年第 10 期。董国礼的研究表明,制度安排总是由均衡态势向非均衡态势过渡,就土地产权制度而言,每次土地产权制度非均衡都会引起产权的重组。通过对新中国成立以来五十年间土地制度变迁的分析,他指出中国土地产权制度的安排要遵循社会保障功能原则、制度安排的稳定性和资源最佳配置效应原则以及尊重地权制度创新原则。

③ 姚洋:《中国农地制度——一个分析框架》,载《中国社会科学》2000 年第 2 期。

④ 韩俊:《中国农村土地制度建设三题》,载《管理世界》1999 年第 3 期。

响,从而缓解农村贫困,提高农民收入。① 田传浩、贾生华从地权稳定、土地流转的角度探讨地权市场发育问题,认为地权是否稳定影响了农户的流转意愿,进一步影响了地权市场的发育。② 同样是从农地流转的角度切入农地制度的研究,贺雪峰、郭亮等人的视角与其他研究者不同,他们强调要尊重农户之间自发进行的土地流转,重视其所具有的社会政治功能,并进而阐释中国社会的发展需要一种稳健、适度规模的土地流转政策与实践。③

农地制度并不仅仅是单纯的理论建构,更重要是一个社会实践过程,而这一实践过程主要是以农户为主要参与主体,且是在村庄内部完成的。那么,从农户和村庄社会内部视角研究农地制度的合理性和可行性就显得尤为重要。从村庄社会关系互动的角度理解产权的建构问题是这一研究领域的代表。④ 还有学者从农民认知视角的角度理解中国农地制度变迁。研究者认为,农民认知对农地制度变迁具有重要影响。为了加快农地制度的有效变迁,提高农地制度的适应性效率,应采取措施提高农民的认知水平。⑤ 贺雪峰的研究认为,在中国经济发展的现阶段,当农民不能在城市完成劳动力再生产时,需要保证农民能回到农村安居乐业,这就要求对土地权利话语

---

① 谭淑豪、曲福田等:《土地细碎化的成因及其影响因素分析》,载《中国农村观察》2003 年第 6 期。

② 田传浩、贾生华:《农地制度、地权稳定性与农地使用权市场发育:理论与来自苏浙鲁的经验》,载《经济研究》2004 年第 1 期;钱忠好:《农村土地承包经营权产权残缺与市场流转困境:理论与政策分析》,载《管理世界》2002 年第 6 期;俞海、黄季焜:《地权稳定性、土地流转与农地资源持续利用》,载《经济研究》2003 年第 9 期;叶剑平、姜妍、丰雷:《中国农村土地流转市场的调查研究——基于 2005 年 17 省调查的分析和建议》,载《中国农村观察》2006 年第 4 期。

③ 贺雪峰:《土地流转意愿与后果简析》,载《湛江师范学院学报》2009 年第 2 期;郭亮:《当前农地流转的特征、风险与政策选择》,载《理论视野》2011 年第 4 期。

④ 申静、王汉生:《集体产权在中国乡村生活中的实践逻辑——社会学视角下的产权建构过程》,载《社会学研究》2005 年第 1 期。由于本书以"地权实践"为核心问题意识,不同章节涉及地权实践的不同面向,而已有关于地权的研究可以从不同角度理解,那么,既有有代表性的研究可能会在不同章节被援引。比如申静、王汉生、曹正汉等人关于产权的社会范式的研究,本书第一章曾有援引。同样,笔者认为他们的研究是从村庄内部视角来反思权利的构建及可行性问题。因第一章曾有介绍,此处不再具体分析。

⑤ 徐美银、钱忠好:《农民认知视角下的中国农地制度变迁——基于拓扑模型的分析》,载《农业经济问题》2008 年第 5 期。类似的研究还有梅东海:《社会转型期的中国农民土地意识——浙、鄂、渝三地的调查报告》,载《中国农村观察》2007 年第 1 期;陈胜祥:《农民土地所有权认知与农地制度创新——基于 1995—2008 年实证研究文献的统计分析》,载《中国土地科学》2009 年第 11 期。

保持足够的警惕。① 陈柏峰从农民生活结构等微观层面来理解农地的社会功能,他认为农业生产对农民的基本生活和劳动力再生产依然具有重要作用,当前农村的土地集体所有制应该得到维持,并不断完善。②

已有研究从不同方面、不同学科对农地制度的发展历程、发展困境及可能影响展开了卓有成效的研究。已有研究虽则对相关问题都有涉及,但缺乏一个完整的逻辑体系来阐释地权话语表达这一问题。笔者将在已有研究的基础上丰富对地权话语表达的研究,从探析农地制度何以变迁的历史视角出发,通过对既有农地制度的理论分析,探讨地权话语背景下不同类型农业生产的实践困境,在此基础上反思土地权利与地权逻辑的关系。

第二节 农地制度的变迁历程③

一、土地私有化与乡村社会矛盾

农地制度的构建一直是学界和政策界研究的焦点问题。农地制度直接影响了农民的收入,甚至会形塑农民的生活方式、交往方式和行动逻辑。而中国的农民问题因其人数之多、涉及面之广,直接关系到中国的稳定和社会发展。

近代以来,传统乡村社会矛盾的宏观解释框架有两种④:一种主张土地私有化是乡村社会矛盾的激发点。认为土地私有化是导致农村社会矛盾的根源,这一矛盾也构成传统中国社会的基本矛盾。土地私有化容易导致土地兼并,随着人口增加,人地配置严重失衡,失地、无地或少地农民陷入生存

---

① 贺雪峰:《回到土地是农民最基础的人权》,载《华中科技大学学报(社会科学版)》2009年第1期。
② 陈柏峰:《农地的社会功能及其法律制度选择》,载《法制与社会发展》2010年第2期。
③ 笔者下文的分析,主要将中国共产党领导下的农地产权制度改革区分为三个阶段:土地革命时期的土地农民私有制、公社型农地集体所有制、家庭联产承包责任制。虽然每一阶段的农地制度都可细化为性质不同的几个子阶段,但并不影响整体上的划分。作为背景性的论述,笔者并不详细讨论各个阶段的具体形成及影响效果,仅就重点问题进行阐释。
④ 吴毅:《理想抑或常态:农地配置探索的世纪之摆》,载《社会学研究》2009年第3期。

危机的困境,走向绝境的"无立锥之地"的农民容易揭竿而起,形成历代农民革命的周期性循环。另一种解释框架认为,物具有明确的权属关系是经济社会发展的常态。在农耕文化中,土地作为一种重要的生产资料,不仅有保证经济平稳发展的生产功能,亦承担着统治者合法治理的伦理价值,这才有诸如"均田免粮""有田同耕"①等类似的鼓动农民参与革命的煽动性口号。另外,土地私有是否能够导致大规模土地兼并并激发社会矛盾,这一命题本身就需要再探讨。②王朝更替的深层次原因应归于在土地用量一定的情况下,人口增加的问题,即人多地少的矛盾冲突。特别是明清以后,随着可开垦土地的减少,人口基数的逐年扩大,人地配置的不均衡性愈发明显,人地关系的紧张加剧了社会矛盾。

笔者认为,虽然两种解释框架有一定差异,但两种解释框架并没有否认土地私有是土地兼并或土地垄断的因素之一。第一种解释主张土地私有是乡村社会矛盾的直接原因和根本原因;而第二种解释路径认为土地私有是诱发乡村社会矛盾的间接因素。土地私有虽不是土地兼并的充分条件,却是土地兼并发生的必要条件。土地私有化对于农耕文明的重要作用及其对于社会矛盾的激发作用,历史上两者一直交织在一起。19世纪末20世纪初期,虽然关于农村各阶层土地占有不均的比例状况有不同程度的估计③,但

---

① "有田同耕"等类似的话语实现的前提是土地均分之下的土地私有。对于统治者而言,为了鼓励农耕,恢复经济,将土地私有化也是必然之选。但土地私有之下,不管是土地私有而产生的兼并,抑或是政治强权导致的土地垄断,历史又开始进入同样的循环。土地兼并、土地垄断与"无立锥之地"的农民同时存在,矛盾一触即发,农民革命迫在眉睫。依靠又一轮的"有田同耕"打破土地兼并模式,实现农民私有的土地均分模式。在某种程度上,历代统治者关于土地的治理术,主要在于寻求土地私有和土地兼并之间的平衡。

② 秦晖认为排除权力等因素,土地自由交易难以形成土地大规模兼并和垄断。参见秦晖:《关于传统租佃制若干问题的商榷》,载《中国农村观察》2007年第3期。这实质上否认了因土地私有化而导致农民革命这一判断。

③ 参见章有义:《本世纪二三十年代我国地权分配的再估计》,载《中国社会经济史研究》1988年第2期;郭德宏:《旧中国土地占有状况及发展趋势》,载《中国社会科学》1989年第4期;乌廷玉:《旧中国地主富农占有多少土地》,载《史学集刊》1998年第1期。学术界长期以来的通说观点认为,不到10%的地主富农占有70%—80%的土地,而占乡村人口90%以上的雇农、贫农、中农仅占有20%—30%的土地。上述几位学者通过对相关资料的统计和分析认为,农村的地权矛盾并非革命解释话语所宣传的那样严重,地主阶层占有土地的比例略高于农民阶层,并且土地的质量也并不比农民所占土地更肥沃。

研究的数据都表明新中国成立前夕农村土地占有在各阶层之间的分布是不均衡的。作为一个导火索,人地占有不均衡而引发的生存压力容易引起农民对现实政权的不满和反抗。20世纪20年代末期至50年代初期,土地私有化导致的人地矛盾冲突,在与马克思阶级理论结合之后,发展出了中国共产党关于阶级斗争的理论①,并最终通过从20世纪20年代末至50年代初的土地革命,建立了以农民土地私有为基础的土地制度,解决了"几亿农民世世代代梦寐以求,其他任何阶级和政党都无法解决的土地问题"②,获得了占人口绝大多数的中国农民的支持。抛开意识形态的宣传及饱含道德评价的话语,秉持"价值中立"的研究方法,同样不能否认中国共产党以阶级斗争话语开展土地革命的成功实践。这一革命实践最终为民族独立和解放战争的全面胜利打下了坚实的基础。从历史的角度而言,判断任何制度是否合理,唯一没有争议的标准,就是以"实践的辩论结果"③作为判断的依据。新中国成立之前土地制度的安排践行土地均分之下的土地私有制,得到了广大农民的认可并经过"实践的辩论"成为符合中国历史处境的正确制度选择。

　　土地革命中践行的土地均分之下的土地私有制是革命成功的必要选择,一旦革命成功之后,政权治理目标由建立民族独立国家转向建设共同富裕的社会主义国家,并最终实现共产主义的理想目标。如何在当时国际国内的严重局势之下,经由社会主义实现共产主义的理想目标,成为一个迫在眉睫的政治社会问题。农地制度面临新的政治经济社会局势,农地产权制度的安排需要应对新的问题并提供可能的制度保障。

---

　　① 毛泽东同志在1925年12月1日发表的《中国社会各阶级的分析》中,将中国社会各阶级划主要分为地主阶级和买办阶级;中产阶级;小资产阶级;半无产阶级;无产阶级。随后根据地的土地法基本以这种阶级划分为依据,进行土地革命,土地法中有"没收一切公共土地及地主阶级的土地"的规定。参见毛泽东:《毛泽东选集》(第一卷),人民出版社1977年版,第3—11页。
　　② 杜敬:《土地改革中没收和分配土地问题》,载《中国社会科学》1982年第1期。
　　③ "实践的辩论结果"是指任何路线、政策或制度,(甚至是政党统治的合法性和合理性认知)在经过实践的检验之后,"辩论"出一个符合大多数人利益也被大多数人接受的结果。新中国成立之前土地革命的"实践辩论"对手即为国民党的土地改良主义方案。

二、农业集体化与人民公社

革命胜利和新中国成立之后,如何实现"人人平等,天下为公"大同社会的政治理想?如何在政治环境险恶、国内人口众多、资源匮乏的情况下,实现工业化的起步,完成工业化国家的原始积累?对这两个不同面向的问题的回答,形成了学术界对于人民公社阶段的两种主要总结和判断。第一种观点简称为意识形态决定论。大同社会政治理想的实现,必须消除贫富分化,实现人人平等。这决定了依靠政治权力强制均分土地,只是治理目标实现的第一步。农民和农村是中国革命取得胜利的基础力量,迈进社会主义道路的进程中,中国依然将农民和农村的崭新发展和改造视为政治理想得以实现的根本所在。土地革命之后,为了实现社会主义的发展路径,实现农业集体化成为不得不走的第二步。人民公社正是可以发挥如此作用的一个重要载体。经过不断的思索和检验,且在苏联模式的影响下,中国共产党认为人民公社能办大事,能体现社会主义制度的优越性,促进生产力的发展,最终实现共产主义的政治理想。政治理想的构建和追求决定了人民公社阶段的一系列政治措施和制度安排。作为一种意识形态,政治理想一旦确立,就具有了生命力,不受控制地寻求可能的途径去自我实现。意识形态作为一种理论信念体系,通过一系列价值符号证明了理想目标的合理性和可实现性,成为广大民众政治共识的基础。基于当家做主的自豪感和对新政权的信任[①],社会主义意识形态深入人心。1958年10月中国农村基本上实现了人民公社化,农地和其他生产资料全部无偿归公,公社成为一级独立核算单位。经过一系列调整,1962年中共八届十中全会通过的《农业六十条》最

---

① 农民放弃土地私有制,还有可能是其他原因,对集体化的美好展望?抑或是迫于意识形态的压力?周其仁认为土地改革中形成的土地农民私有制并不是市场经济发展的结果,而是国家通过阶级斗争制造的一种所有权形式,国家的认可使其合法化;一旦国家的意志发生改变,土地农民私有制也必须被改变。"在土改中形成的农民个体所有制中已经包括了后来集体公有化的一切可能的形式,因为通过政治运动制造了所有权的国家,同样可以通过政治运动改变所有权。"参见周其仁:《产权与制度变迁——中国改革的经验研究》,北京大学出版社2004年版,第10—11页。其他原因都有可能,但新政权的权威及农民对新政权的信任,以及在此基础之上农民对未来美好生活的展望成就了农地产权的顺利转换。

终确立了"三级所有,队为基础"的新体制。① 至此,中国进入了近二十年的集体化时期。

第二种观点简称为工业发展需求论。新中国建立初期国际国内的政治经济处境迫使政府对土地制度作出新的安排。在复杂严峻的国际政治局势之下,优先发展重工业特别是国防工业成为国家抵御外侵的重要步骤。在仅仅拥有少量外部资源的情况下,要在一个刚刚建国的农业化国家完成重工业的起步异常艰巨。毛泽东曾指出:"为了完成国家工业化和农业技术改造所需要的大量资金,其中有一个相当大的部分是要从农业方面积累起来的。"② 这就决定了农村和农业都将不可避免地纳入为工业化"纳贡"的体系。为了最大化吸取农业剩余,国家采取"工占农利"的方式,利用土地集体所有、统一经营的制度措施,由人民公社提供工业化发展所需的资金、原材料和劳动力。人民公社成为国家为优先发展重工业战略而全面控制农业剩余的一种制度安排。人民公社发挥高效的组织作用和动员能力,顺利完成了从高度分散、剩余极少的千万个小农家庭吸取工业化资金的任务。人民公社阶段,中国农业为工业化累计提供了约5400多亿元的资金,年均高达210多亿元。③ 简言之,20世纪50年代初期至80年代初期,为了在积贫积弱的中国逐步实现社会主义工业化,完成国家工业化的资本积累,农业发展的集体化成为国家经济发展道路上的必然选择。农民以土地入股形成的农业合作社尤其是人民公社制度为国家从农村抽取资源提供了史无前例的动员能力。

中国经济发展的历史总结,人民公社书写了不可抹杀的重要一笔。制

---

① 张乐天和辛逸区分了大公社时期(1958—1962年)和公社时期(1962—1982年)。大公社时期,公社作为核算单位,实行公共食堂,制度设计和预期过分理想化;1962年之后,公社时期,"队为基础",生产队是基本核算单位,实行工分制。参见张乐天:《告别理想:人民公社制度研究》,上海人民出版社2005年版,第4页;辛逸:《人民公社研究述评》,载《当代中国史研究》2008年第1期。

② 《毛泽东选集》(第五卷),人民出版社1977年版,第182页。

③ 马海发、李澂:《我国农业为工业化提供资金积累的数量研究》,载《经济研究》1993年第9期。另外根据相关数据分析,人民公社阶段,中国农业的发展绩效良好;并且农村的生产条件得到了显著的改善,农业现代化的重要指标均有长足增长。参见辛逸:《实事求是地评价农村人民公社》,载《当代世界与社会主义》2001年第3期。

度发展的路径依赖①惯习,也使得对于该制度的研究关乎中国未来经济和社会的发展前途。研究者不管从哪个角度研究人民公社,以及得出怎样的结论②,均难以否认人民公社对中国发展产生的重要影响。"意识形态决定论"和"工业发展需求论"都是人民公社何以产生的约束条件。制度的选择并不仅仅只有一个促成因素。马克思曾论述:"无论哪一个社会形态,在它所能容纳的全部生产力发挥出来以前,是决不会灭亡的;而新的更高的生产关系,在它的物质存在条件在旧社会的胎胞里成熟以前,是决不会出现的。所以人类始终只提出自己能够解决的任务,因为只要仔细考察就可以发现,任务本身,只有在解决它的物质条件已经存在或者至少是在生成过程中的时候,才会产生。"③基于当时处境下,中国社会为了顺利完成"自己能够解决的任务",必须要选择一种能高效获取农业剩余的制度。人民公社成为既定选择,关键在于其政社合一的特性,能最大化吸取农业剩余。而农地"三级所有,队为基础"正是农业集体化的产权制度保障。社会主义意识形态的宣扬,强调生产资料公有制,公有化程度越高,越能彰显社会主义制度的优越性。意识形态之下,对共同富裕的美好社会形态的想象和期待,同样促成了农地产权制度的集体化模式。选择之初的合理性并不代表选择的终结,更多是一种制度运行的开始。在接下来的四分之一个世纪中,这一产权制度安排对中国经济发展、社会基础,以及国家和农民关系均产生了重大影响。

三、家庭联产承包责任制

20 世纪 80 年代初期实施的家庭联产承包责任制,集体对土地行使所有

---

① 美国社会学家查尔斯·蒂利认为社会的演变是取决于路径的(pathdependent)。正是在这个意义上,历史才如此重要。参见〔美〕查尔斯·蒂利:《未来的历史学》,载〔英〕S. 肯德里克等编:《解释过去,了解现在——历史社会学》,王辛慧等译,上海人民出版社 1999 年版,第 20 页。
② 20 世纪 80 年代之后,学界对其研究颇多,相关梳理及介绍可参见张寿春:《人民公社化运动及人民公社问题研究综述》,载《当代中国史研究》1996 年第 3 期;刘德军:《近十年农村人民公社研究综述》,载《毛泽东思想研究》2006 年第 2 期。
③ 〔德〕卡尔·马克思:《〈政治经济学批判〉序言》,载《马克思恩格斯选集》(第 2 卷),人民出版社 1995 年版,第 33 页。

权,农民以家庭为单位对土地行使承包经营权,土地集体所有和农户承包经营相结合。这种"共有私用"①的农地产权制度终结了人民公社时期以统一经营、集中劳动为特征的公社型农地集体所有制。学界主流观点认为,改革开放之后,农地产权制度的转变,极大地解放了农村生产力,提升了农作物产量和粮食总产量。据估算,这段时期农业总产值的实际增长率高达11.9%。在1978—1984年期间的农业总产出中,从生产队体制向家庭联产承包责任制(HRS)的转变,使产出增长了48.64%。② 亦有学者认为,家庭联产承包责任制本身对于20世纪80年代初期农业经济增长的影响非常有限。这一阶段化肥的大量投入、农业技术的改进、产品销售、土地平整等农业社会化服务的提升以及农田水利设施等生产要素的改进对农业增长有不可小觑的促进作用。③ 农地产权制度变迁虽然对1979—1984年粮食大丰收产生了一定的刺激作用,但这种作用并不如某些学者断言的那么大。一些学者并不否认农地产权制度变迁对于农业经济增长的作用,只是认为这种农业经济增长结果的出现,是各种因素合力的结果,不能过分强调新制度的积极作用。当新的局限条件形成之时,公社型农地集体所有制完成其历史使命"退居幕后"。④

家庭联产承包责任制因其赋予了农户家庭对于农地的部分剩余索取权和充分的自主决策权,形成了"多劳多得,少劳少得"的生产状况。农户家庭对于农地的投入和收益有了一定的正相关关系,农户自主决定生产时间、作物种类。农户对农地和农作物的自由支配权,极大调动了农民的生产积极

---

① 参见赵阳:《共有与私用——中国农地产权制度的经济学分析》,生活·读书·新知三联书店2007年版,第107—111页。
② 林毅夫:《制度、技术和中国农业发展》,三联书店1994年版,第82页。
③ 孔泾源:《中国农村土地制度:变迁过程的实证分析》,载《经济研究》1993年第2期;邓宏图、崔宝敏:《制度变迁中的中国农地产权的性质:一个历史分析视角》,载《南开经济研究》2007年第6期。
④ 称其"退居幕后",主要表明虽然其不再起主导作用,但影响并没有消失。从制度变迁的路径依赖角度而言,公社型农地集体所有制到家庭联产承包责任制,虽则承包权和经营权进行了分离,但农地集体所有的性质并没有改变。另外,即使制度变迁了,但新制度的实施和运行依然有赖于具有连续性的社会经济政治条件的规制。

性。同时,与公社型农地集体所有制相比,农户自我规划、自主经营、自负盈亏的作业模式,降低了农业生产中的交易费用和组织管理费用,减少了农业生产中的不合理支出。据此,笔者认为,即使此阶段的农地产权制度变迁并不如主流学者所说的产生了巨大的作用,也不能低估其作用。客观来讲,家庭联产承包责任制因其调动了农民的生产积极性并减少了农业产值中的支出费用,其对 20 世纪 80 年代的农业经济增长具有较大贡献。

随着时间的推移,经济环境发生改变,制度本身处于"静止"[①]状态。家庭联产承包责任制对农业增长的制度增长效应释放殆尽,制度本身难以匹配经济发展的步伐、社会环境的变化以及农民观点的转变。因制度与社会经济发展趋势之间的不适应而滋生的种种局限和不合理效果逐渐显露出来。因人口变化所导致的农地频繁的行政性调整影响了农户对经营的预期,一定程度上不利于农地的有效保护和农户对农地的长期投资[②],形成对农地的"掠夺性使用"。人口急剧增长以及耕地资源有限之间的矛盾,使中国农业出现了"过密型商品化",并滋生了"没有发展的增长"。农户家庭收入的提高并不是基于单位工作日生产率和收益的发展,而是基于家庭劳动力的更充分利用。[③] 20 世纪 90 年代中后期,即使中央一再强调土地承包关系"保持稳定并长久不变"。农民终不堪忍受附着在土地上的沉重赋税,弃田而逃,爆发了几次抛荒浪潮。"三农问题"进入中国经济发展的视野并促使了农地制度的一系列转变。这一系列转变导致了 2004 年开始的税费改革,中国从此进入"后税费时代"。

后税费时代,城市化背景下,运行了近三十年的家庭联产承包责任制面临新的制度选择。特别是在对于公民个体的权利日益关注的传媒时代,农民权益的保障和维护成为制度设计的出发点和制度评价的重要衡量指标。

---

① 这种"静止"状态是相对于社会环境的快速变化而言,成文的制度总有一定的滞后性。
② 张红宇:《中国农地调整与使用权流转:几点评论》,载《管理世界》2002 年第 5 期。
③ 参见〔美〕黄宗旨:《长江三角洲小农家庭与乡村发展》,中华书局 2000 年版,第 11—14 页。黄宗旨指出,这种没有发展的增长区别于有发展的增长,有发展的增长滋生农业现代化。发达国家的农业现代化,主要是劳动生产率和单位工作日收入的改进,从而保证极少的农业人口得以养活全体人口,并使得农业摆脱了仅够维持生存线的生产地位。

当我们承认中国农村和农民为中国工业化的起步贡献了巨额资金、劳动力和其他资源时,情感上难以接受中国的城市化运动依然采取"剥夺"农民的方式。中国追求的城市化、工业化和现代化,应该是在充分保障农民权益的前提下发生。城市化、工业化和现代化应该有利于改善农民的生活,满足他们的需求和提升他们的幸福感。那么,农地——农民赖以为生的基本资源,该如何面对这样的制度诉求,立法者和政策制定者该如何制定切合实际的法律和制度?回应这个问题,必须先厘清家庭联产承包责任制的文本表达。

第三节 农地制度的文本表述及理论阐释

一、农地制度的文本表达

家庭联产承包责任制在我国实施了三十余年,政策法律根据不同发展时期的实践,对家庭联产承包责任制的具体内涵及实现途径作出了相应的调整。通过对政策文本的梳理可以清晰地发现家庭联产承包责任制在我国的实践历程。家庭联产承包责任制实施之初,政策既强调发挥农民的生产积极性,保护承包户的自主经营权,也重视集体统一经营的作用,集体负责一家一户难以独立完成的事情。20世纪90年代中期开始,政策法律越来越偏向于强调赋予农民更多的土地权益,而忽视了对集体统一经营的保护,最终促成了政策法律、理论解读和土地试验结合之下的土地权利话语的泛滥。

(一) 20世纪80年代的五个"一号文件"

从20世纪70年代末开始,在各地农村,产生了不同程度的包干到组、包产到户和大包干等联产责任制。1978年,安徽省的来安、肥西、凤阳等县的农民偷偷摸摸地把一些麦田、油菜田承包到自己家里去种,搞起了包产到户。包产到户加快了生产进度、提高了农业生产力。在先行者获益的刺激下,安徽全省各地农民纷纷采取这种经营模式,这便是"家庭联产承包责任制"的雏形。到了1982年,全国90%以上的农村实行了家庭联产承包责任制。1982年的中央一号文件《全国农村会议纪要》①首次从政策高度肯定了家庭联产承包责任制,从此拉开了新时期中国农村改革的序幕。1983年初,全国农村已有93%的农村实现了这种责任制。该文件认可农户分散经营,但同时强调,包干到户是在土地集体所有的前提下发生的。文件明确指出:"它是建立在土地公有基础上的,农户和集体保持承包关系,由集体统一管理和使用土地、大型农机具和水利设施","必须坚持土地的集体所有制"。1982年的一号文件表明,在肯定包产到户的经营方式上,集体享有更广泛的权力。

新政策实行的起步阶段,干部群众难免犹豫徘徊。发布了一号文件之后,并不是全国所有地区都进行了经营方式的改革。农民既担心政策会发生变化,又担心这种经营形式是否真能提高效率,提高生活水平,创造更多物质财富。1983年的中央一号文件②从政策的高度再次消除改革中存在的思想上的疑虑,论述了联产承包责任制具有的广泛适应力。该文件肯定了联产承包责任制发展的历史必然性并为其正名,家庭联产承包责任制并不

---

① 1982年中央一号文件《全国农村工作会议纪要》第1条指出:"截至目前,全国农村已有90%以上的生产队建立了不同形式的农业生产责任制"。"生产责任制的建立,不但克服了集体经济中长期存在的'吃大锅饭'的弊病,而且通过劳动组织、计酬方法等环节的改进,带动了生产关系的部分调整,纠正了长期存在的管理过分集中、经营方式过于单一的缺点,使之更加适合于我国农村的经济状况。"第2条指出:"目前实行的各种责任制,包括小段包工定额计酬,专业承包联产计酬,联产到劳,包产到户、包产到组,包干到户、包产到组等等,都是社会主义集体经济的生产责任制。不论采取什么形式,只要群众不要求改变,就不要变动。""前一个时期有些人认为,责任制只是包干到户一种形式,包干到户就是'土地还家'、平分集体财产、分田单干。这完全是一种误解。包干到户这种形式,在一些生产队实行以后,经营方式起了变化,基本上变为分户经营、自负盈亏;但是,它是建立在土地公有基础上的,农户和集体保持承包关系,由集体统一管理和使用土地、大型农机具和水利设施,接受国家的计划指导……有的还在统一规划下进行农业基本建设。所以它不同于合作化以前的小私有的个体经济,而是社会主义农业经济的组成部分;随着生产力的发展,它将会逐步发展成为更完善的集体经济。"第4条规定:"在建立和完善农业生产责任的过程中,必须坚持土地的集体所有制,切实注意保护耕地和合理利用耕地。"

② 1983年中央一号文件《当前农村经济政策的若干问题》第3条指出:"联产承包责任制迅速发展,绝不是偶然的。它以农户或小组为承包单位,扩大了农民的自主权,发挥了小规模经营的长处,克服了管理过分集中、劳动'大呼隆'和平均主义的弊病,又继承了以往合作化的积极成果,坚持了土地等基本生产资料的公有制和某些统一经营的职能,使多年来形成的生产力更好地发挥作用……在这种经营方式下,分户承包的家庭经营只不过是合作经济中一个经营层次,是一种新型的家庭经济。它和过去小私有的个体经济有着本质的区别,不应混同。"

是私有经济,也不是资本主义的东西。1983年的一号文件消除了大多数农民的顾虑,促进了家庭联产承包责任制的稳健发展。

　　家庭联产承包责任制的实施,以农户分散经营和集体统一经营相结合,但两者之间的关系到底如何?农户对土地分散经营的权限如何体现,集体又如何实现统一经营模式?1984年的中央一号文件①在肯定农户承包经营权的同时,表明集体可以以"大稳定,小调整"为原则调整农村土地。该一号文件通过界定"大稳定,小调整"平衡了两者之间的关系。土地要取得合理的收益,土地的生产能力至关重要。农民只有在获得比较稳定的土地使用权之后,才会积极增加对土壤的培植,为提高劳动生产力创造条件。赋予农民稳定的承包期——"大稳定",是指集体和农民之间承包关系是固定的,但具体承包的标的——"土地",可以根据各地农村发展的实际情况进行相应调整——"小调整"。农户家庭人口的变化、身份的改变等都会影响农户家庭承包土地数量的变化;村庄共同用水,修建道路,教育设施等公共品供给也会改变农户承包土地的数量。

　　1985年中央公布了一号文件《关于进一步活跃农村经济的十项政策》。以这个文件为标志,我国农村开始了以改革农产品统购派购制度、调整产业结构为主要内容的改革。国家开始从以前的直接控制生产和经营转向对生产经营活动进行间接调控,放开市场,发挥市场的作用。1986年中央一号文件《关于一九八六年农村工作的部署》,明确了农业在国民经济中的地位,在肯定原有的一靠政策、二靠科学的同时,强调增加投入,进一步深化农村改革。②

　　农民在实践中创造了包干到户的经营模式,中央的五个一号文件将农

---

　　① 1984年中央一号文件《关于一九八四年农村工作的通知》规定:"土地承包期一般应在15年以上。生产周期长的和开发性的项目,如果树、林木、荒山、荒地等,承包期应当更长一些。在延长承包期以前,群众有调整土地要求的,可以本着'大稳定,小调整'的原则,经过充分商量,由集体统一调整。"
　　② 这两个一号文件都是在家庭联产承包责任制合法化之后,在联产承包责任制发展之下,应对中国农村新出现的经济形势作出的深化农村改革的指导方针。由于主要内容并不涉及家庭联产承包责任制,所以不做具体介绍。

民的这种实践创造上升为理论,将实践中合理的制度创造从法律政策层面使其合法化。实践中的合理性和政策层面的合法化使家庭联产承包责任制有了迅速发展的有利条件。吴象说:"五个一号文件的最大特色不是制定政策、作出规定来规范农民行动,而是一步步按照农民的意愿和实践中的创造,完善政策,引导农民向前开拓改革的领域。"①家庭联产承包责任制的实行取消了人民公社,又没有走土地私有化的道路,而是实行家庭联产承包为主,统分结合,双层经营。这一土地制度既发挥了集体统一经营的优越性,又调动了农民生产积极性,是适应我国农业特点和当前农村生产力发展水平以及管理水平的一种较好的经济形式。

在这种经营模式之下,集体将土地等按人口或劳动力比例,根据责、权、利相结合的原则分给农户经营。承包户和集体经济组织签订承包合同,作为承包户的农民依据承包合同,完全按照自己的意愿作出生产经营的决策。农民自主决定在土地上耕种什么,如何耕种,投入多少劳力等。有学者估计,在1979—1984年的农作物产值增长中,家庭联产承包责任制改革贡献率为46.89%。② 与改革前相比,农业产出有了较大程度的提高。但同时,用农民自己的话说,"大包干,大包干,直来直去不拐弯,交够国家的,留足集体的,剩下都是自己的。"家庭联产承包的另一层含义是在保留集体经济的前提下,将土地包干到户。保留和发展集体经济是家庭联产承包的基础。③农民将集体的土地和其他生产资料承包经营后,在完成国家和集体任务的前提下分享经营的成果。

20世纪80年代确立了家庭联产承包责任制作为中国农地制度的基本

---

① 吴象:《中国农村改革实录》,浙江人民出版社2001年版,第192页。
② 林毅夫:《制度、技术与中国农业增长》,上海三联书店、上海人民出版社1994年版,第94页。
③ 1990年3月3日,邓小平在《国际形势和经济问题》的谈话中指出:"中国社会主义农业的改革与发展,从长远的观点看,要有两个飞跃。第一个飞跃,是废除人民公社,实行家庭联产承包为主的责任制。这是一个很大的前进,要长期坚持不变。第二个飞跃,是适应科学种田和生产社会化的需要,发展适度规模经营,发展集体经济。这是又一个很大的前进,当然这是很长的过程。"安徽凤阳县小岗村党支部书记沈浩说:"社会发展到一定阶段,要富裕必须走集体合作之路。"他表示:"纪念改革开放最好的方式就是继续深化改革,通过走集体合作之路,让大家的腰包鼓起来。"

选择。中央最初的五个一号文件肯定了家庭联产承包责任制的优越性和其对中国经济发展的意义。集体组织和集体经济的力量在家庭联产承包责任制中的作用不容忽视。家庭联产承包责任制既强调农户分散经营的自主权,也强调集体作为所有权人在农村土地制度中的重要作用。那么,20世纪90年代以后,国家关于农村土地的政策和法律的界定又如何呢?

(二)土地的二轮承包

20世纪80年代中央五个一号文件出台之后,中央继续将农村土地制度的改革往前推进。1987年中共中央政治局通过的《把农村改革引向深入》,提出"有计划地建立改革试验区"。随后全国各地的农村改革试验区发展到30个。改革试验区是为了检验某种特定内容的土地制度是否有在农村实施的土壤和机制。贵州湄潭成为全国首批9个农村改革试验区之一,试验主题是以"增人不增地,减人不减地"为核心内容的土地制度改革试验。"增人不增地,减人不减地"是指农户家庭人口的增加或者减少并不影响农户享有的土地承包经营权。在20年的承包期内,土地承包权可以依法继承,集体无权对土地进行调整。①

1993年11月,中央发布了《关于当前农业和农村经济发展的若干政策措施》(中发[1993]11号文),该文件将贵州湄潭"增人不增地,减人不减地"的方案向全国推行。文件肯定了家庭联产承包责任制是我国的一项基本经济制度,应长期坚持,同时也提出为了稳定承包关系,提高农地产出,应将原定到期之后的耕地承包期,再延长30年不变。② 1984年规定的土地承包期限为15年,20世纪90年代中期,15年的承包期限临近尾声。为了稳

---

① 随着试验的进行,1997年贵州省委发布文件,将湄潭土地承包期从1994年起算,耕地延长50年,到2043年底止,非耕地延长60年,到2053年底止。

② 中发[1993]11号文件提出"以家庭联产承包为主的责任制和统分结合的双层经营体制,是我国农村经济的一项基本制度,要长期稳定,并不断完善。为了稳定土地承包关系,鼓励农民增加投入,提高土地的生产率,在原定的耕地承包期到期之后,再延长30年不变。""为避免承包耕地的频繁变动,防止耕地经营规模不断被细分,提倡在承包期内实行'增人不增地,减人不减地'的办法。在坚持土地集体所有和不改变土地用途的前提下,经发包方同意,允许土地的使用权依法有偿转让。少数第二、第三产业比较发达,大部分劳动力转向非农产业并有稳定收入的地方,可以从实际出发,尊重农民的意愿,对承包土地作必要的调整,实行适度的规模经营。"

定农村的土地承包关系,该文件第一次将二轮延包期限规定为30年,并提倡在30年的承包期内,效仿贵州湄潭"增人不增地,减人不减地"。① 随后各地根据本地的实际情况,逐步开展土地二轮延包工作。

1995年3月,国务院批转农业部《关于稳定和完善土地承包关系意见的通知》,对各地开展的二轮延包工作进行了总结,就实践中如何稳定和完善土地承包关系的有关问题提出了若干意见:在坚持以家庭联产承包为主的责任制和统分结合的双层经营体制下,对土地承包合同的严肃性、承包期限、经营权流转、农民负担和权益等做出了规定。

1997年8月,中央发布了《关于进一步稳定和完善农村土地承包关系的通知》(中办发[1997]16号文),通知规定:"在第一轮土地承包到期后,土地承包期再延长30年,指的是家庭土地承包经营的期限。集体土地实行家庭联产承包制度,是一项长期不变的政策。""不能将原来的承包地打乱重新发包,更不能随意打破原生产队土地所有权的界限,在全村范围内平均承包。已经做了延长土地承包期工作的地方,承包期限不足30年的,要延长到30年。""承包土地'大稳定、小调整'的前提是稳定……根据实际需要,在个别农户之间小范围适当调整。"再次强调土地承包期限延长30年,同时也明确指出在稳定的前提下,集体可以根据实际情况,在个别农户之间调整土地。

1998年8月修订的《中华人民共和国土地管理法》第14条规定:"土地承包经营期限为30年",从立法的高度确认了农户享有30年承包经营权的期限。

家庭联产承包责任制实施之初,农民的生产积极性被激发,农民希望获得多的承包地而获取更多收益。进入20世纪90年代之后,由于生产成本

---

① 中发[1993]11号文件指出:"为避免承包耕地的频繁变动,防止耕地经营规模不断被细分,提倡在承包期内实行'增人不增地,减人不减地'的办法。在坚持土地集体所有和不改变土地用途的前提下,经发包方同意,允许土地的使用权依法有偿转让。少数第二、第三产业比较发达,大部分劳动力转向非农产业并有稳定收入的地方,可以从实际出发,尊重农民的意愿,对承包土地作必要的调整,实行适度的规模经营。"

上升和土地税费任务繁重,土地对于农民来说是一种负担,而不是一种可以获益的生产要素,农民并不热衷耕种土地。全国各地土地抛荒严重。[①] 从1993年11号文件、1995年的《通知》、1997年的16号文件到1998年的《土地管理法》,6年期间,虽然政策法律一再强调将土地承包期限延长30年,但实践中,农民抛荒土地罢耕的情形依然存在。由于土地上承载着各种税费任务,土地必须要承包下去。这样就出现了一对矛盾:农民不希望种地,国家希望农民耕种土地。为了解决实践中的矛盾,国家只能一而再、再而三地通过政策法律要求基层政府和乡村组织将土地延包下去。不管基层政府采取什么手段,即使他们采取的手段和政策不符,上级政府也只是睁一只眼闭一只眼。不管实践中各地采取何种手段将土地延包下去,截至1999年底,全国农村第二轮土地承包工作形式上基本完成。

(三) 现代化使用土地

2003年3月实施的《中华人民共和国农村土地承包法》以基本法的形式强调二轮土地承包的期限为30年。该法明确规定了作为集体的发包方和作为农户的承包方各自享有的权利和义务。作为发包方的集体享有的权利主要体现在发包权、监督权和制止有损承包地行为的权利,以及当承包方转为非农户口时,收回承包地的权利。发包方的义务主要体现在:不得随意改变承包合同;不得非法干涉承包户的经营活动;应为承包方提供一定的技术信息服务;组织农业基础设施建设。同时规定,在承包期限内,除非是因自然灾害导致农户之间的土地需要小范围调整时,发包方才可依照严格的

[①] 监利县种田能手李开明1999年的种田纯收入是负数,李井明的结论是"打死我也不种田了。"李昌平:《我向总理说实话》,光明日报出版社2002年版,第2页。位于湖北江汉平原的沙洋县,每个乡镇抛荒地少则百来亩,多则三五百亩。距其不远的京山县雁门口镇抛荒达1.6万亩。(参见刘玉成:《新一轮土地承包后农村土地抛荒现象探析》,载《荆门职业技术学院学报》2000年第4期。)安徽省巢湖市农村土地抛荒面积约为24万亩,占承包地总面积的6%。土地抛荒面积与1998年同期相比增长了77%,且仍呈增长趋势。(参见郏鼎玖、许大文:《农村土地抛荒问题的调查与分析》,载《农业经济问题》2000年第12期。)2002年调研者在湖北省四个村调查,发现仅仅只有一个村签订了二轮承包合同,其他三个村土地并没有签订合同,村干部说:"农民都不想要地,如果重新签合同,农民都不会签,多出的地无人种。"(参见陈小君:《农村土地法律制度研究——田野调查解读》,中国政法大学出版社2004年版,第144页。)

程序调整土地,否则,其他情况下,发包方不得调整土地。在承包期内,农户可以通过转包、出租、互换、转让等方式流转土地。①

2004—2015年,农村改革史上新一轮的一号文件出台和实施。连续12个一号文件虽然侧重点并不一样,但都一脉相承地对农村土地问题做出了规定。强调稳定粮食生产、确保耕地红线。2013年的一号文件明确提出要"改革农村集体产权制度,有效保障农民财产权利","健全农村集体经济组织资金资产资源管理制度,依法保障农民的土地承包经营权、宅基地使用权、集体收益分配权"。2014年的一号文件明确要完善农村土地承包政策,"稳定农村承包关系并保持长久不变……在落实农村土地集体所有权的基础上,稳定农户承包权、放活土地经营权、允许承包土地的经营权向金融机构抵押融资"。2015年中央一号文件规定"坚持和完善农村基本经营制度,坚持农民家庭经营主体地位,引导土地经营权规范有序流转……土地经营权流转要尊重农民意愿,不得硬性下指标、强制推动。"历年的一号文件,不管文本表述有何差异,核心都在于希望通过制度实践,保证改革红利能惠及农民,改变农村现状,"不让乡村成故园"。

2007年10月实施的《中华人民共和国物权法》在第三编用益物权下,将土地承包经营权定性为用益物权。农户享有的承包经营权是一种用益物权,农户作为承包经营权人对集体所有的土地,依法对所承包的土地享有占有、使用和收益的权利。②

2008年10月中央通过了《关于推进农村改革发展若干重大问题的决

---

① 我国《农村土地承包法》第1条规定:"为稳定和完善以家庭承包经营为基础、统分结合的双层经营体制,赋予农民长期而有保障的土地使用权,维护农村土地承包当事人的合法权益,促进农业、农村经济发展和农村社会稳定,根据宪法,制定本法。"第20条规定:"耕地的承包期为30年"。第27条规定:"承包期内,发包方不得调整承包地。承包期内,因自然灾害严重毁损承包地等特殊情形对个别农户之间承包的耕地和草地需要适当调整的,必须经本集体经济组织成员的村民会议2/3以上成员或者2/3以上村民代表的同意,并报乡(镇)人民政府和县级人民政府农业等行政主管部门批准。承包合同中约定不得调整的,按照其约定。"第32条规定:"土地承包经营权可以依法采取转包、出租、交换、转让或者其他方式流转。"第63条规定:"本法实施前已经预留机动地的,机动地面积不得超过本集体经济组织耕地总面积的5%。不足5%的,不得再增加机动地。"
② 我国《物权法》第128条规定:"土地承包经营权人依照农村土地承包法的规定,有权将土地承包经营权采取转包、互换、转让等方式流转。流转的期限不得超过承包期的剩余期限。未经依法批准,不得将承包地用于非农建设。"

定》。《决定》提出要"加强土地承包经营权流转管理和服务,建立健全土地承包经营权流转市场,按照依法自愿有偿原则,允许农民以转包、出租、互换、转让、股份合作等形式流转土地承包经营权,发展多种形式的适度规模经营。"这一规定与《农村土地承包法》和《物权法》关于农户享有的土地权利的规定是一致的。

二、农地制度的理论阐释

(一) 土地权利的限度

部分学者认为,为了切实保护农民对土地享有的各种权益,现有法律政策的规定仍然不够积极,政策法律虽然一再强调稳定农民对土地享有的承包权,规定承包期15年不变,接着是30年不变,并指出永久不变,不仅从时间上延长承包期,同时,对土地流转也放宽了界限。但实质上所有权才是问题的关键。解决农村问题的核心在于将农村土地私有化。法律政策应明确赋予农民对承包地享有完全所有权,而不应该仅仅只是一种他物权。陈志武认为土地私有之后,作为交易主体方的农民就拥有了发言权,土地流转过程中农民可以获得较多的收益。[1] 文贯中认为不能以"国情"为阻扰,否定土地私有化,土地私有化是符合市场经济规律的制度,是各国城市化进程的必然选择。[2] 农民获得土地所有权后,通过出售土地,可以获得进城或者进行创业、投资行为的启动资金。蔡继明认为农地私有不仅能增加农地产权的稳定性、流动性,使农民获得的一个公正的土地流转价格;而且能够促进农村劳动力的有效配置,加快农村劳动力向城市转移,加快城市化进程,更好地发挥农地的社会保障功能,从而有利于农村社会的稳定。[3]

杨小凯从反面论证土地农村土地应该私有化。杨小凯认为:(1)"如果土地所有权完全私有化了,农民将成为自由民,若农民要弃农进城,或从事

---

[1] 于建嵘、陈志武:《把地权还给农民——于建嵘对话陈志武》,载《东南学术》2008年第2期。
[2] 文贯中:《市场畸形发育、社会冲突域现行的土地制度》,载《经济社会体制比较》2008年第2期。
[3] 蔡继明:《对农地制度改革方案的比较分析》,载《社会科学研究》2005年第4期;《改革应对农民的土地诉求给予极大关注》,载《中国土地》2008年第7期。

他业,他可以卖掉土地,不但有一笔收入,而且有一笔资本,因此他进城时是有钱人,而不是盲流。"①农民拥有了土地所有权,自由买卖土地,可以获得一笔进城的资金,成为了城里的有钱人。农民一旦可以自由买卖土地,那么农村土地交易的价格就会上升,不管是出卖还是出租,土地价格都会比现阶段的价格更高。农民如果不能卖掉土地,就被束缚在土地之上,要城市、农村两头跑,成为"盲流",这样会导致贫富不均和社会不安定。(2)就算农民卖掉土地,进城失败了,失败的风险应该由保险市场来承担。退一步讲,如果农民害怕进城失败,那么他可以选择出租或抵押土地,拥有完全所有权之后,出租土地的价格会比较高。(3)驳斥土地私有化会阻碍机械化:第二次世界大战后的日本,土地私有化后机械化进行得很成功。(4)驳斥土地私有化造成公共建设成本增加:美国、英国和其他自由国家没有因为土地私有化增加公共建设成本。可以通过立法手段,用公平征购价强制征购私人土地以进行公共工程。(5)驳斥土地私有会造成土地兼并②:广东的很多土地纠纷就是因为没有确立土地私人所有,对农户承包地的产权保护不充分引起的。

部分经济学家认为,农村市场化程度不高,症结就在于土地不能自由交易。③ 土地大规模流转之后,农业产业化才有可能,才能刺激农村经济的发展。农业产业化和规模经营,是中国农业向现代化的大农业发展的必经途径。同时,他们认为土地流转不会形成土地兼并的问题。可以通过立法限制土地的最高拥有量和农民的最低拥有量。即使农民丧失土地,也不会失

---

① 杨小凯、江濡山谈话录:《中国改革面临的深层问题——关于土地制度改革》,载《战略与管理》2002年第5期。

② 秦晖认为:"小农经济—土地买卖—两极分化"造成土地兼并之说纯属想象。历史上民间的土地流转程度极其有效,不可能出现大规模兼并行为。参见秦晖:《中国农村土地制度与农民权利保障》,载《探索与争鸣》2002年第7期。

③ 近几年,随着农民享有的土地权属不断扩大化和清晰化,经济学家不再强调农地私有化,而是强调平等保护农民土地财产权的必要性和重要性,允许集体土地用于城市建设,建立城乡统一的土地市场。参见文贯中:《结构性失衡、内需不振、过时的土地制度和走出困局之路》,载《南开经济研究》2010年第2期;会议专家组(2012年度"土地制度、户籍制度与城市化"圆桌会议,达成共识的署名专家有蔡继明、黄祖辉、文贯中等17位):《关于土地制度改革的三点共识》,载《科学发展》2013年第5期;蔡继明:《我国土地制度改革的顶层设计》,载《经济纵横》2013年第7期;盛洪主讲、茅于轼等评议:《为什么市场制度是配置土地资源的决定性制度》,载《京润法治与公共政策评论》第1期,载 http://www.unirule.org.cn/index.php? c = article&id = 2879,访问时间:2013年12月23日。

去生活保障,因为农民收入来源越来越多样化,农民和土地的联系越来越松散了,农民不再将土地作为生存保障手段。另外,集体仍然是土地的所有权人,集体可以通过它享有的一定权利对享有承包经营权的受让人的行为进行制约。

社会学家对农地制度的理论阐释不同于经济学家。社会学家关注农地制度的实践过程,通过对实践过程的阐释,重新认识和理解农地制度的文本规定。申静、王汉生的研究表明,产权关系的界定并不是划分明确且一经形成便相对稳定的关系结构,而是个体行为者与其所处的社会环境不断互动的过程。① 在这个意义上,需要从乡村社会结构及其运行机制的角度来理解农地制度的运行实践,从而进一步反思已有的土地制度及其对农民土地权利的界定问题。而不应该是在真空环境下理解土地权利及其市场实践。贺雪峰在多次多区域经验调研的基础上,从宪法秩序的高度理解中国土地制度。② 他认为土地公有制,杜绝任何人利用土地成为土地食利者;农地非农使用的增值收益来自于经济发展与城市扩张,"土地财政"满足了政府进行城市基础设施建设的需要。另一方面,内生于村庄的土地流转,平衡了土地租赁市场的需求,也符合农民对土地耕种的短期预期和长远预期。在这个意义上,土地不是完全的商品,不可能完全依靠市场来配置。土地权利话语妨碍了土地作为国计民生的基础,要警惕土地权利话语对中国土地制度的宪法秩序形成的冲击。

土地权利的设定应该符合怎样的限度,构成了不同学科学者关于建构土地制度、土地产权的不同答案。由于学科专业知识的差异性,论证的角度

---

① 申静、王汉生:《集体产权在中国乡村生活中的实践逻辑——社会学视角下的产权建构过程》,载《社会学研究》2005 年第 1 期。折晓叶、陈婴婴通过对乡镇企业改制的研究指出,社区集体产权主要不是一种市场约性产权,而是一种社会合约性产权,它可能以非正式的方式比较好地处理和解决社区内部的合作问题和产权冲突。如果仅仅以制度设计来取代非正式的社会合约规则,可能给社区的持续发展带来严重的后果。参见折晓叶、陈婴婴:《产权怎样界定——一份集体产权私化的社会文本》,载《社会学研究》2005 年第 4 期。虽然是从乡镇企业改制的角度阐释问题,但就集体产权的性质而言,这种建构逻辑具有相通性。即强调文本制度与社会环境、社会关系之间的互构性。
② 贺雪峰:《中国土地制度的宪法秩序》,载《文化纵横》2013 年第 6 期;《中国城镇化战略规划需要思考的几个问题》,载《社会科学》2013 年第 10 期。

并不相同,但可能得出趋同的结论。法学和经济学的研究强调应该赋予农民更多的土地权利,至少在制度文本上应该保障农民自由处分土地的权利,所谓"有恒产者有恒心"。稳定的土地承包权既能保证农民增加土地生产要素的投入、同时也能保证租赁市场的程序合法和增加农民收入,促进农村社会发展。社会学的视角更注重制度文本的实践过程,从制度运行的过程来理解既有制度的合理与否。本书后面几章,在对文本制度把握的基础上,借鉴了社会学对土地制度实践运行的考察。由于,学界主流观点是关于土地权利话语的阐释,故此处笔者专门对地权话语进行简要剖析。

(二) 地权话语剖析

土地权利话语主张充分赋予农民独立的土地承包经营权,让农民获得更多的土地权利。他们认为,农民的承包经营权不应该受到任何限制,对承包权的限制就是对农民权益的损害。只有真正赋予农民完全的承包经营权,现代化农业才可能实现,农民才能真正走上小康富裕之路。经济学家的主流观点明确提出应该直接赋予农民对土地的私有产权。在以"理性经济人"①为理论假设的自由主义经济学观点的影响下,部分经济学家主张农民只有对土地拥有了完全产权,才能真正实现自己的利益最大化。那么,如何理解这一主张?

首先,是否因为农民没有土地所有权,所以,政府才有机会侵犯农民的土地,随时随地转移土地的所有权?在各国的政治实践和社会发展中,政府对土地的征收,并不会因为土地的占有人是否对土地享有所有权而发生改变。政府为了公共利益的需要,比如城市规划,有可能对土地进行占有使用,最终有损个人权利的行使。当政府并不是真正从公共利益出发,政府或者是为了政绩,或者是为了当地经济的短期效益,而对土地进行占有使用,并最终侵害了农民的权益时,治本的方法不是赋予农民更多的土地权利。获得土地所有权的农民,失去集体力量的保护,可能更加难以维权。笔者认

---

① 〔英〕亚当·斯密:《国民财富的性质和原因的研究》(上卷),郭大力、王亚南译,商务印书馆1972年版,第13—14页。

为,当政府以公权力主体的身份对个人权利进行侵害时,真正的解决途径在于如何规范政府的行为。赋予权利主体更广泛的权利并不能成为政府不进行侵权的理由。

其次,三农问题的症结在于农民太多。为了真正解决这个问题,是否必须赋予农民土地所有权,减少农民数量?赋予农民土地所有权的目的就在于让他们卖掉土地,不再是有地可种的农民。那么,农民不再有地可种之后,他们就能成为城里人了吗?从目前广大农民工的行为模式中,可以发现,即使他们出去打工之前,将土地卖掉获得一笔收入,他们仍然不能真正在城市生活。这些正当青壮年的农民在身体精神状况最好的年份来到城市工作,把精力最旺盛的时光贡献给了城市的发展和建设,但他们并不能真正生活在其中。城市高额的教育费使得他们只能将小孩安置在老家,让年迈的父母照顾,所以才会有留守儿童的问题。城市高昂的房价让他们望而却步,所以他们才会将辛辛苦苦挣的钱积攒起来,几年之后回老家盖楼房。他们没有养老保险、没有退休金,所以他们宁愿土地闲置也不急着卖掉土地,他们知道,当城市不再需要他们的时候,只要有地,他们就会有退路。

如果真能减少农民数量,将他们都变成城市的消费者,三农问题也许不会再存在。但减少农民的关键不在于让他们失去土地,而在于当他们失去土地之后,城市是否有吸纳他们的能力。如果没有,他们就会成为回不去的"流民"。九亿农民只要有一半成为流民,中国就极有可能出现社会动荡局面。

再次,农民卖掉土地之后,他们就一定会成为有钱人?因为农民拥有土地的所有权之后,他们出租或者出售土地,就能获得比现在更高的价格。农民既可以不被束缚在土地之上,还可以最终进城生活。这种局面发生的唯一可行条件是农民能够将拥有所有权的土地卖出一个好价。那么所有农民都能将土地卖出好价吗?2008年11月,全国第一家农村产权交易所在成都挂牌。第一起拍卖中,每亩集体用地使用权80万元,这是同步同价的第一步,但与国有土地的数百万元还有差距。[①] 如果农民持有的土地都能以

---

① 孙恪廉:《从成都实践看党的十七届三中全会决定》,载《成都行政学院学报》2009年第1期。

80万元/亩的价格卖出,那么农民肯定可以成为有钱人。但我们需要明白的一个事实是,土地是否能够卖出一个好的价格与土地所处的位置密切相关。距离市场的远近和交通运输状况的好坏决定了土地的价值。不同地区不同位置的土地,价值大小不一样。中心城区和城郊的土地价值远远高于城市偏远地区的土地;沿海地区农村的土地价值远远高于中西部农村土地的价值。另外,土地的稀缺性也是影响土地价值的一个很重要的原因。农民占有的土地一旦可以进入土地交易市场交易,就会促使土地一级市场的形成,当18亿亩土地入市之后,土地交易的供求关系就会发生变化,最终影响土地的整体价格。特别是那些偏远地区的土地、山区的土地不可能卖得一个好价。赋予农民土地所有权,放开土地市场之后,农民仍然不可能成为卖地的有钱人。

一旦农民不能获得卖地或者出租土地的极高价格,他们就没有能力承担高额的城市生活成本,最终不能继续在城市生活下去,成为"盲流",问题又回到了起点,仍然没有解决。农民成为"盲流"只是问题的一个方面,问题的另一面是土地兼并的发生在所难免,贫富悬殊将极度拉大,社会也将动荡不安。史学家钱穆提出:"正因为土地私有,耕者有其田,才有了自由买卖,才开始兼并,才使贫者无立锥之地。"[①]黄仁宇也提出中国历史上王朝(东汉)的覆亡,和因土地私有而引发的兼并不无关系。

(三)农地制度变革的理解

人民公社解体之后,农民以家庭为单位获得了土地的承包经营权,农村集体经济实行家庭承包经营和集体统一经营相结合的双层经营体制。家庭联产承包责任制实施初期,政策在肯定农户以家庭为单位对土地行使权利的同时,亦强调集体统一经营的作用和地位,认为集体可以承担一家一户办不好或不好办的事情,肯定了集体统一经营存在的必要性。[②] 总体来说,这

---

① 钱穆:《中国历代政治得失录》,生活、读书、新知三联书店2005年版,第16页。
② 1982年的一号文件规定:"联产承包制的运用,可以恰当地协调集体利益与个人利益,并使集体统一经营和劳动者自主经营两个积极性同时得到发挥","宜统则统,宜分则分,通过承包把'统'和'分'协调起来。"1983年的一号文件,认为"分户承包的家庭经营只不过是合作经济的一个经营层次";1986年的一号文件认为农村中有一些事情必须由集体来承担。

一时期,集体作为土地所有权人较真切地实现了所有权人应该享有的权能。

第一,集体有权向农民收取一定费用。改革初期,承包土地的农户要向集体交纳土地承包费;取消承包费后,农民按上年人均纯收入的5%交纳"村提留、乡统筹"。免税之前,实行费改税后,农民因耕种土地仍然要交纳农业税。不管集体通过何种形式收取一定费用,都彰显了集体作为所有权人享有的收益权。

第二,集体有权接受转包耕地。根据1984年的一号文件和1987年的一号文件的规定,在承包期内,社员因个人原因可以将土地交由集体统一安排,或经集体同意将土地转包;集体亦有权收回农户放弃的耕地。

第三,集体可以调整土地。1982年一号文件规定包干到户建立在土地公有基础之上,农户和集体是承包关系,由集体统一管理和使用土地、大型农机和水利设施。1984年一号文件在规定承包期15年不变的基础上,赋予集体组织"大稳定,小调整"的权利,集体组织可以根据本集体的实际情况,小范围调整土地。

第四,集体可以预留机动地。分田之后,大多数集体组织预留了一部分机动地。机动地既是集体经济收入的重要来源,也可以满足新增人口对土地的诉求。

1993年中央11号文件将土地承包期延长30年不变,提倡全国范围内实行"增人不增地,减人不减地"。在强调承包期延长30年不变的前提下,接下来的法律政策以对农民有利为出发点和合理配置资源为考量,严格限制集体调地的权力。1997年中央16号文件指出,当农户之间有调整土地的必要时,应坚持以"稳定"为前提。1998年修订的《土地管理法》规定,承包期限内,个别农户之间有调整土地需要的,经过一定程序可以调整。2003年3月1日实施的《农村土地承包法》明确规定承包期内,发包方不得调整承包地。从2004年开始,中央连续发布的11个一号文件,将农民增收作为解决农村问题的一个重要方面。政策表明,通过赋予农民更广泛的土地权利,可以将农民从土地上解放出来,进而实现农业现代化,建设新农村。2007年通过的《物权法》将农户享有的承包经营权定性为他物权,作为发包方的集体仅享有土地的所有权。总体来说,在政策法律的规定下,集体逐渐丧失了作为所有权人享有的各项权能。

第一,集体不能向承包地收取任何费用。税费改革之后,土地上的税赋被取消,种地不仅不需交税,还可以获得各种补贴。作为所有权人的集体将土地承包给农户,不能收取任何费用,包括承包费。

第二,集体不得调整土地。2003 年的《土地承包法》规定,承包期内,集体原则上不得调整土地。随后的中央一号文件以及《物权法》都重申了这一规定。即使现实中,大多数村民有调地的强烈意愿,特别是在村庄公共建设中,需要村民积极配合,调整土地的使用情况时,集体能有效调地显得尤为关键,甚至在某种程度上决定了共同体的公共事务能否成行。但从私利出发,不想调地的村民以法律为武器可以阻却集体调地的行为。

第三,集体机动地基本被分完。集体不能调整土地,但新增人口基于"成员权"应该分得土地,所以,在固化的土地权利结构下,集体少有的机动地基本被分割完了。

第四,土地集体所有形同虚设。当集体不能收取承包费,不得调整土地,机动地也被分割完了之后,土地集体所有的法律规定就显得苍白无力,集体组织的地位十分尴尬。

第四节 地权话语的地方性实践

不同的人站在不同的角度、立场、不同的知识背景和不同的意识形态之下,对同样的法律政策有不同的理解是正常的。关于改革的途径选择有不同见解也十分合理。选择的根本不在于哪种选择理论上是完美的,而在于在各种社会利益的冲突下,哪种改革能够被接受。在政策法律的导向和主流观点的影响下,应赋予农民更多土地权利的呼声渐高。在这种情形下,农地的流转使用呈现出新的特征。

一、种田能手之规模经营

截至 2008 年 6 月底,被称为"中国第一种田大户——种田大王"的湖北大冶农民侯安杰承租的土地面积已经达到 2.3 万亩。2.3 万亩承租地分布在大冶、阳新 2 个市县,8 个乡镇,33 个村,他与近 2 万农户签订了土地流转合同,创下了全国农民种田面积第一,成为了全国名副其实的"种田大王"。湖北省有关领导批示要重视粮食生产,要给种田大户以实际支持。媒体对侯安杰的行为进行了正面详细的报道:老侯以 100—150 元/亩的价格租种农民的土地,并以 40—50 元/亩价格的粮食补贴返还给农民,老侯一般与农户签订 5 年的合同。由于 2 万多亩地零星分散在 33 个村,用侯安杰自己的话说,这些田"远在天边,近在眼前,若想把所种的田全转一遍,坐小车要两天,骑摩托车要个把星期"。为了方便对承包地的管理,老侯设计了一种简便的管理模式,老侯之下设 3 个组长,3 个组长下辖 11 个生产队长,11 个生产队长调动 300 多雇员。一般情况下,老侯只与 3 个组长进行交流,管理整个耕种情况。为了获得更高收益,他花费上百万资金进行机械化耕种,现有大型拖拉机 4 台,联合收割机 4 台、大小旋耕机 7 台、机动喷雾器 48 台、柴油机 12 台。目前,只要哪里有地,侯安杰就往哪里跑。老侯也有自己的担心,他说,不怕鬼,不怕神,就怕农民来要地,即使签订了承包合同,很多人根本就不管,回来就要地。①

湖北省耕地总量自 1998 年至 2002 年呈持续递减态势,全省人均耕地面积为 0.826 亩,距人均耕地警戒值 0.824 亩仅差 0.002 亩,低于全国 1.15 亩的平均水平。在人均耕地如此少的情况下,老侯能承租到 2.3 万亩土地耕种实属不易。社科院农村发展研究所所长张晓山认为,老侯能有如此骄人的成绩(据专家估计,老侯承租 2.3 万亩耕地,年收入应该近百万),除了他个人的杰出能力以外,更主要的是好的政策给了他好的机遇。法律赋予农民长期而有保障的土地承包经营权后,农民能自由将承包经营权出租,才

---

① 廖杰华:《湖北农民种田收入百万 1 人种 80 万人口粮》,载《广州日报》2008 年 10 月 24 日。

造就了"种田大户"侯安杰。农民拥有稳定的承包经营权是种田大户产生的必要条件。

二、公司化经营模式

公司化经营模式是指农民将分散的承包地出租给农业公司,公司凭借自己的经济实力和技术力量规模化管理耕地,进行专业化生产、一条龙式经营,以现代化农业的理念最大化地实现农地的价值。在这种经营模式下,农民可以以自己的技术、实物或者土地承包经营权入股公司,成为公司的股东。公司化的经营模式一般采取有限责任制,即公司股东以其所持公司的股份获得收益和承担风险。当公司盈利的时候,所持股份越多的股东获得的利益也越高。同样,当公司亏损的时候,所持股份越多的股东承担的风险也越大。在对外债务方面,有限责任公司以公司的全部资产承担债务。目前,在强调赋予农民更多的土地权利,鼓励农民流转耕地的形势下,公司化经营模式在全国各地都曾出现。各地纷纷出台优惠政策,吸引投资商进行现代化农业建设。广东省南海市早在1992年就推行了农村土地股份合作制,随后,在广东珠江三角洲其他地区、江苏、浙江等长江三角洲发达省份纷纷出现了这种经营模式。

2003年,成都市开始大力推进城乡一体化进程,很多区县都建立了每月通报制度,对各乡镇土地流转的数量进行排名。成都市在进行城乡统筹改革实验中,主张"三个集中":工业向集中发展区集中;农民向城镇和集中居住区集中;土地向规模经营集中。在这种政策的主导下,"汤营模式"产生。2005年10月,成都市汤营村成立了汤营三联农业有限公司。土地统一集中经营。公司采取股份有限公司的管理结构和运作机制,对入股的土地实行统一集中经营,实行"红利+工资"的收入分配方式。汤营村村民以1000亩土地的承包经营权入股公司,村集体以通过整理之后新增的60亩耕地入股公司,邛崃市国有独资企业"兴农投资公司"以100万元风险投资入股"汤营农业有限公司"。村民和村集体入股的土地以每亩每年保底收入800斤黄谷。"为了保证股东利益,该公司规定,公司经营利润的一半作为生产发展资金,另一半作为分红资金(兴农公司与村民和村集体按照五五分成,农户与村集体按股分红)。兴农公司不拿走红利,该红利留给村集体经济组织所有,待资金壮大到一定的程度后,村集体经济组织用该笔资金回购兴农公司投资的风险股金(原则上等额回购),作为村集体股。"2006年,汤营村试点一年之后,汤营农业公司的资产由经营初期的221.35万元增长为269.85万元,创利48.5万元。①

这种经营模式从理念设计上讲,具备了各种有利条件,能产生良好的经济效果。公司可以通过雄厚的资金、过硬的技术、规模化的土地和灵活的市场应变力提高农地的产出,实现农业生产的现代化。最重要的在于这种经营模式能增加农民收入,虽然农民不再耕种土地,但他的全部收入是耕种农田的三倍左右:土地的租金;以承包经营权入股后的年终分红及工资收入。"一半的入股农户,每年的收入就分为三部分:一是保底的收入,每亩土地是800斤黄谷;二是每亩务工收入1000多元;三是入股分红。这样加起来,以2006年计,汤营村村民每亩平均收入1930元,与传统农业每亩每年只有500元的纯收入相比,增收了1430元。"②政府、公司、农民三者都希望出现这样良好的结局,但问题是,农民真能获得这三项收入吗?

三、地方性实践反思

种田能手模式的规模经营可以为农业专业户带来较高的收益,大面积机械化作业可以节省劳动力和提高农业生产的效率,这也是侯安杰能收入达百万元的原因。但种田能手模式的规模经营存在以下问题。

第一,如果以侯安杰的种田规模为标准,一个人种80万人的口粮田,那么近9亿农民只有不到1200万人可以成为种田大户,即使算是雇工人数,也会有近8亿农民无地可种。城市是否能吸收这8亿无地可种的农民?

第二,如果农民进城失败,他们就会回来要地,这也正是侯安杰所担心

---

① 参见王维博:《成都实验城乡一体化改革:药方是农村市场化》,载《中国新闻周刊》2009年3月4日。
② 同上。

的。他说:"不怕鬼,不怕神,就怕农民来要地,即使签订了承包合同,很多人根本就不管,回来就要地。"李昌平也指出,侯安杰现象并不具有可复制性,它只能在短期内实现,一旦民工回流,就会有大量的人找侯要地,规模经营难以继续成长。如果政策制定者仅仅以侯的担心为出发点,为了保护种田大户的利益,而制定更加"坚固"的承包经营合同,"长期出租土地"的农户无权收回自己的耕地,那么大量的失地人口将成为社会的一大困境。

第三,规模经营的"瓶颈",即使鼓励大规模的土地流转,也仍然存在问题。某些"钉子户"宁愿土地抛荒也不愿出租耕地,有些年纪大、无力外出务工的农户宁愿选择自己耕种,这样就影响了农田的机械化作业。侯安杰也反映:"还有些钉子户,几千亩的农田上,有几分地的户主,宁可荒掉都不愿出租。打农药的时候不能沾惹,虫子从那边飞过来,叫苦都没有用。另外,机械作业的时候遇到这样的地还要绕行,特别麻烦。"侯安杰的两万多亩地,横贯两个市县,8个乡镇也反映了这个问题。一旦出现"钉子户",大规模的土地经营模式也难以出现。

侯安杰式的大规模的土地流转,一旦获得政府大开绿灯而得以成型,就会导致近八亿农民失业;如果政府不主动介入,促成大规模的土地流转,实践中难以出现媒体所宣扬的农民基本都乐于将土地租给种田大户的情景。中国可以选择土地规模经营,但并不应该是一味强调做强做大。孟勤国等认为,中国各地地势不一,并不是所有地方都适合进行规模经营。从村庄的实际情况、农户家庭的实际情况出发,鼓励一定范围的土地流转,形成"小规模"的土地经营,既避免大量农村人口失去土地的可能性,也保证纯农户有地可种,可能更符合农村的实际。①

在公司化模式的规模经营中,农民获得收益的前提是公司本身是盈利的。如果公司本身没有盈利,农民可能连土地的租金都要失去,更不用说分红收入和工资收入。在鼓励公司进行规模经营的过程中,为了吸引业主前来投资,当地政府都会开出比较优惠的条件。农民虽然将土地承包经营权

---

① 参见孟勤国等:《中国农村土地流转问题研究》,法律出版社2009年版,第95页。

转让给公司,但公司并不是马上支付租金,一般要等到公司经营至少一年以后才会向农民付租金。同样是成都的例子,2008年初,曾经受让了农民800多亩地的业主发现不能从土地中获得收益,最后丢弃土地逃之夭夭,租金一文未付。《中国新闻周刊》记者在采访中了解到,合同未到期,中途撂挑子的事情并不稀罕。并且,有的人并非抱有真诚的合作目的,而是盯上了这碗闻着香喷喷的"政策饭"。公司进行规模化经营的目的并不在于使农民富裕,公司的目的在于公司自身的盈利,农民并不是他们想要帮助的对象。公司只是借助农民的力量(农民占有的土地)来牟利。这种牟利会出现三种后果:第一种后果是公司经营得当,能够在多变的市场中获得较好收益,这时农民才能获得期望的三项收入;第二种后果是公司收支平衡,但没有盈利,这时农民最多只能获得租金和工资收入;第三种后果是公司亏损,正如上文所介绍的那样,农民出让了800多亩地给公司,但由于公司没有获利,业主丢弃土地逃之夭夭。农民不能获得任何收入,包括土地的租金。对于公司和农民来说双赢的局面就是出现第一种情况。

那么如何才能出现双赢的局面呢?公司在进行规模经营中,为了获得较高收益,都会将土地用来种植经济作物,而不是粮食作物。贺雪峰曾参观成都三个村庄的土地流转及公司化经营模式的状况之后,他发现"参观的三个村庄,都是用流入的土地种植药材、西瓜和蔬菜等效益比较高的经济作物"[①],这样才有可能从土地上获得较多收益,并让农民得利。李启宇通过对成都平原14个区县900多位农户的调查访问发现,大多数农户获得流转的土地后,主要将土地用于耕种药材、花果等高效益的作物。以盈利为主要目的的公司化经营模式,将土地用于种植高效作物是正常选择。但公司种植经济作物同样存在风险。公司化的经营模式仍然要符合市场的运作逻辑。经济作物能够获得较高收益的前提是因为市场上流通的经济作物不多,出现的是供不应求的状况。如果规模经营中,土地都用来种植经济作

---

① 贺雪峰:《地权的逻辑——中国农村土地制度向何处去》,中国政法大学出版社2010年版,第266页。

物,必然导致市场上流通的经济作物增加,出现供过于求的局面,产品的价格必然下降。规模经营在理论上可以降低农业生产的成本,提高土地的产量,但其自然风险和市场风险往往比分散经营大。各地农村因对市场行情把握不准,在农作物产出大的时候,农民反而经常损失惨重。① 贺雪峰参观访问的成都三村,2007年种植西瓜,市场行情不错,公司赚了钱,农民也获得了较好的收益;但2008年西瓜行情不好,种西瓜亏了本,公司付农民的地租都有困难,分红就更加不可能了。"而这仅仅是成都资本大规模进入农业和大规模农业结构调整之初的情况。农业资本进入农业越多,农业结构调整越猛,经济作物种植规模越大,种经济作物就越可能亏本,这本来只是一个市场经济的常识,我们却往往一厢情愿地忽视了这些常识。"②

另外,在公司化规模经营中,如何防止公司对承包的土地进行"掠夺性经营"也是一个不容忽视的问题。家庭联产承包责任制产生之初,在赋予农民完全自主耕种自己土地的权利时,为了巩固农民对承包地的精细耕种,政策就强调应该赋予农民稳定的承包经营权。学界争论的应该长期赋予农民稳定的承包经营权,其中的一个理由也在于如果农民对承包的土地不能长期行使权利,那么农民就很有可能对土地进行"掠夺性经营"。而现在的问题是,当农民拥有了长期稳定的承包经营权时,在政策的鼓励下,他们将土地以入股的形式出资进入公司,直接由公司对土地进行经营。大多数公司为了在短期内获得较好的收益,公司就极有可能"掠夺性"使用土地。并且,一旦公司撤出,农户就要重新拿回土地,重新开始耕种。而这时一家一户农户的耕种是在公司进行"掠夺性"经营之后进行的,为了种植传统的粮食作物(对一般农户来说,种植经济性作物风险太大),农户必然要对土地进行重新修整。从长远来看,农户必然是得不偿失的。

---

① 媒体的报道可以清晰反映这种情况:芹菜烂在地里;香蕉用来喂猪;西瓜遭遇"寒流"。
② 贺雪峰:《地权的逻辑——中国农村土地制度向何处去》,中国政法大学出版社2010年版,第266页。

第五节 土地权利与地权的逻辑

土地权利话语的两种表现形式：赋予农民完全的土地所有权和赋予农民更多的土地承包经营权，都是以保护农民利益为出发点，认为赋予农民更多的土地权利，对农民就越有利。这种主张反映在实践中的做法就是鼓励农民积极流转自己的承包地。农户因为享有所有权或长期稳定的承包经营权，他们可以自由地处分自己的承包地，从而最终促进土地的流转，使不需要种地或不想种地的人将土地流转出去，而"种田能手"或公司之类的规模经营就可以发生，形成"开展规模经营、集约化经营，促进农业向龙头企业发展"的情形。从上文分析可知，理论上的主张发展到实践中，如果要出现双方期待的结果，使农民富裕，"种田能手"获益，公司赚钱，实在是难之又难。最终必然出现，理论制度设计良好，但却不符合中国国情，在实践中缺乏可操作性的困境。不管是主张农民应该享有充分的土地财产权利，抑或是鼓励资本下乡，大规模流转土地的农业发展设想，要回应的第一个问题必须是中国的土地问题面临的现实处境及约束条件是什么？既有的约束条件和现实处境构成了制度实践的土壤，在某种程度上，甚至决定了制度的成败，而这恰恰是诸多理论研究者容易忽略的问题。"还权赋能"和"资本下乡"并不必然是错误的制度设计，理论都可以是完美的，关键在于是否符合中国的现实处境。

一、中国式地权发展的现实处境

完美的理论制度设计，脱离了中国土地问题的事实判断，都一定是难以实现的。对目前中国地权市场发展的探讨，需要明确地权市场面临的现实处境，在厘清其结构性位置的基础上，关注地权市场发展的其他问题。具体而言，中国式地权市场发展面临的现实处境体现在以下几个方面：

第一，中国社会的现代化过程具有异步性和快速性特征。

作为后发内生型的现代化国家,中国的现代化进程是在缺乏足够资源和现代性积累的情况下快速推进的。现代化进程不可能在所有区域和所有群体中同时展开,城市和乡村的异步发展不可避免。土地的不可移动性和城市化的扩张会推升部分土地的增值收益。土地因处于不同的经济地理位置而具有不同的价值。此时,若仅强调放开市场,优化土地资源配置,这将极大扩大不同地段农民之间的经济收入差距。此时,不仅不能缓解城乡二元体制格局,甚至会进一步催生"三元利益结构"。① 若以谁"拥有"土地,谁获得土地补偿为标准,"就会产生一个巨大的土地食利阶层,这个土地食利阶层可以凭借其特定位置的土地权利,轻松获得动辄上千万的巨额利益,这些巨额利益与劳动无关"②。中国土地制度安排应阻止土地食利阶层的产生,让全社会共享土地增值收益,实现"地利共享、地尽其利"。

在严峻的国际经济关系中,"后发"的中国为了实现民族复兴和"赶超战略",用三十多年的时间快速实现了"先发"现代化国家历时一百多年才完成的转型。快速的转型必然伴随政府能力和体制的诸多问题。土地财政的腐败、政府权力的寻租行为以及各地政府间的"锦标赛"式的竞争等转型过程中的诸多问题,都使得地权市场该何去何从显得尤为复杂。此时,必须厘清的是,这些问题是快速转型过程中必然出现的问题,抑或是土地制度本身催生的问题? 也就是说,是否任何土地制度或者关于地权市场的制度规定在实践过程中都有可能出现困境。从地权交易市场的实践出发回答类似问题,将有助于我们对各种放开地权市场的政策建议保持足够的警惕,以免出现难以解决的新困境。

第二,城乡二元结构是中国式地权市场发展面临的第二个现实处境。

现代化发展的异步性促使了城市社会和乡村社会处于不同的经济社会结构中,城市经济以现代化大工业生产为特征,农村经济以典型小农经济为主要特点。少数大型城市的高速现代化与传统农业乡村并存,这在很长一

---

① 贺雪峰:《地权的逻辑——中国农村土地制度向何处去》,中国政法大学出版社 2010 年版,第 82—83 页。
② 同上书,第 41 页。

段时间不可避免。现代化的持续发展要求任何改革都不能超越社会的物质生产实践,而必须考量经济社会发展水平。城乡二元结构之下,"市民"和"农民"享有不同的身份地位、不同的生存方式以及不同的资源分配方式。特别是在基础公共服务、教育资源分配等方面,"农民"不能获得"平等"对待。城乡一体化的目标诉求即在于打破因身份而产生的资源不能共享和利益分配不均的障碍。但消除城乡二元结构的理想目标不能超越了经济社会的基础承受能力:城市是否能提供足够的就业岗位,满足农户家庭消费和再生产的基本要求?当经济发展速度和程度难以满足大规模"农民"成为"市民"之后所需要的基础条件时,城乡二元结构难以实质上在短时间内消除,这成为中国式地权市场发展的重要约束条件。

在某种程度上,城乡二元结构昭示了地权市场二元体系的合理性。农村建设用地首先要解决农民何以安家、何以立身的生存问题。与此相对,城市建设用地突出市场配置资源的优势作用,强调任何地块必须尽可能获得较高的土地增值收益。能否实现土地的增值收益成为衡量城市建设用地是否合理使用的关键。既有研究表明,随着城市化的快速推进,城市建设中出现了建设用地的结构性短缺问题;同时,农村建设用地显著过剩。那么,从逻辑演绎的角度,如果能将农村建设用地转换成城市建设用地,土地短缺和土地过剩问题都将解决。此时,需要追问的是,从国家发展战略和宪法秩序的高度来理解,为何设置两种不同类型的建设用地?不同性质建设用地在经济社会发展中的作用差异甚大。城市建设用地的短缺并不能必然推导出农村建设用地必须被充分利用。更为关键的是,土地的不可移动性及农地具有的社会保障功能和底线生存功能,使得农村建设用地地权市场的发展必须放置在农村社会稳定、多数农民具有未来发展预期的立场上来考量。

第三,区域经济发展不平衡是中国式地权市场面临的第三个现实处境。

自1978年改革开放以来,在考量地理位置、资源优势、经济区位等因素的情况下,中国政府对东部、中部以及西部区域实施了不同的发展战略举措。东部沿海地区得以迅速发展,同时也迅速拉大了东部沿海地区与中、西部区域的经济发展差距。① 进入21世纪以来,中国政府开始逐步通过财政转移支付和政策倾斜等措施促进中、西部区域的发展,虽然取得了一定的成绩,但并未能有效平衡不同区域经济社会等各方面的差距。虽然经济发展程度较高的区域并不必然导致土地市场发育程度高②,但经济发展梯度的差异确实带来了不同区域土地市场发育的差异化。地权市场的改革必须正视区域经济发展的差异及土地市场发育程度的差异。不同经济发展区域,"市场"和"政府"应在土地资源配置中发挥不同的作用。

此外,土地市场的发展与其他市场的发展密切相关。东部地区经济发展程度较高,有较好的金融、投资环境,这必然带动市郊区域地权市场的发展;中西部地区有"土地财政"的冲动和政绩诉求,但并不具备完善的市场金融体系和投资环境。地权市场的实践运作必然遭遇相关市场发展差异的局面,并将对地权市场的一体化运作带来不同后果。中西部地区,地权市场缺乏配套的金融、投资市场体系,过分强调土地资源配置的市场化手段,并不一定能实现土地增值收益的最大化。此时,需要发挥政府对区域经济发展的政策引导作用,同时,加强对地权交易相关市场的规划和建设。对于东部地区,则可以放活地权市场,以市场调节为主,发挥市场对土地资源的监管和调控作用,实现土地资源效率的最大化。

二、地权实践的困境

缺乏对中国土地制度面临现实处境的考量,土地权利话语模式下的地权实践存在以下三个问题。

第一,现有的耕地流转并不利于规模经营。

---

① 21世纪初,胡鞍钢用"一个中国四个世界"来阐释中国地区间的差别,地域辽阔、各地区条件差异显著、发展极不平衡。第一世界是如上海、北京、深圳等高收入发达地区;第二世界是如大中城市和沿海地区的小城市以及部分农村中上等收入较发达地区;第三世界是如广大农村中下等收入或低收入较不发达地区;第四世界是如西部少数民族农村地区、边远地区及低收入贫困地区。参见胡鞍钢、胡联合等:《转型与稳定:中国如何长治久安》,人民出版社2005年版,第46—47页。

② 曲福田的研究表明,我国土地市场发育程度在三大区域之间存在着不平衡,但经济发展的梯度差异并不导致三大区域土地市场相对应的梯度发育。参见曲福田:《我国土地市场发育程度测算与实证研究——以东、中、西部为例》,载《经济地理》2008年第5期。

考察耕地流转的问题,首先要弄清楚土地流转的前提是什么?土地流转的前提是因为有些农民有其他的创收途径,或者进城务工,或者从事其他的副业,耕种土地不是他们最好的选择,所以他们才将土地流转给自己的邻居或者亲朋好友。政策支持的土地流转要符合这一基本前提。不能是为了追求规模经营而促进土地流转。公司化经营模式中,公司为了做大做强,便于机械耕种,必然要求土地成片。这样就导致实践中,当地政府为了完成经济指标,不可避免会采取行政手段强迫农民将土地出租给公司,最终发生侵害农民利益的事件。农民在实践中创造的土地流转模式,是与农民家庭的生产周期和劳动力安排相适应的。如果城市的经济活动能容纳数量庞大的农民工,农村的土地流转就会较频繁。一旦出现经济疲软或者类似金融危机的情况,则农民一定放弃流转土地而选择自己耕种。2008年全球性金融危机,在大量农民工失业,不能立足城市的时候,中国之所以能保持稳定局面。关键在于农村发挥了稳定的蓄水池的作用。农民工即使失业,最后的救命稻草——耕地仍然还在。不能打工就回去种地是维持农村稳定局面的一个重要原因。

在遵循土地流转前提的情况下,我们来考察农地的规模经营问题。政策鼓励土地流转,目的是为了实现规模经营。目前中国的农地流转,农户之间的土地流转占整个流转的2/3。在转让土地过程中,农户自主决定流转的方式、期限。由于没有集体统一规划、调整土地,无法实现连片耕作。"虽然就接包户来讲所种耕地面积有所增加,但无法实现连片的机械耕种,所以这些转移基本上与实现农业现代化、提供劳动生产率的方向无关。"[1]农户之间自发的流转方式,多是转让给亲戚或好友,双方家庭承包的耕地相邻的可能性极小。农户即使在村内承包了近百亩地,由于土地不成片,仍然难以进行机械操作,现代化农业也难以实现。种田大户侯安杰耕种土地的面积涉及范围如此之广,因某一农户不同意转让土地而影响耕种的情形正是这一

---

[1] 张路雄:《中国耕地制度存在的问题及不可回避的政策选择》,载 http://www.zgxcfx.com/Article/10985.html,访问时间:2014年6月28日。

问题的突出表现。

第二,现有的规模经营种植方式影响粮食安全。

根据农业部经管司的调查统计,农户之间小规模的土地流转,接包户将流转土地用于种粮的占71.9%,而公司化经营模式中,接包方将土地用于耕种粮食的仅占6.4%。全国各地较大规模的土地流转中,流入的土地一般都被用于种植蔬菜、瓜果、树苗等收益较高的作物,或者将土地用于水产渔业养殖。浙江省湖州市2006年全市耕地流转总面积为35.59万亩,占全部耕地的17.55%。流转的主要去向是水产渔业养殖、蔬菜、瓜果、苗木种植等,接包方将土地用于种植粮油等传统作物的不多。①

规模化经营一般包括三种模式:公司化规模经营、集体统一经营和以家庭劳动为主的家庭农场。目前,我国规模化经营的主要构成部分是公司化经营模式。但由于我国现有耕地的总体流转比例不高,耕地流转比例仅占耕地总面积的5%左右。在这种情况下,即使公司化规模经营不以种植粮食作物为主,仍然不能构成对粮食生产的威胁。但如果农民在土地权利话语的诱导和政策的鼓励下,继续将土地流转给公司企业,那么当大量的土地用于生产经济作物等高效益作物时,即使在保有18亿亩耕地的前提下,中国的粮食安全仍将存在隐患。

第三,土地权利话语并不利于保护耕种者的利益。

在我国城市化、工业化的过程中,大量农业劳动力脱离了农业生产,进入城市,从事低端的工业生产和其他服务行业。在中国现代化进程中出现的近两亿"农民工"成为世界上极为特殊的一种现象。进城务工的农民工将耕地流转之后,真正耕种土地的人与享有承包权的人就分离开来,也就是说承包者和耕种者发生分离。土地上出现了两个利益主体。随着农民工的增加,这种分离还会逐渐增多。土地权利话语要求赋予农民更多的土地权利,才能保护农民利益。那么,是保护承包者的利益还是保护耕者的利益?

---

① 民建湖州市委会:《高效利用湖州市耕地资源 积极推进现代农业发展》,载http://www.zjmj.cn/news_detail.aspx? id=13697&classid=142,访问时间:2014年4月25日。

目前的土地政策以保护承包人的利益为主。村民之间的土地流转,承包者获得土地上的补贴款,同时获得土地的转让金;实际的耕种者除了每年负担200元/亩左右的租金外,不能分享农地的各种补贴。承包户转让土地之后,他们不可能在土地上劳作,土地成为他们获取租金的手段。耕种者才是农产品的真正生产者。土地权利话语要求给予农民更多土地权利,这里的农民仅仅是指作为承包方的农民。保护承包方利益的政策导向和权利话语并不利于保护真正的耕者的利益。而只有保护耕种者的利益才更有利于农产品的产出和农业的稳步发展。面对承包户和耕种者日趋分离的局面,政策必须要以调动耕种者的积极性为目标,保护耕种者的利益,才有利于中国农业的发展。

中国现阶段的土地流转是暂时不想种地的农民和需要耕种更多土地的农民之间互动的结果,这种结果符合双方的实际需求,对双方都是有利而无害的。也正是在这个意义上,2015年中央一号文件明确规定"土地经营权流转要尊重农民意愿,不得硬性下指标、强制推动。"这就是要杜绝违背农民意愿且激进的土地流转局面,保证土地流转在兼顾农业现代化的同时,将农民意愿和诉求放在第一位。[①] 农民一般将土地流转给自己的亲朋好友,如果自己不能在外面打工,可以随时要回自己的耕地。这种互动模式是土地承包制适应农业生产实际状况的自然反应,是实践中农民自觉创造的一种有利农田利用的合理结果。"把不想种地者从承包地上解放出来安心从事非农业生产;让想种地者能够充分、有效地利用有限的稀缺土地资源。"[②]城乡二元结构的既有约束下,现行的土地制度安排应该保障农民在进城务工经商失败之后,有返乡的权利和机会。特别是在经济危机时期,一旦农民在城市的生活难以为继,又因为失去土地而回不了农村,威胁社会稳定的矛盾和冲突将一触即发,后果不堪设想。在这个意义上,中国的土地制度客观上使

---

① 在2015年中央一号文件出台前,《人民日报》曾刊发报道,强调土地流转要由农民说了算,保障农民土地权益。参见赵永平:《土地流转不是越快越好》,载《人民日报》2014年6月29日11版。平子:《土地流转不是越快越好 莫成少数人的盛宴》,载《人民日报》2014年11月30日。
② 孟卫国:《中国土地权利研究》中国政法大学出版社1997版,第51页。

农村成为"中国现代化的稳定器和蓄水池"。

三、农民的诉求与地权的实践

农村土地的最后耕种主体应该还是农民,而不是其他任何主体。不能以农业现代化作为强迫农民流转土地的伪正当理由。一方面,在土地权利话语的导向下,农民之间自发的土地流转与规模经营是冲突的。自发的土地流转并不利于成片的规模经营,在各种优惠政策的诱导下产生的规模经营也并不利于中国的粮食安全和农业的长远发展。而适当规模经营有利于提高劳动生产率和实现规模效应。当适当规模经营的主体是农户时,则既能实现规模经营的效益目标,同时,又能满足"以人为本"的制度诉求。另一方面,面对耕种者和承包者分离的必然趋势,权利话语和国家政策法律并不利于保护真正的耕种者的利益。既然地权话语的实践模式并不利于长远保护农民利益,所谓农业现代化获益的也并非农民。那么到底该如何来思考中国的农地制度?土地权利话语以农民利益为出发点,却并不能达到维护农民利益的目的。"三农问题"的核心是农民问题,如何真正满足农民的利益诉求应该是农地制度的出发点和根本所在。将农民的真实诉求作为思考问题的引子,才能解决土地权利话语之下存在的种种有损农民利益的事情。

第三章 地权诉求的实践

第一节 已有研究及问题意识

从农民的立场和角度关注地权的发展,是地权研究的一个重要视角。土地的耕种主体是农民,行为主体对土地的认知及行为逻辑,直接影响了地权制度在村庄的实践过程及其可能后果。不同学科对于地权诉求的研究都取得了一定的成果,成为建构中国地权改革的重要理论资源。具体而言,已有研究主要体现在三个方面:直接从农民认知的角度,分析农民对地权的诉求;从农业生产的角度关注农民对地权的诉求;从城乡地权一体化的角度阐释农民对地权的诉求。

直接从农民认知的角度阐释地权制度的研究。伴随土地政策循序渐进的变化过程,从农民社会心理变迁的角度理解地权改革。这种研究的实践序列比较长,既涉及土改过程中对农民心理认知的分析,也针对"新土改"过程中农民的预期展开了分析。研究者指出土改改变了中国乡村社会的政治结构,推动了农民社会心理由"知足常乐"到"发家致富",进一步促成了农业合作化运动的发展。① 针对20世纪90年代农地政策的变化,研究者通过调研发现,农民对土地的需求和经济发展状况直接影响了土地政策的践行结果。当经济发展水平不能为市场发育提供必需的资源时,违反农民意愿的社会经济政策必然要付出极大的代价。② 针对农地制度改革的未来方向,从农民认知角度出发,研究者发现农民希冀的改革路径是,保证农村集体所有制的前提下进一步完善家庭联产承包经营制。③

农业生产是否具备良好的外部环境,如何保证农业生产效率是关注农民地权诉求的一个重要面向。已有关于农业生产公共品供给的研究集中体现了这一领域的研究成果。针对农村公共品供给缺乏的现状,研究者认为应该采取多渠道、多方式提供农村公共品,改变农民负担过多经济成本的状况。④ 也有研究者认为,城乡分割的二元经济结构及其派生的制度,造成了农村公共品供给不足。⑤ 与上述两种观点不一样,还有研究者从微观实践的角度理解农村公共品的供给,特别是农村水利的供给问题。研究者认为基于乡村社会的性质及其社会结构,在没有强制约束力的情况下,农民之间的自愿合作难以达成。即使能够达成书面的"一致"意见,契约也难以顺利执行,依然无法避免"搭便车"的行为,并且还会因破坏农业生产的及时性,产生诸多不利后果,因此需要在规范基层政府行为的同时,发挥基层政府对农业生产的组织能力和执行作用。⑥

---

① 李立志:《土地改革与农民社会心理变迁》,载《中国农村观察》2002年第4期。
② 龚启圣、刘守英:《农民对土地产权的意愿及其对新政策的反应》,载《中国农村观察》1998年第2期。
③ 徐美银、钱忠好:《农民认知视角下的中国农地制度变迁——基于拓扑模型的分析》,载《农业经济问题》2008年第5期。
④ 叶兴庆:《论农村公共品供给体制的改革》,载《经济研究》1997年第6期;黄志冲:《农村公共品供给机制创新的经济学研究》,载《中国农村观察》2000年第6期;
⑤ 林万龙:《中国农村社区公共产品供给制度变迁研究》,中国财政经济出版社2003年版。
⑥ 罗兴佐:《治水:国家介入与农民合作——荆门五村农田水利研究》,湖北人民出版社2006年版;《农村公共品供给:模式与效率》,上海学林出版社2013年版;罗兴佐、贺雪峰:《资源输入、泵站改制与农民合作——湖北省荆门市新贺泵站转制实验总结》,载《水利发展研究》2006年第6期;刘岳、刘燕舞:《当前农业水利的制度困境与组织困境》,载《探索与争鸣》2010年第5期;陈柏峰、林辉煌:《农田水利的"反公地悲剧"研究》,载《人文杂志》2011年第6期;田先红:《农田水利的三种模式比较及启示》,载《南京农业大学学报(社会科学版)》2012年第1期。

在城市化快速推进和中国经济高速发展的过程中,农民是否分享了经济建设的成果,农民是否获得了土地增值收益,成为研究者关注农民地权诉求的第三个研究角度。高额的土地增值收益主要发生在非农建设领域,基于此,研究者指出,应该放开土地交易市场,允许集体建设用地入市,破除城乡二元的土地价格机制从而使农民有机会获得高额的土地增值收益。① 也有学者从土地流转的角度阐释农民的地权诉求,主张应该放开土地金融市场,发挥土地的融资功能和资产性价值,满足农民获取发展资金的需求。② 与上面两种观点不同,有研究者认为,根据中国经济发展阶段和不同土地具有的不同属性,城乡土地的二元市场服务于不同土地的发展目标。在短时期内难以实现人口城市化、社会服务一体化的背景下,农村土地,不管是建设用地还是耕地,必须能保证农民可以自由回到农村。正是现有的中国土地制度,避免了城市化过程中"贫民窟"的出现,为农村良性发展和城市化的持续推进,提供了良好的制度基础。③

农民的地权诉求,首先表现为一种心理状态和心理期待。但人的主观心理状态和心理期待,难以捉摸。通过对农民行为逻辑和行为过程的把握有助于分析农民地权诉求的主观状态。已有的研究开拓了笔者的研究视野,但已有研究有以下不足。首先,在农民发生极大分化的背景下,从"农民"社会心理变迁的角度阐释农民的地权诉求,不能准确把握不同农民的不同诉求。研究的不足不会改变研究的可借鉴性,农民社会心理的变迁对于把握"新土改"时期农民的心理状态具有历史参考价值。其次,从农业生产领域关注农民的地权诉求,忽视了农业生产所处的乡村社会的复杂社会关

---

① 程世勇的研究指出,放开土地价值机制的同时,集体产权内部的制衡机制也是转变经济增长方式的关键,需要建立相关制度避免公共权力对集体土地产权的层级嵌套。参见程世勇:《城乡建设用地流转:体制内与体制外模式比较》,载《社会科学》2010年第6期。
② 田传浩、曲波、贾生华:《农地市场与地权配置:国际经验及其启示》,载《江苏社会科学》2004年第4期。
③ 贺雪峰:《警惕城乡统一建设用地市场扩大化》,载《国土资源导刊》2013年第11期。贺雪峰的研究虽则强调现有地权设计合理性和合法性,但并没有对地权实践过程中的问题放松警惕,他们同时指出地权制度的设计要正视地方政府的谋利行为,警惕资本力量对既有制度的挑战和重构,以及警惕部分农民的行为绑架了大多数农民的行为。

系网络,以及在市场经济和消费主义文化的冲击下,乡村社会转型对农民行为逻辑的影响,比如农业生产的特性及其对农民高度合作的要求与农民分化并行不悖的情势对农业生产的影响。最后,城乡统一地权市场的主流研究忽视了不同土地属性及不同土地的价值,并且用城郊农民对土地的诉求代表了普通农业型地区农民的地权诉求。

农业生产是中国粮食安全的基石,但农民是中国农村发展的主体,也是城市化持续推进的主体。"以人为本"是城市化建设的出发点,如何从农民的立场和心理预期出发,安排农业生产、提高农业生产率,是笔者对地权诉求研究的起点。特别是在经济区域发展不平衡、农民已经发生分化的背景下,如何厘清"农民"的诉求成为一个重要问题。

第二节 农民的分化及农民对土地的诉求

如果我们不能对"农民"的概念作出区分,就不能真正理解什么是中国农民的问题,什么是中国农村的问题。中国农村土地问题之所以如此重要,引得各个学科各个领域的研究者都来进行研究,提出政策建议,不仅仅是因为土地本身的重要性,还因为土地之于中国农民的重要性。农村问题的关键是农民问题,农民问题的关键是土地问题。所以,归根结底是要弄清楚土地对于农民的意义,如何保证中国农民对于土地的合理有效利用。弄清楚这个问题的第一步就是要知晓目前的中国到底哪些人才能代表真正意义上的"中国农民"。当研究者纷纷呼吁赋予农民更多土地权利的时候,"农民"到底为何指?

一、农民的分化

(一)经济区位上的分化

人民公社时期,中国的7.9亿农民用"社员"这个名称就可以概括了。[1]

---

[1] 陆学艺、张厚义:《农民的分化、问题及对策》,载《农业经济问题》1990年第1期。

在集体经济组织内部实行统一领导、统一经营、统一分配,这时的农民具有高度同质性。社员的称呼可以概括7.9亿农民,表示当时的农民仍然是一个整体,是一个统一的阶层,并没有体现地域上、职业上、收入上等各方面的差别,农民之间没有出现分层和分化。改革开放三十年以来,中国社会发生了深刻的变化,传统意义上的农民也发生巨大变化。[①] 传统意义上同质性的农民不再存在,在活跃的市场经济活动中,农民选择的机会显著增加。同时,在国家对不同地区实施不同的政策导向下,不同区域之间农民的经济地位和职业选择也发生了较大的变化。朱光磊认为,农民的分化是在改革以来经济社会迅速变迁的大环境下发生的。影响农民分化的因素有更深层的经济社会发展的背景,譬如所有制结构的变化、产业结构的变动和经济、政治体制改革等。[②] 现阶段研究中国农村问题、中国农民问题,已经很难用一个统一的"农民"概念来代表农民群体。根据不同的标准,农民可以划分为不同的种类。进入21世纪之后,农民的分化较之陆学艺在20世纪80年代末对农民作出的分化而言,类型更多。

笔者认为,进入21世纪之后,随着中国经济的高速发展,中国农民最典型的分化标准应该是以所处经济区位的不同而做出的划分。从全国三大经济发展地带来看:1978年以来,东部的经济增长速度明显高于中部和西部,经济重心也表现出向东部沿海地区集中的趋势。1978年东部地区的国民生产总值占全国国民生产总值的比重是52.50%,中部地区为31%,西部地区为16.51%。1989年东部地区所占比重为54.43%,中部地区下降为29.83%,西部地区下降为15.73%。[③] 进入20世纪90年代之后,这一趋势还在强化。以乡镇企业的发展为例,1991年,东部地区乡镇企业的总产值占全国乡镇企业总产值的65.7%,中部地区为30.1%,西部地区为4.2%。同年,东部地区人均工农业总产值为4935元,中西部地区人均为2129元,

---

① 李培林:《中国新时期阶级阶层报告》,辽宁人民出版社1995年版,第7页。
② 朱光磊:《当代中国社会各阶层分析》,天津人民出版社2007年版,第15页。
③ 刘洪仁、陈淑婷:《改革开放以来的农民分化》,载《山东省农业管理干部学院学报》2007年第4期。

相差2804元。① 这一阶段,东部农民的生活水平明显高于中西部农民,不同区域之间农民的收入和生活方式差别逐渐明显。20世纪90年代以来,随着经济发展水平的快速前进,以及不同经济区域经济发展水平差距的拉大,东部、中部、西部农民的收入水平继续拉大,生活方式也截然不同。这种分化在进入21世纪之后更加明显。相关数据显示,与1995年人均纯收入相比,2000年东部地区的人均纯收入增长了19.2%,中部地区增长了9.7%,西部地区仅增长了1.8%。以农民的收入多寡和富裕程度为例,在高收入人群中,近70%的农户来自东部沿海等经济发达地区,中西部农村等一般农业型地区的农户仅占不到30%。不同区域的农民之间发生了较大的分化。沿海经济发达区的东部农民整体生活水平高于中西部农民,他们并不是通过耕种土地获得收益,而主要是通过土地的非农建设获得收益。由于中西部经济发展水平落后于东部,即使农民将土地用于非农建设,仍然不可能获得较高收益。中西部农民主要通过耕种土地获得生活生产所需的资源。

根据农民所处经济区位,主要可以划分为经济发达地区的农民和一般农业型地区的农民。"在某种意义上,这是一个极为重要的区分,不理解农民所处经济区域及因此而存在的农民收入结构、家庭结构、生存状况和便利机会上的差异,我们就容易误会农村问题和农民问题的实质和核心。"②不同地区的经济发展态势决定了该地区农民的从业状况以及收入来源。经济发达地区的农民主要包括东部沿海发达地区的农民、大中城市郊区农村的农民、大中城市城中村的农民。一般农业型地区的农民主要包括中西部地区的农民。经济发达地区农民的土地处于城市的建设地带,他们希望从土地中获得更多的非农收益,可以分享更多土地的级差收益;以中西部农村地区为主的一般农业型地区的农民他们以农业收入为主要生活来源,他们对土地的诉求主要在于以较少的农业投入获得更多且稳定的农业收入。

---

① 李京文:《中国乡镇企业发展成就与展望》,载《江汉论坛》1995年第5期。
② 贺雪峰:《地权的逻辑——中国农村土地制度向何处去》,中国政法大学出版社2010年版,第31页。

依据经济发展程度的差异,经济发达地区的农民内部有更细致的划分;一般农业型地区的农民内部也有不同的分类。经济发达地区的农民仅仅只是中国农民的少数,他们不能代表中国农民的利益,真正代表中国农民的是一般农业型地区的农民。而要把握一般农业型地区农民对土地的诉求,还必须要弄清楚一般农业型地区农民的内部的分化。

(二) 一般农业型地区农民的内部分化

随着家庭联产承包责任制的推行,计划经济时代农民之间的同质化和均等化发生了改变。家庭联产承包责任制促成了农民在农业生产内的最初分化。个人能力禀赋、资源占有情况及家庭劳动力的差异,使得通过农业生产获得家庭主要来源的农民家庭之间出现了"原始积累"的分层。在农民向非农产业发展、劳动力逐步转移及城乡户籍制度放开的政策刺激下,农民之间的经济社会分化开始快速发展。一般农业型地区并不是所有农民都以农业为主要收入来源。农业收入是否构成家庭生活开支的重要组成部分,决定了农民对土地的态度和他们对土地的诉求。农民的分层既与土地收入密切相关,同时还与其他社会资源的占有情况紧密联系。不过,土地的占有与使用,构成了影响农民分层的主要经济条件。有研究表明,土地流转对农民阶层分化与重构起到了至关重要的推动作用。① 此时,并不能仅仅以是否从事农业作为唯一的划分标准②,而需要考量与土地占有情况密切相关的其他社会资源和社会利益的介入对农民分化的影响。

根据经济收入来源、土地使用情况、职业分化差异及社会关系网络的大

---

① 杨华:《"中农"阶层:当前农村社会的中间阶层——"中国隐性农业革命"的社会学命题》,载《开放时代》2012 年第 3 期。
② 20 世纪 90 年代,国家统计局以就业和收入标准对农民做出的分类,将一般农业型地区的农民做出如下划分:纯农户、农业兼业户、非农兼业户、非农户和进城户。具体而言,纯农户家庭以农业为全部生活来源,家庭的一切支出均来自于土地的产出,家庭没有任何经营性收入或务工收入来源。农业兼业户以农业为主要家庭收入来源,非农收入只占家庭收入的少部分。非农兼业户以非农收入为主要生活来源,农业收入只占收入的极小比例。非农户指那些已经离开农村,在城市定居并具有城市户口的那部分人,他们从获得城市户口的那一刻开始就不再是农民,而已经成为了市民。进城户是指那些常年进城务工的农户,他们以务工收入为主要生活来源,他们不再从事农业生产,但他们并不能完全在城市立足,有限的收入使他们难以融入城市主流生活,一旦务工者年老体弱,或者发生经济危机,这部分进城户就只能回到农村,再次以农业为生。

小,可以将一般农业型地权的农村划分为四个阶层:精英阶层、中农阶层、半工半农阶层和中下阶层。精英阶层占有土地但不使用土地,而是将土地出租获取租金,经济收入来源主要在村庄外;随着村庄内部土地利益激增,希冀通过土地获得高额的土地增值收益;这部分阶层拥有多层次的社会关系网络;能通过有效渠道形成阶层的话语权。中农阶层除了耕种自己的土地外,还通过流转的方式获得其他村民的承包地,耕种土地达到一定规模,可以获得较理想的经济收入;农业是主业,农业收入构成了家庭的主要收入来源;他们的社会关系网络在村庄内,关心村庄内部的稳定和谐,关注乡村社会内部的基础设施建设和村庄社会规范的再造。半工半农阶层依据家庭劳动力生长周期,青壮年劳动力在外务工,获得家庭主要收入来源,中老年劳动力在家务农,解决家庭日常生活消费;他们的部分利益关系在土地上;与村庄内社会关系疏离;在乎村庄基础建设,但不会积极参与基础建设。中下阶层的收入来源集中在土地上;但由于耕种土地较少、收入也较少,希望通过其他途径获得更多收入。

不同的阶层有不同的利益诉求及对土地的不同诉求。阶层分化使农民之间的利益表达多元化、利益纷争复杂化,形成了极其复杂的利益新格局和社会矛盾新体系。不同的阶层虽则占有农地,但不同阶层与农地的关系、对农地的诉求不一样,这种差异化的诉求通过不同的途径表达。但由于阶层禀赋、资源占有及社会关系网络的异质性,有些阶层的声音获得过多的关注,另一些阶层的声音则缺乏表达的渠道。精英阶层借助掌握的资源,通过媒体、宣传、政策呼吁等方式扩展自己的发声渠道,而包括中农阶层在内的其他阶层的声音难以有效表达。乡村社会的长远发展,需要依托以中农阶层为主的中间阶层的发展。由于农村新兴中农阶层的主要利益关系在土地上、主要社会关系在村庄里,以及收入水平在农村属于中等,他们在农村政治社会事务中扮演着举足轻重的较色,能够接应外部输入的制度、资源和政策,从而在一定意义上成为解决问题的村庄主体。[①] 立足于解决农村发展问

---

① 杨华:《农村新兴中农阶层与"三农"问题新解》,载《广西社会科学》2012年第11期。

题的地权制度的建构,必须将以中农为代表的农村中间阶层对土地的诉求纳入考量体系。通过理解中间阶层对农地的诉求是什么来构建地权制度。

二、农民对土地的诉求

(一) 经济发达地区农民对土地的诉求

不同的农民有不同的诉求,并不是所有"农民"都能代表中国农民。21世纪的中国,能代表中国农民的只能是一般农业型地区中以农业为主要收入和生活来源的农民,而不是经济发达地区的农民。经济发达地区的农民主要包括沿海发达地区的农民、大中城市郊区农村的农民、大中城市城中村的农民。这三类农民由于在城市建设和城市发展规划中地理位置的差异,他们对于土地的诉求不同,但他们对于土地的基本要求是一致的。下文的分析以城中村的农民为例。

土地对于这类农民来说,不具备耕种意义。在城市发展建设过程中,这类农民的土地由于其特殊的地理位置,一般会被征收为建设用地。土地一旦被征收为建设用地后,土地的价格就会急剧增加。失去土地的这部分农民可以获得高额的补偿款(这部分补偿款与土地在市场上交易的价格相比要低许多倍,但是和一般农业型地区农民土地被征收之后获得的补偿款相比,要高出许多)。与一次性的补偿款相比,最吸引人的是这部分农民可以通过在宅基地上修建楼房,出租房屋获取租金,从而过上比一般城里人更好的生活。同时,这部分"农村"的集体经济发展不错,村民每年可以从集体中获得分红。媒体和学者介绍的大中城市城中村的发展现状就是一个典型。

城中村的"农民"已经不是真正意义上的农民。他们失去耕地,不再从事任何生产经营活动,通过出租房屋获得的租金和村集体的分红,成为一群物质生活丰富的人。他们远离农作,享受着比城市市民更好的物质生活条件,他们有着农民的头衔,却并不是靠农业为生的农民。这部分农民的诉求是希望获得更高的土地补偿款,获得更多的土地级差收益。由于城中村的土地处于城市发展的中心区域,根据城市建设发展的需要,土地必须被征收的可能性极大。一旦土地被征收为建设用地，土地就进入交易市场，土地的价值迅速增值。被征收土地的"农民"获得土地补偿款。一般来说，政府以每亩3—5万元的价格将土地征收。"农民"认为补偿款太少，从而与政府之间进行协商、谈判，采取各种博弈手段达到目的。当政府与"农民"之间不能就补偿款达成一致意见时，"农民"就采取极端手段，比如通过写大字报、示威等方式给政府施加压力，借助传媒的力量激起公众对政府的义愤，逼迫政府作出让步。由于这部分失地农民的问题产生的影响比较大，吸引了大多数人的眼球。由于其显著的社会影响，学者也开始研究失地农民的问题。"失地农民"的权利保护问题成为一个显著话题，进而上升为关注农民的土地权利问题。于是发生了这样的逻辑转换：经济发达地区的农民问题——经济发达地区失地农民的问题——失地农民的问题——农民土地权益问题。从而完成了将经济发达地区的农民问题演变成为农民土地权益问题：因为农民没有获得足够的土地权利，所以农民在与政府的谈判中，丧失了谈判的主动权，这样才导致农民的权益被侵害，失地农民才奋起反抗，利用极端的手段维护自己的利益。

这种逻辑的转换存在以下问题：

第一，用经济发达地区的农民问题指代中国农民问题。这是两个范围不一样的主体，经济发达地区的农民只是中国农民中的极少部分。这部分农民的生活水平不仅高于当地普通居民的生活水平，也高于一般农业型地区农民的生活水平。他们不再从事农业生产活动，不再耕种土地。他们已经不是真正意义上的农民，不能代表中国农民的大多数。

第二，用失地农民的问题指代中国农民的问题。这两个概念的内涵并不是完全一致的。失地农民的问题仅仅只是中国农民问题的一部分，并且仅仅是中国农民的次要问题。中国农民问题的真正主体应该是那些人均拥有一亩三分地的农户，他们才是农民的真正主体。失地农民主要存在于经济发达地区，由于第二、第三产业的发展，这部分农民的耕地转变为建设用地，导致农地的价值飞速攀升，从而出现农地补偿款与土地市场价值之间的巨大差异，这种差异引起失地农民的强烈不满，引发各种纷争。但是经济发达地区的农民本身不是中国农民的主要构成部分，只是中国农民的极少部分，经济发达地区的失地农民更加不能构成中国农民的主体。用失地农民的问题指代中国农民的问题明显犯了以偏概全的毛病。

第三，用农民的土地权益问题指代中国农民的问题。从中国历史发展和各种关于农民问题、农村问题的研究来看，中国农村问题的根本是中国农民问题，这已成为一个不争的事实。而中国农民问题的关键在于农村土地问题也是学界肯定的一个命题。农村土地问题是理解农村问题的一把钥匙，但是农民的土地权益问题是否就是农村土地问题呢？农民的土地权益问题是否就能代表中国农民的问题呢？农村土地问题是一个真问题，而农民的土地权益问题是一个伪问题，农民的土地权益问题是研究者建构起来的一个问题。实践中，农民几乎不使用土地权利这个词汇。农民对于土地的要求是希望不管年成如何，都能从田里获得一定的收入，缓解自己的生活压力。在人多地少资源缺乏的中国，农村土地问题要应对的是，如何保障9亿多农民依靠土地和其他收入来源获得基本的生活条件。而这个结果的出现与农民对于土地是否享有更多的权益是没有直接关系的。并不是说农民获得更多的土地权益，他们就能从土地中获得更多收益。实践中，可能出现的情况是，农民获得更多的土地权益，同时却又必须要付出更高更多的农业生产的成本，最终减少了农民的收益。中央一号文件一再强调的"农民增收"极有可能在鼓吹农民权利的主张下，演变成事实上的农业减产，农民欠收的问题。

经济发达地区由于各种有利因素的影响，经济发展较快，较早实现了工业化。工业化的完成促进了第二、三产业的发展，第二、三产业的发展使得当地的"农民"拥有了较农业型地区农民更多的资源和机会。他们不用工作，仅仅通过经济发展带动的房价高涨就可以享受良好的物质生活水平；与一般农业型地区农民相比，他们即使工作，也可以有更多的机会从事服务性和管理性的工作，不需要长时间疲倦劳动，比如，那些发展了集体经济的"农村",当地村民可以在本村的村办企业工作。同时,与一般农业型地区农民相比,在地理位置上,他们临近经济发达地区,省去了外出打工所需要的高额成本。也就是说,由于地理位置上的优势,这部分"农民"即使是"失地农民",但与一般农业型地区的农民相比,他们的生活状况要优越许多。他们无须离乡背井就能享有体面的生活。他们的生活状况并不代表中国农民的大多数,他们的诉求也不是中国农民诉求的代表。更确切地说,他们已经脱离了农民的生活,并不是真正意义上的中国农民。我们不能用这部分农民的诉求来指代所有中国农民的诉求,也不能用这部分农民对土地的权益要求来代替所有中国农民对土地的诉求。

(二) 一般农业型地区农民对土地的诉求

一般农业型地区农民对土地的诉求,首先需要对农民进行区分? 一般农业型地区的哪部分农民对耕种土地有强烈的诉求。精英阶层的主要利益关系在商业、个体经营领域,他们对土地也有诉求,但由于他们并不以农业收入作为家庭主要收入来源,他们对农地的诉求主要表现在实现农地的非农价值,获取农地转非的增值收益。虽然这一部分人并不是村庄的中间阶层,但他们所拥有的资源和社会关系网络,使得他们的发声具有了一定的话语权,并对政策产生了持续的影响。中农阶层是与土地具有密切关系的中间阶层。与其他阶层相比,他们较少外出务工,主要利益关系在土地上,他们积极参与农田水利等基础投资建设,最关心土地和保护耕地,通过在承包地上"过密化"的精耕细作提高农业收入。他们对土地的诉求真正代表了农业型地区农民对耕地的诉求。

与经济发达地区相比,一般农业型地区经济发展比较落后,农地非农转换的空间很小,即使农地非农使用,当地农民可以分享的级差收益也很小。一般农业型地区以第一产业为主,第二、第三产业并不发达。以第一产业为主的经济发展模式,不可能给当地剩余劳力创造就业机会,所以一般农业型地区的农民很少能在当地获得打工的途径,他们多选择外出务工,纷纷前往经济发达地区寻找就业机会。在机械化大量普及的情况下,中老年人完全可以承担家里的所有农活,这样就释放了家里的青年劳动力①,20岁左右的青年劳动力纷纷涌向沿海发达城市或者大中型城市,也就是上文所说的经济发达地区,开始他们向往的城市生活。外出打工的青年人依靠自己在城市的收入养活自己,到了适婚年龄,他们回家结婚后,小夫妻双双外出务工,年幼的孩子由在家务农的父辈照看。等到孩子长大成人,也可以外出打工时,外出务工的青年随着自己年龄的增长,难以胜任城市的高强度的工作,他们只能选择回到农村,从事传统的农业生产。这时,已经年迈的父辈就真的"失业"了,不再耕种土地之后,他们依靠子女提供的粮食过活。随着时间的推移,接下来的子孙同样进行类似的交替。

半工半耕的家庭经营模式中,务农收入可以解决一家人的基本生活开支和村庄内的人情开支;青年人外出务工的收入作为家庭的存款,留着娶亲建房子用。这两部分收入对农民来说都是不可或缺的。打工和种田成为一般农业型地区交替出现的两种生活方式。有些农户举家外出务工,即使是这种情况,常年在外打工的农民仍然会保住耕地。高昂的生活成本使得农民家庭难以在城市立足,所以他们才会短期将土地转租给亲朋好友,一旦自己不想打工或不能打工,他们还有一条可退之路,农村的土地仍然可以养活他们。他们可以出的去,也可以回的来,保有土地的使用权让农民有一定的安全感。

打工只是农民的权宜之计,并不是长久选择。农民最终仍然要回归到土地之上。另一方面,务工的收入受到国内外经济发展的重要影响,当经济形势良好的情况下,打工可以获得比较高的收入;而一旦经济出现滑坡,打工的收入将锐减。当金融危机爆发时,务工人员将"失业",从而失去打工的收入。而不管如何,在后税费时代,对土地享有承包权的农户,在国家各种

---

① 青年人想留在农村种地,也没有多余的土地可以耕种。农户享有承包权的耕地平均不超过10亩,父辈完全可以耕种这10亩耕地,如果青年人留在家里务农,就会出现劳动力过剩或者"窝工"的现象,并不利于家庭收入的增加,或者说,青年人在家务农反倒会使他们的父辈"失业"。袁松在鄂中顾村调查时,一个外出务工回家休息的青年人告诉他:"回来?回来干什么?我回来老头子就要提前退休啦!"参见袁松:《打工经济、面子竞争与农民的意义世界》,载 http://www.snzg.cn/article/2008/1122/article_12562.html,访问时间:2014年7月7日。

政策补贴的情况下,总可以从土地中获得一定的收入。即使农民工回流,耕地上的产出仍然不会受到影响。打工经济盛行的时候,打工收入和务农收入构成了家庭的重要收入来源。当经济衰退,农民工回流时,务农收入仍然构成家庭收入的重要来源。也就是说,在任何情况下,务农收入都会成为普通农户家庭的重要收入来源。

那么,当大多数农户家庭将长期稳定地以务农收入作为主要收入来源的时候,他们对土地的诉求是什么呢?他们希望以较少的农业投入从农地中获得更多的产出,从而获得较高的农业收入。农民增收的愿望能够实现的关键在于减少农业生产各个环节的支出,减少农业生产成本的投入,当成本投入减少,产量增加时,农民就能获得较高的农业收入;反之,当农民投入农业生产的成本增加,农产品产量减少时,农民的收入就会减少。农业生产困境的大小决定了农业生产成本的多少。那么,如何解决农业生产中存在的困境呢?

第三节　农业生产的困境

在人均一亩三分地、农地分散、难以有效连片耕种的土地结构下,农民进行农业生产必须要面对的一个现实是,以户为单位承包的土地地块分散,农户成片耕种的可能性很小。我国耕地资源有限,人多地少、人均一亩三分地使得以户为单位承包耕地时,农户家庭难以获得超过10亩的土地耕种面积。土地在进行第一轮承包时,集体考虑到田块分配的公平性,根据土地的肥瘦、地势的高低、水源的好坏等因素,将成片的土地分配给不同的农户。农户家庭得到一块地理条件好、土壤肥沃的田,相应地也搭配一块水利条件不好、土壤贫瘠的田。土地第二轮承包时期,由于农业负担沉重,土地抛荒现象严重,集体组织为了完成赋税任务,将抛荒的耕地分割给不同的承包户耕种。另外,增减人口之间的土地调整、修建道路或其他公共工程导致土地的调整也加深了耕地的细碎化。成片的田地由不同的农户家庭耕种。最终导致农户很难以 10 亩为标准耕种土地,10 亩田一般被分成 10 多块,甚至数十块。①

家庭联产承包责任制实施之初,耕地的细碎化经营并不构成农业生产的障碍。因为当时,在乡村组织的安排下,农民可以有效进行抗旱排涝以及机耕道建设等工程。人民公社时期修建的大中型水利设施也可以有效地与乡村社会的小型水利设施对接。水利是农业的命脉,运行良好的大中型水利与乡村社会的小型水利的合作,可以解决细碎化土地耕种上的用水问题。进入 21 世纪之后,随着大中型水利的日益破败,村组难以提供水利等基本的公共品设施,同时农民因收入增加,农业生产的机械化程度逐渐普及,耕地细碎化引发的问题逐渐显现。

田块分散除了造成农户耕种不便之外,还容易引起农户之间的矛盾。在旱情涝灾日趋严重的情况下,不同的农户在同一片耕地上劳作,难免因用水和排涝发生冲突。即使在外来资金的帮助下,农户之间也难以形成有效的合作用水关系。如 2003 年 3 月 16 日,湖北省荆门市贺集村十一组村民召开小组会议,讨论如何利用 7000 元的外来资金修一口机井。小组会议主要讨论两个问题:一是如何为打井筹集配套的资金和劳力;二是如何确定机井的位置。关于机井的位置,村民各有意见。贺集村十一组有数百亩耕地,但花费 7000 元打的机井只能灌溉大约 30 亩耕地。村民都希望机井打在离自家农田更近的地方,方便自家农田用水。由于各持己见,又没有村民能让其他人服从某一个决定,而村组干部也无力平衡村民的利益要求,最后小组会议不了了之。② 也就是说,在田块分散的情况下,以农户为主的农田配套基础设施建设难以开展。为了避免田块分散造成的诸多生产上的不便,荆门市农村才创造了"划片承包"的农田实践做法。③ 即使不考虑承包户的田

---

① 贺雪峰、罗兴佐等:《中国农田水利调查:以湖北省沙洋县为例》,山东人民出版社 2012 年版,第 422 页。
② 罗兴佐、贺雪峰:《论乡村水利的社会基础——以荆门农田水利调查为例》,载《开放时代》2004 年第 2 期。
③ 贺雪峰、罗兴佐等:《乡村水利与农地制度创新——以荆门市"划片承包"调查为例》,载《管理世界》2003 年第 9 期。

地因各种因素被分割开来,人均一亩三分地也使得农户承包的耕地面积难以超过 10 亩。这种情况仍然改变不了农户分散经营的局面。

在以农户分散经营为基础的农地制度的安排下,农民进行农业生产的最大困境是难以自足地供给公共品。笔者将以与农业生产具有直接相关性的水利供应为视角,探讨农业生产的困境问题。

一、农业生产与水利建设

水利设施的好坏与农业生产密切相关。中国数千年以来最为严重的自然灾害就是水灾和旱灾,特别是旱灾。兴建大型水利工程,缓解水旱灾害,历来是兴民安邦的大事。但在新中国成立以前,中国仅有 22 座大中型水库和一些小型水库,一般的市区仅有为数不多的小型堰塘,治理江河的堤防线,也仅有 4.2 万公里,一旦发生严重水灾,堤防根本难以控制水情。根据新中国建立初期的调查统计资料记载,1949 年全荆门市只有小型堰、垱 8.6 万多处,其中能蓄 1—10 万立方米的堰、垱百余处,蓄引水能力 0.54 亿立方米;加上部分泉水,有效灌溉面积 35 万亩,旱涝保收面积 20 万亩,分别占 1949 年耕地面积 179.95 万亩的 19.4% 和 11.1%。[①] 在缺乏良好的水利设施和水利资源的情况下,全国各地农村经常出现不同程度的水旱灾害。特别是发生严重干旱的时候,不仅粮食减产,甚至颗粒无收,就连人畜饮水都有困难。

新中国成立之后,自然灾害的惨痛教训,加强了国家领导人兴修水利,战胜水旱灾害,确保农业生产的决心。在 20 世纪 60 年代至 80 年代,凭借人民公社强有力的组织网络和动员能力,全国范围内大规模开展了整治江河、兴修水库、建设塘坝和梯田等工程。中国耕地的可灌溉面积由新中国建立之初的仅占全部耕地面积的 20% 上升至 40%。同时,由于水资源充足,旱地和水田产量也成倍增加。20 世纪 80 年代,凭借人民公社时期修建的大

---

① 罗兴佐:《治水:国家介入与农民合作——荆门五村农田水利研究》,湖北人民出版社 2006 年版,第 30 页。

量水利设施,即使偶遇旱情,较完整的水利设施也能及时缓解灾情,减少减产情况的发生。在当时的情况下,水利并不构成农业生产的困境。

农村实行家庭联产承包责任制后,以承包制为基础的农田难以与大水利进行衔接,庞大的水利工程与分散的农户组织生产之间发生了严重冲突。进入20世纪90年代之后,由于后续投入不足,工程老化年久失修,管理主体不明,水利设施被大规模破坏。用于输送水源的水渠严重渗水或被人为毁损;水库库容变小,难以灌溉较大面积的农田。同时,随着集体组织的逐渐退出,分散经营与农田水利集体受益之间的矛盾日益加剧。20世纪90年代的农村,"纠纷最多、矛盾最大、工作最难做、效果最差的事情大都与水利特别是农田水利有关。"①笔者在安徽省凤阳县瑞村调查时,村民告诉笔者,从分田到户到20世纪90年代中期这十几年的时间,用水是最容易发生打架斗殴的问题。"年年放水,年年有打架斗殴"。1992年5月,大丁小组因用水发生打架斗殴事件,全队的村民都牵涉其中。由于从塘坝集体放水纠纷太多,瑞村为了避免纠纷,从20世纪90年代中期以后,各生产队陆续将塘坝的涵子(通过涵子,将塘坝的水引至村民田中)堵上,阻止村民集中从塘坝放水。不能从塘坝中集体放水,村民只能每家每户依靠抽水机和水管,单独从塘坝中抽水使用。虽然减少了大的纠纷,但农户之间由于抽水时间,机器和水管摆放位置等原因,难免有小冲突。当塘坝的水难以从水库获得水源时,塘坝的水源就成为"望天塘",水只会越来越少,纠纷将越来越多。随着冲突的加剧,以及塘坝水资源的日益减少,村民自建小水利,比如机井等,解决供水问题也将成为必然选择。

湖北省沙洋县新贺泵站兴衰的历程正好印证了中国农田水利发展的轨迹。20世纪70年代,新贺泵站很容易解决农户用水的需求,在强大的人民公社体制下,农民之间很少发生用水纠纷。随着分田到户之后,水利问题逐渐显现。

---

① 贺雪峰:《新乡土中国》,广西师范大学出版社2003年版,第135页。

案例一①：坐落于沙洋县高阳镇新贺村的新贺泵站修建于人民公社时期，1976年6月修建完工并投入使用。新贺泵站的水源来自汉江，由一条深3米、长2800米的引水河与汉江相连。泵站共装备有两台电机，功率均为280千瓦，每秒钟可提水1.6立方米。泵站设计灌溉面积为1.4万亩，可覆盖周边的新贺村、贺集村、吕集村和季桥村等四个村的灌溉用水。人民公社时期，村民用水以生产队为单位统一核算，各生产队以用水多少、抽水远近等核算用水价格。分田到户之后，各村组之间因用水时有纠纷。有些村（新贺村）离泵站近，便可"近水楼台先得月"。有些村（贺集村、吕集村和季桥村）离得远，就要派人日夜守水。因守水、偷水发生的打架事件屡见不鲜。各村组集体艰难维系着协调各村统一用水的状况，基本满足村民的用水需求。20世纪90年代开始，伴随着水费的节节攀升和泵站各渠道的部分段落堵塞严重，离得远的村庄逐渐退出泵站供水，开始自打机井，最终演变成泵站废弃不用。以离得近的新贺村七组为例。20世纪70年代末期，泵站投入使用时，水从泵站流到七组，耗时45分钟左右；自20世纪90年代初期开始，水从泵站流出，需要20个小时左右才到新贺村七组；到21世纪初期，水根本无法流出。2003年当地发生了大旱灾，村民意识到泵站的重要性。于是，2004年，借助一笔外来援助款，新贺泵站开始实施改制实验，由需要用水的各个村民小组推选出一名代表，包括村干部一共10人组成泵站民主管理委员会。实验启动之后，曾经运行了两年，后来因为无法解决偷水、漏水和收取水费等难题而不得不暂停。泵站又被闲置一旁。调查者于2010年3月进行跟踪调查，发现泵站的泵房已经破旧不堪，早已废弃不用了。主渠道杂草灌木丛生，住的近的农户将管道填平，种了庄稼。贺集村六组，一段100多米长的水渠全部被农民填平，当作了农田；原属泵站主渠道的堤坡，也被人开垦成了菜园子。

泵站无法投入使用，但农田必须要用水。为了应对用水困境，村民开始

---

① 参见贺雪峰、罗兴佐等：《中国农田水利调查：以湖北省沙洋县为例》，山东人民出版社2012年版，第168—177页。

纷纷打机井。表3.1以新贺村为例,介绍村民打机井情况。新贺村共有8个小组,除了第2、5、6村民小组是通过组里的小型机台抽水统一灌溉之外,其他五个组村民都是依靠自家机井满足用水需求。

表3.1　新贺村各组打井情况表

组别	总户数	种田户数	打井起始年份	现有机井数量	报废机井数量	打2口井以上户数	合作打井数量	挖井干枯数量
1	22	16	2001	14	6	6	2	9
3	20	15	2002	12	4	4	2	6
4	56	46	2003	26	2	2	2	2
7	30	23	2000	23	8	8	0	2
8	50	49	2001	48	10	9	0	9
合计	—	133	—	123	30	29	6	—

通过表3.1所列数据可以发现,从2000年开始,133家农户中123户打有机井,近93%的种田农户都利用机井供水。其中,农户合作打井数量仅为6口,不足机井数量的0.05%。2005年之后,打井村民的户数和打井的数量呈持续上升趋势。

当农户难以组织起来使用大水利时,小块农田对水资源的渴求使得农户纷纷开始自建小水利。而小水利的修建,进一步瓦解了大水利的使用范围和大水利原有的布局,同时也增加了其他使用大水利农户的成本,这又迫使大量农户开始兴建小水利,而大水利则进一步"落魄",逐渐被废弃,难以发挥作用。

新贺泵站设计之初的灌溉面积包括新贺村在内的四个村庄,是四个村庄的用水命脉。随着泵站供水越来越困难,最终无水可供。而水利是农业生产最为关键的条件。靠泵站供水的四个村庄的村民就必须另谋他路解决农田用水问题。于是,农户纷纷开始自打机井,以满足干旱时的用水量。村民打井要付出较大的成本,打井成本的支出,增加了农民的生产成本。且这一生产成本有越来越高的趋势。据研究者统计,2003年,新贺村村民打一口机井需2500元左右。随着打井农户的增加,出现供不应求的局面,打井价格也逐渐上升。同时,由于井越打越多,新打井的农户为了能顺利将水抽上来,就必须将井越打越深。这也增加了打井的成本。2009 年,打一口一相泵机井的开支已经接近 5000 元(见表 3.2),如果是打三相泵的机井,开支高达 1 万元。打井的成本仅是初始支出,用井抽水时,还需要支付电费、水管费等费用。

表 3.2　打机井成本构成情况表　　　　　　　　　　　　　单位:元

项目	水管	水泵+胶管	铁丝、铝网	石硝	温开保护器	钻机	柴油	生活费	合计
价格	1000	1200	400	360	120	1500	200	200	4980

另外,即使付出高额的成本打了井,也不代表村民可以一劳永逸后顾无忧了。有些机井打的不牢固可能会坍塌;有些机井由于水位不高,用过一段时间可能就报废了;还有一些用过之后,由于水管卷入泥沙较多,水流不畅,导致水管堵塞或者破裂,也会导致机井报废。能保管良好,用上 10 年左右的并不多。

"小水利的问题只是在局部考虑水利,不仅成本高,而且不可能从根本上解决水利问题。"[①]近几年国家重新开始重视农田水利建设,投入了大量资金兴建水利,农户家庭也纷纷通过打井等途径解决农田用水问题。在各方主体的共同努力下,水利问题仍然难以解决。干旱地区,不仅农田用水难以保证,就连人畜的饮水问题也难以为继。根据国家防汛抗旱总指挥部办公室提供的统计数据,截至 2010 年 3 月 2 日,全国耕地受旱面积 6567 万亩,1501 万人、923 万头大牲畜因旱饮水困难。云南省政府 2010 年 3 月份公布的旱情报告显示,省内 600 余万人、360 余万头大牲畜饮水困难;省内小春播种面积 3700 万亩(其中粮食 1770 万亩),受灾面积 3148 万亩,占已播种面积的 85%,绝收超过 1000 万亩。严重的旱情直接拷问了我国现有的水利基础设施的建设。在现有的水利环境之下,如何重新发挥大水利的作用,让集体受益的水利设施与农户分散经营之间的矛盾降到最低点成为不得不解决

---

① 贺雪峰:《新乡土中国》,广西师范大学出版社 2003 年版,第 137 页。

的一个问题。

水利天然是一个集体的事业,农田水利设施的建设是超出个体家庭能力之外的,它是一种生产性公共物品。在国家投资大量资金对大中型水利设施进行改造的时候,以村为单位如何对接大水利,是水利工程能否发挥作用的关键因素。国家投入较多的资金将大中型水利设施建设或维修好了,并不代表水利问题就解决了。对于农业生产来说,只有在农作物需要用水时,能及时有效地供水,才不至于影响农作物产量。大中型水利设施的水最终必须到达村内农田,才能发挥作用。这个时候,村庄是否能作为一个最小的单位对接大中型水利设施提供的水资源就显得至关重要。进入新世纪之后,当地政府和农民都意识到新贺泵站对农田用水的积极作用,也曾通过争取资金、市场化改革等途径企图盘活泵站,最终都没有成功。原因就在于难以充分发挥集体的作用,集体无法组织村民进行相应配套措施的建设,从而没有真正发挥大水利的作用,不能降低农民投入的生产成本。

大中型水库必须要与乡村水利对接才能真正解决农田水利问题。农田水利作为一种生产性公共品,农户个体难以完成乡村水利的建设。"造成目前农田水利供给不足的重要原因是乡村水利作为公共物品的特征。在当前以承包为基础的细碎耕地上,农户不可能独立解决农田水利的供给。特别是种植水稻的荆门地区,以抗旱为主要目的的乡村水利既需要从大江大河大水库中调水过来,保证大旱之年农田有水可灌,又需要建立对农田水利的责任制,推堰挖塘,建坝拦河,维修水渠,兴修农田小水利,合理用水,节约用水,从而降低用水成本,增加农地收益。"[①]

取消农业税以前,村组通过向农户收取承包地上的共同生产费,用共同生产费的资金进行农田水利的建设,基本可以满足农田用水的需求。但随着农民负担日益繁重,平摊在每亩承包地的共同生产费也越来越高。中部农村,每亩平均共同生产费曾经普遍超过100元,而实际用于农田水利建设

---

① 贺雪峰、罗兴佐等:《乡村水利与农地制度创新——以荆门市"划片承包"调查为例》,载《管理世界》2003年第9期。

的仅占极少部分。2002年开始税费改革之后,乡村组织不得向农民收取任何税费,包括共同生产费。相关公共品的建设由村民以"一事一议"的方式解决。但由于农户之间谈判成本和组织成本过高,"一事一议"难以发挥制度设计的作用,难以达成有效的关于农田水利建设和供给的协议与方案。这样就产生了如下局面:当村组集体逐渐退出农田水利供给领域时,并没有相应的其他的组织或者主体进行乡村水利的建设。也就是说乡村水利的建设出现了"空档"。

农业生产并不是仅只靠一家一户的劳力投入和资金投入就可以完成的,与农业生产密切相关的农田水利建设必须要有人力、财力、物力等各种资源的高度集中才能完成。德裔汉学家魏特夫在《东方专制主义》一书中提出,在中国这样具有"水利社会"性质的国家,只有高度集中才能解决庞大艰巨的水利工程,也正是在这个意义上,才产生了具有中国特色的东方专制主义社会。农田水利建设中,国家投入再多的资金,如果村庄的资源不能被集中起来进行支配,以对接大中型水利,农田水利问题仍然解决不了,水旱灾害也难以得到适当缓解。机耕道建设存在同样的问题,不管国家政策如何加大力度支持新农村建设,关注农民致富增收的问题,任何外部资源要进入村庄发生良好的作用,必须与村庄本身进行衔接。村庄内部要有适宜的土壤让各项政策和资源真正有利于村庄的发展和农民增收。

农田水利是影响农民进行农业生产的重要因素。作为生产性的公共品,以承包制为基础的一家一户的农户根本无力提供。从农民自打机井,大规模进行小水利建设来看,农民即使依靠自身力量解决了一时的问题,也无力解决长远的问题。农民蓬勃的小水利建设行为反倒破坏了大水利的供给,并不利于水利问题的解决,反倒会使水利问题更严峻化。创造农田水利生产方便的环境,即是满足农民对农田水利的诉求。[①]

那么,如何满足他们在进行农业生产时,对生产性公共品的渴求? 农田

[①] 房县农民有一首民谣——"五月插秧不弯腰,九月割稻不用刀,政府补贴买农机,农民急盼机耕道"。

水利存在的问题是因为村庄内部缺乏强有力的组织力量,组织农民对接大中型水利。机耕道建设存在诸多问题的关键在于集体力量的削弱,集体组织难以发挥养护道路、管理道路的职责。以承包制为基础的一家一户的农民的力量,根本不能解决上述两类公共品的供给问题。当前土地政策过分强调农民土地权利,实际上是将农户越来越独立于村庄之外,迫使农户家庭独立解决应由集体提供的公共品供给。最后导致的结果是农民所渴求的方便的农业生产环境难以出现,反倒使农业生产条件越来越恶劣,农业生产成本越来越高。

二、农民合作与水利建设

案例二①:2003 年 8 月,贺雪峰在高阳镇某村民小组调研。当时正值干旱时节,小组成员的农田都需要从泵站抽水灌溉。按照小组商量之后的结果,决定以亩为单位,每亩收取 10 元的抽水费,这样就可以一次性利用泵站抽水,将全组的农田灌溉一遍,从而不影响农田水稻的产量。问题是有些农民的农田离水渠很近,他们认为自己不交抽水钱,也可以从水渠弄到水。这种"搭便车"的想法使他们拒绝缴纳每亩 10 元的水费。当时只有一个人有这样的想法,但其他村民认为既然有人不交,自己也不交。最终抽水的钱没有收上来,所有农户的水都抽不成,小组的农田都没有灌溉,稻子等着旱死。因为这次没有抽成水,农田受旱,小组农田至少减产 20%,有些农田基本绝收。"按农民自己的说法,2003 年算是风调雨顺的一年,却守在泵站边上眼看着到手的稻谷被旱死。"②

2005 年,研究者对当地用水情况进行跟踪调查发现,由于村民之间不能进行合作,集体统一从泵站抽水根本不能实现,村民也不可能眼睁睁看着庄稼枯死,所以各组村民开始效仿其他各组的做法,选择各家各户打机井,依靠个体能力解决农田用水问题。据当地农民介绍,个体农户要解决抽水

---

① 贺雪峰:《乡村秩序与县乡村体制——兼论农民的合作问题》,载《江苏行政学院学报》2004 年第 3 期。
② 同上。

问题,必须支付必要费用。按照平均的支付标准,一个种有 10 亩耕地的农户,他每年的电费支出就要达到 210 元。而如果村民之间能就抽水问题达成共识,以组为单位,直接通过泵站抽水,每亩只需 10 元,总费用也不过 100 元,远低于农户个体抽水的电费开支。

案例三:2007 年 7 月,笔者在河南省周口市崔村调查,我们进村调查之际,正值雨水比较多的时候。而当年 7、8 月份正是棉花开花、玉米结棒的时候,大量积水影响了棉花玉米等农作物的产量。为了减少损失,必须要尽快将积水排出农田。排涝需要村民之间的合作。一旦耕种相邻地块的村民之间不能就排涝达成一致意见,积水就难以排出。现实的情况是,即使部分饱受积水之苦的村民想要合作排涝,但由于无人愿意牵头组织,合作依然难以达成。也有的村民试图自己单独用水泵进行排水。但把自己地里的水排出去后,与之相邻的地块的水又流进来了,水总排也排不完。排水问题仍然解决不了。

是否可以依靠农民个体的合作缓解村民用水的困境,满足他们方便生产的诉求。以上两个案例是笔者分析该问题的引子。案例二表明村民之间的不合作关系,使得他们难以统一行动,最终导致,在风调雨顺的一年,仍然遭遇旱灾。村民只能依靠自身力量解决用水问题。案例三所展现的虽然也是用水问题,但所呈现的是用水问题的不同面向。案例二关注的是抗旱,案例三关注的是排涝。从同样的视角出发,分析新贺泵站从"辉煌"到"衰落"的原因。新贺泵站的衰落有很多原因,如强有力的集体力量的退出,设施的老化,市场化改革后水价的提高;大量欠款的存在等因素导致泵站不能正常使用。是否在泵站衰落的原因中,有主导性的因素呢?

第四节 农民合作的实践

在分析我国农村公共品供给现状时,研究者将农村公共品供给存在诸多问题的原因表述如下。①（1）公共财政投入不足是农村公共品供给不足的首要原因。2001年,国家对农业基建投资为1704亿元,仅占同期国民经济各行业基建投资总额的2%。研究者认为正是因为财政的支农支出徘徊不前,农业基建投资和财政支农资金投入的不足造成了农村基础设施落后。(2)农村公共品供给缺乏规则,政府对农村公共产品责任划分不尽合理是农村公共品出现诸多问题的因素之一。自上而下的农村公共产品供给机制较少顾及农民自身的需求,造成农村公共品供给效率低下。(3)供给主体错位。分税制改革和税费改革之后,乡政府没有财力为农民提供公共品,农村公共品的提供只能依赖中央和地方政府转移支付。第四,信息不对称。小农户独立面对市场,两者之间缺乏有效的连接机制,农民的支出成本增加。中国60%—70%甚至更高比重的农户要解决农产品的运销问题,从而在流通环节损失的利润每年高达200亿元。

上述对农村公共品供给问题的分析都集中在从农村外部理解公共品供给问题,并没有将视角放在集体组织内部,没有从村庄本身来理解公共品供给存在问题的内部因素。即使有学者从农民合作的角度阐述这一问题,也只是表明,在市场经济洗礼和现代化历程中,农民之间因"搭便车"情况普遍,合作难以形成。

一、农民合作的历史表述

关于农民之间合作能力的探讨一直存在。早在19世纪,马克思基于当时中国的状况,认为中国农民以小农业和家庭手工业相结合的生产模式决定了中国农民之间的关系就像一个大麻袋里的马铃薯一样,他们彼此分散,没有组织。中国农民的分散性主要表现在他们不能形成统一力量反抗专制的统治。马克思认为正是这一原因构成了中国专制制度赖以存在的牢固基础。20世纪二三十年代,革命领袖孙中山先生在民族危亡之际,感叹中国

---

① 王小宁:《农村公共物品供给制度变迁的路径依赖与创新》,载《中国行政管理》2005年第7期;赵德臣、王元珍:《试析农村公共产品供给的现状、问题及方略》,载《农村经济通讯》2006年第9期。

社会"一盘散沙"的局面。因为中国社会"一盘散沙",国家没有力量组织和动员人民反抗列强的侵略,才使中华民族在20世纪初陷入困境之中。国民党执政后,也曾想要组织起农民。他们在农村推行合作化和保甲制,希冀将农民组织起来,从农村吸取资源和获得农民的支持,但却出现了"国家政权的内卷化"。① 他们虽然在乡村建立了相应的机构和设置了职位,但并没有将农民真正组织进国家所设立的政治容器内。② 20世纪三四十年代中国民间曾出现的能将农民整合起来的主要力量来自宗族的。传统宗族的力量将个体吸纳进一个宗族之内,宗族就是一个政治社会单位,它有权力处理宗族内村民之间发生的一切纠纷,作为一种无形的力量,它统治着宗族成员的身体和精神。当中国进入现代化发展之际,市场经济全面浸透农村社会的各个领域,即使在中国东南宗族及宗族组织最为发达的地方,宗族的力量也已经濒临瓦解。宗族不可能像在传统社会那样,拥有权力定纷止争,化危解难。宗族成员对宗族也不再存敬畏之心。受到市场经济和消费主义文化双重洗刷的现代社会,难以再依靠靠宗族力量有效约束村民、统合村民。③

要想革命成功,必须要"得民心"。毛泽东意识到这个问题的重要性和艰巨性。他在带领中国人民反封建反侵略的斗争中,首先通过均分田地,获得了农民最广泛的支持。以"星星之火可以燎原"之势最终取得了革命的成功。为了增加国家实力,在积贫积弱的中国发展工业,以毛泽东为代表的中国共产党通过人民公社制度最大限度地集合了农民的力量。通过生产队、生产大队、人民公社一层层一级级将农民统一起来,整合了农民的力量办成了超越当时历史条件的许多大事。比如,全国各地的大中型水库都是在20世纪五六十年代的人民公社时期修建的。进入20世纪70、80年代之后,人

---

① 杜赞奇:《文化、权力与国家——1900—1942年的华北农村》,江苏人民出版社2004年版,第172—173页。
② 申端锋:《农民的合作与想象》,载《读书》2007年第9期。
③ 郭亮调查的赣南某村是一个宗族性村庄,虽然该村在村庄公益事业和基础设施上能有部分合作,有一定的合作底线,"宗族型村庄中强大的舆论压力和'排挤机制'"虽能促进村民之间的合作,但"作为整体的宗族已经不具备明显的组织和行动能力,它对于内部那些不合作分子已经没有了物质或者肉体的惩罚措施。"参见郭亮:《走出祖荫——赣南村治模式研究》,山东人民出版社2009年版,第53—59页。

民公社制度完成了它的使命,走下历史舞台。人民公社制度下的组织机构也进行了相应的改变。改生产队为村民小组、改生产大队为行政村、改人民公社为乡镇,通过村庄的力量整合农民。农民在以家庭联产承包为基础的责任制下,进行一家一户的生产经营。超出农民个体力量之间的合作,就在村组集体的领导下进行。实践中形成的仍然是以村(原生产队)为单位开展农村的治理工作。比如道路的修建,就在村组的安排下,以出义务工的形式完成。

二、农民不合作的后果

正如上述三个案例所显示的那样,农村中类似农田水利的公共品的有效供给需要村民的合作才能完成。① 案例一和案例二都表明,当农民不能合作从泵站抽水时,只能眼睁睁看着庄稼旱死。或者选择付出高额的打井成本,满足农田用水需求。即使打井的成本再高,只要与严重的干旱相比,仍能有少许盈利,农民依然会选择打井。这也是为什么跟踪调查时,在打井费用和使用费用如此高昂的情况下,村民打井热情仍然不减。

案例三河南农民的排涝和前两个案例所展现的抗旱存在不一样的逻辑。荆门农村抽水灌溉,如果个体之间不能形成合作,农民可以选择一家一户打机井,抽取地下水灌溉自己的良田,虽然成本高些,但仍然可以解决旱灾。但排涝和抗旱不一样,如果村民之间不能形成合作,即使个体付出再大的成本,排涝也解决不了。正如案例三所介绍的那样,平原地区的排涝要将积水泄到可以储水或者非耕地地方或者河流,以不影响其他人的农田为条件。如果要达到这个目的,就必须要求有一套完整的排水渠道。这条渠道的形成,必然要侵占相邻农田的面积。如果储水地或河流离农田较远,那么

---

① 张世勇在徽州某村调查也关注到公共品供给问题。他认为:"村庄内村民的合作提供村庄公共品供给不仅是必需的,而且有可以操作的空间,这对于加强村庄的整合能力,改善村庄的民主管理等方面具有很大的积极作用。"他主要从积极分子治村的角度探讨村民合作的可能性,认为在积极分子的领导下,村民之间合作的空间非常大。但中国大多数村庄并不存在类似徽州地区特有的"积极分子"。参见张世勇:《积极分子治村——徽州村治模式研究》,山东人民出版社2009年版,第193—194页。

渠道要经过的农田涉及的农户数量会更多,利益纠纷更难协调。并且,在历史上,河南当地曾经是黄泛区,土壤以沙土居多。松软的沙土极容易被水流冲垮。水沟一旦形成,随着水流的增多,沟面就会被逐渐冲宽,侵占良田的面积。因此,村民并不情愿在自己田地的周围开沟,更不愿意在自家田里开沟。受这一客观因素的影响,村民之间的合作更难形成。合作难以形成,但是总不能让积水一直储在田里,否则,农民的损失将非常惨重。

简单来说,上述三个案例反映了以下几个问题:

第一,农民之间的不合作增加了农民负担。税费改革取消了农田上的一切税费任务,农民还可以从每亩地上获得粮食补贴、农机补贴等各类补贴。中央的政策和制度,降低了生产成本,切实减轻了农民负担,刺激了农民种田的积极性。但因用水困难,打井的高额支出让农民苦不堪言。显性成本降低了,但隐形生产成本的增加也可能引发农民抛荒的无奈之举。

第二,农民之间的不合作关系减少了农民收入。以村庄或者小组为基础的农民,因难以合作而不能获得省力又省工(泵站供水)的水源。非得要打井才能用水时,村民并没有必要以户为单位每家每户都打机井。从经济成本上算,相邻田块的农户之间完全可以合作打井。但正如表一显示的那样,村民之间合作打井的数量仅占机井总数的0.05%。组内相邻农田之间的少数农户之间仍然不能形成合作关系。农户完全"独立自主"的行为,不仅使以村或组为单位的农户之间的合作不可能,也使得以少数农户为单位的合作概率微乎其微。农村本是一个社会关系网络,如果农户之间大事小事都不能合作,一旦遇到天灾人祸,农户的应对能力令人担忧!在案例三的情况下,如果村民之间不能合作将水排出去,粮食就只能等着减产,一年的减产可以忍受,两年的减产可以忍受,那么三年、四年呢?

第三,农民之间的不合作关系恶化了村庄生活环境。当村庄中80%的农户都打井用水,只可能将井越打越深,井打的越深就越有可能对自治的地下水资源系统造成破坏。造成大量地下水资源流失,严重破坏地下水资源,给农村生态系统造成大的隐患。过度利用地下水,将使村民面临地面坍塌的危险。① 村民之间在关系生死命脉的水利上面不能形成合作关系,也难以在类似道路维护、桥梁建设等并不影响生存的公共品问题上形成合作关系。长此以往,新农村建设如何可能? 在世界各国都在关注环境问题时,中国农村环境问题的保护同样是一个值得认真关注的课题。

仅以水利为例,就足以看出农民合作之迫切性与紧迫性。那么,当今农民是否有合作的可能性呢? 历史表明农民自身的合作力量是缺乏的,那么在税费改革的时代背景下,当全面取消了农业税之后,在现存的土地结构之下,农民之间的合作是否有可能呢?

三、农民合作的可能性

自20世纪80年代农村开始实施以家庭联产承包为主的经营体制之后,农民个体获得了自主选择进行农业生产的各项权利。1984年1月1日,中共中央正式下发一号文件,明确"土地承包期一般应在15年以上"。1993年11月,中共中央、国务院发布11号文件,规定"在原定的耕地承包期到期之后,再延长30年不变"。提倡在承包期内实行"增人不增地、减人不减地"的办法。文件同时规定,在坚持土地集体所有和不改变土地用途的前提下,经发包方同意,允许"土地的使用权依法有偿转让"。1997年6月24日,中共中央办公厅、国务院办公厅发出《关于进一步稳定和完善农村土地承包关系的通知》,明确规定不许以"两田制"为名收回农户部分承包地。文件重申了"大稳定,小调整"的政策,还特别指出"小调整"只限于人地矛盾突出的个别农户,不能对所有农户进行普遍调整;不得利用"小调整"提高承包费,增加农民负担。

从中央制定政策的历程,我们可以发现,农民获得了越来越大的土地权利。1984年,政策仅要求农户农地承包期在15年以上,没有规定承包地可

---

① 记者时寒冰在《云南抗旱救灾感悟》中提到,即使在严重干旱的云南,村民也不支持打井。水资源缺乏并不代表本来就缺水,而是缺少了更好地利用水资源的途径。载 http://shihanbingblog.blog.hexun.com/48165134_d.html,访问时间:2014年6月20日。

以转让。1984年之后,由于家庭联产承包实施不久,农户的生产热情很高,当时的农村税费负担并不严重,人民公社时期的大中型水利在农田基础设施方面仍发挥着重要作用。在各种因素的刺激下,农业生产获得了极大的成功。1993年,政策将承包期延长到30年,明确规定承包地可以转让,并要求"增人不增地,减人不减地"。农户家庭由于人数的增减对承包地的数量有不同的要求,"增人不增地,减人不减地"在实践层面并没有得到落实,各地基本上都根据农户家庭人口数量的变化在进行"大稳定,小调整"。1997年重申"大稳定,小调整"。进入20世纪90年代之后,农村税费负担繁重,农户不堪忍受,部分农户纷纷放弃承包地,从而在实质上免除赋税压力。乡村组集体为了完成国家的税费负担,采取各种方式将撂荒的土地承包下去。到2008年,农地承包权长久不变,《物权法》第128条规定:"土地承包经营权人依照农村土地承包法的规定,有权将土地承包经营权采取转包、互换、转让等方式流转。"农民可以自主选择土地的流转方式,作为所有权人的集体不得干涉。当农民获得对土地近似所有权的权能之后,他们是否实现了生产生活的方便呢?案例二、案例三都发生在税费改革之后,两个案例都显示了农民之间不能形成合作关系。袁松、邢成举调查沙洋县拾桥镇水利问题时村民的两段话可以帮助我们认识农民合作的问题。

周店13组李姓村民说:"2002年之前,我们从黄塝水库搞水,一亩地每年25块钱,保收。那个时候有小队长,强行收钱,吃大锅饭,省心,钱一交他要保证我放水,(水)充足得很。以前队里还要组织岁修,就是冬天大家都去修水渠,现在没人组织了,也组织不拢。从(黄塝)水库买水的话一个小时30块钱(因为距离较远,只能从渠道走水,不能用小水泵抽),一个人去买划不来,要是人多的话渠道漏掉的水可以平摊一点,但是大家都是单独去找。现在大家都不到水库买水了,2009年黄塝水库的闸门都没打开,听说坏掉了。"①

周店村王姓村委副主任说:"你看吧,现在冬闲的时候大家都在土场上

---

① 袁松、邢成举:《为什么当前"小农水"建设的投入是低效的?——以鄂中拾桥镇为例》,载《中共南京市委党校》2010年第3期。

打牌,根本没人会去修水渠。我前几年在组里开了几次会,要他们推选一个为头的,可以集体收钱买水啊、修渠道啊,但是搞不拢,几次都搞不拢,他们吵来吵去的,每次都搞得不痛快,我也很伤脑筋。"①

村民之间自发的合作难以达成。"没人组织,也组织不拢"。村干部是否可以组织村民呢?村委会王副主任组织大家开会,弄了几次,仍然是吵来吵去,"每次都搞得不痛快",索性也不管了。这仅仅是荆门农村的特例还是各地都是这样?

最能体现村民之间能否通过合作完成有利于大家的公共事物的,莫过于"一事一议"制度。"一事一议"是指在取消了乡统筹和村提留之后,要求农民共同出工或者共同出资完成的事情。例如,原来由乡统筹和村提留开支的"农田水利基本建设、道路建设、植树造林、农业综合开发有关的土地治理项目和村民认为需要兴办的集体生产生活等其他公益事业项目",不再向农民收取任何费用。对于上述事项,由村民会议或村民代表大会以"一事一议"的方式讨论决定。凡是本村18周岁以上村民的半数参加或者有本村2/3以上农户代表参加,所作决定要经到会人员的半数通过。根据笔者的调查经验,"一事一议"制度在中部省份的实施情况并不理想。②

理论上,"一事一议"制度是发挥村民自治,实现民主治村的良好举措。"一事一议"要发挥作用,产生制度设计者所希望的结果。必须具备几个条件。第一,必须满足召开"一事一议"的人数或户数要求。第二,多数决定原则能发挥作用。对于所议的事情,村民之间不会因利益差别而无法形成决议。第三,形成决议后,不会因部分村民甚至是一个村民的拒绝履行而搁浅。理论上对于制度的实施有上述要求,如果制度想要在实践层面取得良好的效果,就必须要求村庄层面有这样的土壤。"一事一议"落到实处的关

---

① 贺雪峰、罗兴佐等:《中国农田水利调查:以湖北省沙洋县为例》,山东人民出版社2012年版,第356页。

② 陈辉在鄂中某村调查"一事一议"的情况。他发现:"2002年,艾村各小组都搞了一次一事一议,事由很简单,就是拖一些沙子将公路上的坑填上。此事所需资金并不多,大约人均13元,但收钱时却没有一个小组把钱收齐。此后,村里就再也没有搞过一事一议。"参见陈辉:《村将不存——鄂中村治模式研究》,山东人民出版社2009年版,第118页。

键在于村民之间良好的合作关系。形成决议之后,如果有履行义务的某个村民拒绝履行出工或者出资的义务。其他打算出工或出资的村民心里就会不平衡,"凭什么他可以不交呢？他可以不交,我也可以不交"。这样就会出现多米诺骨牌效应,所有人都拒绝出工或出资,经"一事一议"决定的事情没法实施。"一事一议"的决议是为了解决村庄内部公共品供给的问题。形成决议之后,由于村民之间无法自发形成合作关系,决议不能实施,村庄的公共品供给就出现漏洞。

荆门农村的水利供给问题,是笔者文中的典型,但并不是唯一。[①] "一事一议"制度在各地的实施情况足以证明在现存土地结构之下,农户想要生产生活方便,期待农民之间自发的合作关系根本不可能。那么,在扩大农民地权的土地制度安排下,可能出现的结果是什么呢？

第五节 土地权利与农田水利建设

农村土地问题直接关涉到农村稳定问题,农村是否稳定又关乎整个中国是否稳定的问题。只有稳定了农民,农村才能稳定。在土地权利话语主张赋予农民更多的土地权利时,我们要问一句:"农民是谁,谁是农民"。将赋予农民更多的土地权利进一步细化:赋予哪些农民什么类型的土地权利。根据中央财经领导小组办公室副主任、农村工作领导小组办公室主任陈锡文的介绍,截至2006年,以户籍为标准,中国的农村人口有9.4亿;以现实的居住地为标准,真正居住在农村的农民大约为7.5亿左右。市场经济条

---

① 贺雪峰在安徽小井村调查时,他指出:"在没有宗族、户族、小亲族等行动单位,村组作为行动单位的认同也越来越困难时,村民可能就只能在户这个层面来行动了。个体农户可以通过一个更加功能性的办法解决自己公共品供给的困境,即由农户建立具有退出权的农户联合,典型如荆门农民为解决农田水利而发明的'划片承包'的办法。如果'划片承包'也做不成,则农户只能通过市场获得本应从集体行动中获得的物品。这种将公共物品市场化的办法是最糟糕的办法,因为要付出数倍代价。"参见贺雪峰:《村治模式——若干案例研究》,山东人民出版社2009年版,第167—168页。

件下,农民发生了巨大的分化。有些人户口在农村,但在城市完成劳动力再生产,他们与村庄没有任何关系,只是偶尔返回故里。仅仅以户籍为标准区分农与非农,从而得出农民对土地的诉求并不合理。

根据经济区位的不同对农民作出的划分可以帮助我们理解"谁是农民,农民是谁"。经济发达地区的农民,由于他们所在的位置是城市建设发展的必要之地,土地对他们来说,早已不具备耕种意义。他们的土地逐渐被征收为城市建设用地,他们不再是真正意义上的农民。一旦土地被征收为城市建设用地,他们就失去了曾经谋生的重要手段,所以,他们希望从土地上获得较高的土地级差收益。简单地说,就是希望获得更多的土地补偿款,使剩余的人生衣食无忧。同时,经济建设的发展也繁荣了当地的经济,从而使得他们可以在当地从事二、三产业,获得其他的非农收入。他们的物质生活水平已经高于城市普通居民的生活标准。一般农业型地区,由于地理位置的差异,土地被征收为建设用地的可能性并不大。土地依然是当地农民家庭收入的重要来源,对于纯农户来说,土地上的收入构成了家庭收入的所有来源。这些依靠农业收入生活的人,他们对土地的想象与经济发达地区农民对土地的想象是完全不一样的。马克思说,经济基础决定上层建筑。依靠农业为生的农民,难以获得较高的土地级差收益,他们对"土地权利"的要求非常朴素。这部分农民很少说"我想要什么权利",他们也不可能像经济发达地区的农民那样,依靠房屋租金或者经济发展所创造其他非农就业机会获得额外收入。他们主要从农田的基本产出中获得主要生活来源。所以,他们希望能以较少的投入获得较稳定的农业收入。

一般农业型地区以农业为主要收入的农民是土地的耕作者,他们才是真正意义上的中国农民,他们对土地的诉求代表了大多数中国农民对土地的诉求。即如何在现有的经济发展水平下,从土地中获取较高的收益。根据经济学的观念,通过降低成本,减少开支,可以达到这一目标。同时,可以在相关变量不改变的情况下,提高农地的产出,这同样可以达到增收的目的。简单地说,只有保证了农业生产的方便,农民才有可能从土地中获得更多收益,真正保护好农民的土地权利。

农民是否能方便进行农业生产有两个关键的指标:农田水利设施和机耕道。水利是农业之本,机耕道的建设对于机械化作业和农产品输出至关重要。而这两类属于集体受益的公共品,农户难以承受这两类公共品供给的成本。这种成本包括组织成本、信任成本、资金成本和管理成本。也就是说,农户在分散经营中,难以解决这两类公共品的供给,必须依靠集体的力量,把一家一户难以承担的事情,交由集体来处理,最终保护个体农户的利益。

但当前主流的土地权利话语并不利于农业生产方便,相反,土地权利话语之下的种种主张,会使得农业生产越来越不方便。虽然学界、政策界、立法界都以保护农民权利为出发点,中央连续发布一号文件,对农村建设提出指导性意见;政府也大力投资,进行新农村建设,但农民进行农业生产仍有种种不便之处。以保护农民权利为出发点的各种主张,在实践的运作中,并没有能保护农民的利益。为什么会出现土地权利主张与农业生产方便相悖的局面呢?笔者认为有以下三个原因。

第一,各方对土地权利的理解不一样。农民真的想要更多的土地权利吗?有学者和媒体采访农民的时候,问农民:"你是否希望扩大地权?""你希望拥有更多的土地权利吗?",农民都会回答"希望"。学者和媒体于是据此判断农民主动要求更多的土地权利。问农民"是否希望更多的土地权利,是否希望扩大地权",这其实是一个伪问题。学者和媒体所指的"扩大地权""更多的土地权利"这样的话语并不是农民通常所使用的话语,这种话语已经超出了农民使用的词汇体系之外。上述问法产生的问题是,"地权"和"更多的土地权利"在学者和媒体的话语里是一种含义,而在农民那里又是另一种含义。农民所理解的"地权"和"更多的土地权利"是指在土地上方便耕种的权利。在农民看来,他们是希望通过对自己的承包地享有"更多的权利",从而能更好地利用自己的土地,而更好利用承包地除了需要个体农户的力量之外,在全球环境恶化越来越严重的时候,需要更多合作的力量才能解决抗旱抗灾的问题,这样赋予农民更多的土地权利才有意义。

当学者和媒体询问农民上述这个问题时,实际上已经预设了答案,因为任何人被问到类似这样的问题时,都会回答"希望"。谁不希望拥有更多的权利呢?不管是什么权利,"权利"这个词就已经足够吸引人的眼球和欲望了。学者和媒体所说的"更多的土地权利"是指农民可以完全按自己的意愿处分自己的土地,不管这种处分是迫于无奈,还是仅仅是以获得眼前的利益为目的。这种权利完全排斥集体作为所有者享有的权利,实质上是将土地私有化的一种诉求。为了耕种方便的农民,要土地私有化干什么呢?这种意义上的"土地权利"并不是农民心目中的"土地权利"。李昌平介绍了官员和学者对于"流转"的理解与农民对于"流转"的理解的差异之处。农民的"流转"困难是指由于地块分散,往往只能部分转租,打工和种地不能兼顾,农户只好自己将就种或撂荒。官员(县以上的官)理解的"流转"是农民需要对外"转让经营权",自然就是"公司+农户"或"股份合作制"。而学者理解的"流转"困难类似城市房地产交易一类的问题,所以他们认为应该明晰产权,将承包权永久化,解散集体和彻底否定集体所有制。三方的理解完全不一样。到底谁真正代表了农民利益呢?农民的话语最能代表农民的利益,但学者和官员的观点往往容易从自身立场出发,以为自己代表了农民的利益,或者说以代表农民的利益为幌子,谋取其他私利。所以李昌平说:"在中国,由于农民没有话语权,学者和官员都有话语权,农民的心愿和话语常常被主流社会曲解。加上农村政策的制订,不是以尊重农民实践创新为前提的,更不是农民可以参与或主导的,所以,很多为了帮助农民的政策往往成为坑农害农的政策。"[①]

农民所要求的土地权利主要是一种相对的权利。在相对的权利诉求下,当农户无力解决水利、机耕道等公共品的供给时,他们希望政府能解决这一问题。村集体是沟通国家和农民的重要纽带,所以,对于农民来说,他们所要求的是,集体的积极干涉能帮助农民应付农业生产中的诸多问题。

---

① 李昌平:《农地改革首先要听懂农民的话》,载 http://news.ifeng.com/opinion/200810/1021_23_839284.shtml,访问时间:2014年8月20日。

根据绝对土地权利的主张,为了保护农民的利益,就要排除集体的干涉。根据相对土地权利的主张,为了保护农民的利益,要求集体在必要的时候,利用权力和组织优势,满足农民方便生产的诉求。这样就导致了两种土地权利主张虽然出发点一样,但观点及实践结果却完全相反。那么,到底该采取哪种主张呢?

第二,农地绝对权利与农业生产的性质相悖。学者及政策界主张的农民土地权利是一种绝对的权利。这种土地权利强调其他任何人包括土地的所有权人,不得对农户的承包权进行任何"干涉"。赋予农户不受干涉的土地权利,作为理性经济人的农户可以通过市场的运作,从土地中获得更多收益。绝对权利是一种排斥所有人"干涉"的权利,权利的实现并不需要他人的帮助,只需他人不要干涉就好。我国的农业生产仍然是以小农生产为主的小农村社经济类型。小农村社经济的性质决定了农业生产中,必然存在一家一户难以解决的问题,必须依靠他人的"干涉"才能化解。这也正是我国实施家庭联产承包责任制之初的理论构想所在,集体解决一家一户难以完成的事情,集体的"统一经营"和农户的"分散经营"相结合。

例如,村民为了将积水排出,相邻田地的村民之间进行小型合作,用水泵、柴油机和长达上千米的水管,日夜不停地将田里的积水一点一点抽到远处的河渠中。还有些村民在农田积水的地方钻出一个十几米深的大洞,希冀用所挖的洞来蓄水。这样的方式并不能一劳永逸地解决问题,并且成本和代价极大,效果也不理想。一旦雨水再大,要蓄水的洞必须越挖越大,最后连整亩地都要成为一个蓄水坑。其实解决这个问题很简单,在田间形成一个排水沟,将水引向河流就可以了。但是这个工程要有一个超越"私"的组织来处理,也就是要有集体作为一个"公"的力量来解决。在单家独户进行排涝工程时,还极有可能引发村民之间的纠纷。村民以"私"的行为逻辑解决本应该由"公"解决的问题,不仅不能解决问题,还会产生新的冲突。

必须要有一种"公"的力量完成排涝工作。排涝工作并不是简单的村民之间不合作,单家独院依靠自身的力量仍然可以完成的。排涝工作要顺利实施,在前期行为中,必定要以牺牲一部分农民的短期利益为代价,从而实现整体利益的诉求。在个体之间不能自发形成合作的情况下,只能有一种双方都认可的"公"的力量才能改变不合作的局面。这种"公"的力量一定是超越个体家庭之上。个体之间的利益博弈要出现良好的结果,必须要有双方都认可的"公"的力量的出现。但在目前中国农村,"公"的力量没有生存的土壤和机制。特别是在农民取得较大土地权利的情况下。农民对土地享有的权利越大,相应地,村庄集体对土地享有的权利就越小,它们之间是此消彼长的对应关系。农民可以自主决定土地的转让,不允许作为所有者的村集体根据公益的需求对土地作出适当的调整。土地上的权利结构完全固化。种田仅仅只是个人的事情,个人只是作为一个独立的原子生活在村庄之中。绝对权利话语排斥集体的"干涉",而小农村社经营模式需要集体的"统一经营"。两者本质的不同,必然导致实践中的背离现象。

第三,农地绝对权利并不利于农业生产中公共品供给问题的解决。农地绝对权利强调个体的利益,而农业生产中公共品的供给强调集体合作的力量。在农户个体权利放大的同时,农民之间的合作就越发困难,集体更加难以组织村民对接大中型水利或机耕道建设的要求。在国家大力投入之下,农业生产也只能陷入困境。当农民土地权利增长与农田水利的供给呈负相关的时候,一味强调赋予农民绝对稳定的土地权利并不会对农民生活产生积极的影响。①

在这个意义上,农地绝对权利阻碍了公共品的有效供给。农民的诉求是希望土地上生产方便,生产方便的关键在于合作的能力,合作能力如果不依靠农民个体解决就必须依靠集体的力量解决。所以归根结底要求集体有能力解决村民要求生产方便的诉求。正如农民希望土地顺畅流转一样。土

---

① 贺雪峰指出:"相对今天中国有9亿农民的国情,以家庭为基础的土地承包经营制度无疑是最好的一种制度。乡村水利体制的改革不能改变当前的家庭承包经营制度,而应适应家庭承包经营制度。"参见贺雪峰:《乡村研究的国情意识》,湖北人民出版社2004年版,第255页。

地的顺畅流转也需要集体力量的介入。根据李昌平的介绍①,农民解决流转困难的办法有三种:一是将土地交给集体,由集体代为转或租给别的村民,年底通过集体得到一定的补偿;二是份额土地所有权和份额土地承包权分离,如一个自然村有100人和100亩地,90人不种地,集中给10人种,这10人要交承包费,年底或年初100人平均分配承包费;三是每三年调整一次土地,将分散的7—8块逐步调整为1块——种棉花能手种高田,种水稻能手种"双季稻"田,养鱼能手种低湖田。这样便于专业化经营了,土地产出会大大提高,就相对好转或租了。这三种办法都需要村组集体力量的介入才能完成,如果村组集体没有权限,农民所希冀的流转方式不会出现。在绝对稳定的土地权利之下,不仅会导致因农民之间的不合作关系而出现农作物产量减少,生产成本上升。并且,也影响了村民之间纠纷的解决方式。除了农田水利是农村公共品中的重要项目之外,农村社会秩序的维护和村民纠纷的解决也是农村公共品供给的重要方面。

极少有学者从村(组)这一级理解公共品供给。但在中国农村,不管从哪方面而言,"村社是最小单位,正是村社这个中介,为农民联系国家,联系市场,提供了相当有力的基础,村社因此成为一个最小的公共品提供单位,成为一个为农民生产生活提供基础条件的单位,也成为一个国家管理和服务农村社会的基本单位。"②在村社这一最小单位中,村集体作为一级自治组织,其是否能发挥应有作用对村庄治理极为重要。

某些学者认为村集体不应该拥有权力,集体权力越大,村干部的权力也随之增大。村干部的权力大了,他们就会滥用权力,以权谋私,作出不利于村民的事情。为了防止村干部侵害村民的权益,所以应该将村集体的权利最小化。税费改革之后,集体工作的性质发生了根本转变,从以前的以收取税费为主要任务,转变为为村民提供各种可能的服务。税费时代,税费任务是否顺利上交,是检验集体成员工作能力的唯一标准。在这种压力型体制

---

① 李昌平:《话语体系与土地流转制度》,载 http://www.snzg.cn/article/2009/0415/article_14185.html,访问时间:2014年8月20日。
② 贺雪峰:《土地与农村公共品供给》,载《江西社会科学》2009年第1期。

下,村干部为了展现自己的"政绩",铤而走险,以牺牲村民利益为代价换取自身的安稳的事例时有发生。但在后税费时代,上下级之间以税费为主要纽带的关系发生改变,村集体并不需要向村民收取任何费用,而是向村民发放各种粮食补贴和农机补贴。村民和村干部之间曾经存在的剑拔弩张的紧张关系不复存在。在这个时候,一旦集体拥有一定的资源,在一定的制度约束条件下,它们会成为名副其实的"服务型政府"。

第四章 地权纠纷的实践

第一节 已有研究及问题意识

在经济发展的快速推进和城市化持续扩张的背景下,虽然农地种植收益在农民家庭收入所占比例逐渐下降,但随着土地之于国家经济建设的作用日益凸显,土地的外部价值不断攀升。不管是基于规模耕种的考量还是基于征地拆迁中可以获得高额补偿款的想象,农民越来越关注农地的拥有量,特别是在征地拆迁正在进行或者即将进行的区域,地权纠纷日益增多,且有不断扩大的趋势。学界对这一问题也给予了足够的关注,并产生了一系列有理论支撑和实践经验的成果。总体而言,关于地权纠纷的研究主要有以下两个进路:一是依循解释论的进路,建构理解地权纠纷的解释框架,这一研究进路以社会学的研究为主。张静认为土地使用规则随着利益、力量的变动而不确定,而多种规则又有着各自的合法性来源,多种土地规则的并存及冲突构成了地权纠纷的中心问题。① 张小军通过对福建阳村的田野研究指出"象征地权"的过度膨胀,导致地权的模糊性,使得契约产权(法律、合同等规定的产权)在实践中不能充分存在和履行,引发不同主体之间的地权冲突。② 熊万胜通过对安徽栗村自太平天国以来地权纠纷史的素描,认为多元规则中存在一个主导性的规则,是地权稳定的必要条件。地权稳定,则地权冲突较少。在多元规则竞争,主导性规则未能确立之前,地权稳定性较弱,容易发生地权纠纷。③ 二是依循实践论的进路,探讨地权纠纷的类型及解决机制,这一研究进路以法学的研究为主。蔡虹通过对农村土地纠纷特点的分析,对和解、调解、行政裁决和诉讼等几种解决纠纷的方式进行述评,指出不同类型的纠纷应适用不同的解决方法。④ 陈小君等人通过对湖北飞鱼村和红河司村因村庄合并引发的地权纠纷的深描和分析,在对现有地权纠纷救济途径反思的基础上,提出了地权纠纷救济的现实对策,具体而言包括疏通救济渠道、降低救济成本、充分发挥法律制度功能。⑤ 郭亮、杨蓓通过对湖北某镇三类土地纠纷的阐释,指出土地承包纠纷的发生具有必然性。在农户上访的压力下,基层政权极端工具化的纠纷解决模式并不利于化解纠纷。明晰的产权和单纯推进土地权利建设也难以有效制止纠纷的发生。说到底,地权纠纷的发生是一个官民如何互动的政治问题,官民双方之间形成一种制度化、法治化的利益协商与博弈机制有利于防止纠纷的发生。⑥

---

① 参见张静:《土地使用规则的不确定:一个解释框架》,载《中国社会科学》2003年第1期。
② 张小军把土地理解为一种象征资本,可以被再生产,"生产和定义出新的权力关系"。象征地权的主要所有者包括国家、村落、宗族等集体、地方精英、"祖先"和个人等。在权力关系的强弱较量中,出现了地权分割和模糊产权,滋生了大量土地纠纷。因此,"地权的关键不只是实物地权归谁所有,还要看象征地权归谁所有,谁在操纵地权的象征资本生产过程。"参见张小军:《象征地权与文化经济——福建阳村的历史地权个案研究》,载《中国社会科学》2004年第3期。
③ 参见熊万胜:《小农地权的不稳定性:从地权规则确定性的视角——关于1867—2008年间栗村的地权纠纷史的素描》,载《社会学研究》2009年第1期。
④ 参见蔡虹:《农村土地纠纷及其解决机制研究》,载《法学评论》2008年第2期。
⑤ 参见陈小君、高飞、李俊:《地权纠纷中的法律救济——村庄合并中的农地权属纠纷救济的理想与现实》,载北京天则经济研究所主编:《中国制度变迁的案例研究》(土地卷)第八集,中国财政经济出版社2011年版。
⑥ 参见郭亮、杨蓓:《信访压力下的土地纠纷调解——来自湖北S镇的田野经验》,载《当代法学》2012年第2期。

如果纠纷的双方能达成合意,形成一致意见,纠纷就不会发生。一旦不同主体针对同一客体主张权利,双方不能形成合意,纠纷将不可避免。解释论进路透过地权纠纷的表面现象揭示了引起纠纷发生的深层次原因,不同主体从不同的立场出发,援引不同的规则进行"维权"。不管是规则的不确定,多元规则的竞争,或是主导性规则未能确立,实际上都宣告了针对土地这一客体,相关主体之间不能形成合意,即他们之间不能形成地权共识。社区之内是否能达成地权共识是理解地权纠纷发生的关键所在。与社会学偏重呈现问题、解释问题的进路不同,法学的研究强调制度的建构,并关注制度的实施。已有的研究通过对地权纠纷的类型化分析,对现有的纠纷解决方式进行了梳理和评价,并提出了制度改革的建议。虽则角度有差异,但他们的前置性判断都是,在地权纠纷的不同解决模式中,法律制度及法律规则将成为共识性规则,并最终主导纠纷的裁判和执行。

法治社会的应有之意是法律在社会系统中居于统治地位,并具有最高权威。任何组织和个人的行为都必须以法律为依据,不能凌驾于法律之上。法治社会要求乡村社会的法律实践中,契约或合同的约定是判断土地权属的核心依据。随着国家对农村土地制度和土地政策的调整,惠农政策及征地补偿的逐年提高,土地利益激增的背景下,村民之间进行着"寸土必争、寸土不让"的"斗争",与土地权属相关的不同规则之间的碰撞和竞争尤为激烈。在此前提下,法律规则如何成为各方主体认可并得到有效执行的共识性规则是一个复杂的问题。法学的既有研究虽则确立了法律规则的地位,但对于非正式规则(关于土地权属的习惯性认可、社区内部的既有规范等)与正式规则(法律规则)之间的较量,缺乏足够的关注和分析。基于此,笔者在充分借鉴已有研究的基础上,引入地权共识这一概念,尝试着深化对地权纠纷的分析,通过对地权纠纷的表达的研究,在阐释法律规则与非正式规则"较量"的基础上,构建形成新的地权共识(法律规则)的可能途径。

第二节 地权纠纷的表达

一、地权纠纷的形态

从类型学的角度,按不同标准,可以将地权纠纷划分为不同的种类。从纠纷主体的角度,可以分为农民与农民之间、农民与村集体之间、村与村之间发生的纠纷;从引发纠纷的直接原因的角度,可以分为因政策变化引起的纠纷、因土地承包引发的纠纷、因土地征收补偿引发的纠纷、因所有权界线不明引发的纠纷;从纠纷的具体内容的角度可以分为土地所有权纠纷、土地收益分配纠纷、土地承包合同纠纷、土地征收纠纷、土地流转纠纷、土地调整纠纷等。同时,地权纠纷呈现出广泛性、多样性、复杂性、趋增性、长期性等特点。①

就笔者的调研经验而言,已有地权纠纷主要呈现以下几种形态:

第一,关于宅基地的纠纷。关于宅基地的分配,大多数村庄采取"一户一宅"原则。"户"的判断主要以子女中的男性为标准:有两个儿子的家庭应该分有两处宅基地。在土地日益紧张的背景下,村庄一般不允许再新划宅基地,宅基地的纠纷主要发生在老宅基地上。老宅基地的纠纷包括两类:第一类是全家外迁多年未归,老宅基地多年无人居住且已破败,邻居在老宅基地上种植树木或建了附属房屋。随着征地拆迁如火如荼的进行,土地价值增加,享有成员权的"村民"回到村里,力争宅基地的使用权,从而与邻居发

---

① 以对地权纠纷进行分类、总结特点并提出解决方案进行分析的文章较多,参见朱冬亮:《当前农村土地纠纷及其解决方式》,载《厦门大学学报(哲学社会科学版)》2003年第1期;杨芳:《关于涉农土地纠纷案件的调研报告》,载《法律适用》2005年第8期;周艳波:《论农村土地纠纷类型、原因和解决措施》,载《学术界》2008年第1期;史卫民:《农村土地纠纷的主要类型与发展趋势》,载《现代经济探讨》2010年第1期。另外,也有学者专门关注征地拆迁中的征地冲突,比如郭亮:《土地征收中的利益主体及其权利配置——对当前征地冲突的法社会学探析》,载《华中科技大学学报(社会科学版)》2012年第9期。

生纠纷。第二类是村民有两处宅基地,征地赔偿时要求获得两处宅基地的赔偿款。"一户一宅"虽然是获取宅基地的基本原则,但在耕地生产效益不高,且土地外部价值没有增加的情况下,部分村民在老宅基地之外,修建房屋,村集体和村民亦无任何异议,此时该村民就"获得"了新旧两处宅基地。虽则没有和其他村民发生纠纷,但征地拆迁中,村集体认为集体享有对老宅基地的完全处分权。而村民认为,老宅基地依然归自己行使权利,征地拆迁款,应由自己支配,从而发生村民与村集体之间的纷争。

第二,因"买房搭地"引发的纠纷。在中西部的农村,"买房搭地"一直是房屋买卖的不成文规则。所谓"买房搭地"是指出售人在出售宅基地及宅基地之上的房屋时,也一并将耕地、林地、菜园子及开荒地等一并出售给买受人,但买卖合同中除了写明纳税耕地的面积大小之外,一般不会列明开荒地等面积大小及位置。当耕地依然构成农民的主要收入来源之时,对于接受房屋的买受人而言,"买房搭地"是理所当然。本村村民或者外地迁入者不可能仅仅购买房屋而不要求享有耕地的承包经营权。没有耕地,意味着没有收入来源,难以满足自己及家庭的基本生产生活需求。因"买房搭地"行为多发生在税费沉重之时,房屋买卖合同中,明确规定耕地的大小及方位是为了明确转移纳税责任。由于开荒地等并不承担纳税义务,则合同中就没有明确对其进行约定。在土地外部价值日益增加的趋势下,土地能获得较多收益的期许刺激了村民对土地价值的想象。而合同中并未写明开荒地的承包经营权是否转移,于是原出售人据此主张对开荒地的权益,从而发生出售人与买受人之间关于开荒地的纠纷。

因"买房搭地"引发的纠纷类型比较多。不同区域,对于"地"的含义有不同的理解。比如,在湖北中部农村,"买房搭地"中的"地"非常广泛,既包括耕地、林地、堰塘,也包括荒地、开荒地、菜园子、园部等。简单地说,只要是原出售人之前行使承包经营权的一切土地都转入买受人名下,由买受人接替出卖人继续行使对耕地、林地、堰塘等的承包经营权。在土地价值不高的情况下,双方签订房屋买卖合同,并未将土地的权属转移明晰化。当土地的外部价值激增,村民奉行"寸土必争,寸土不让"的行为逻辑下,滋生了大量纠纷,以血缘为基础的至亲之间发生纠纷的比例较高也难以消解。

第三,关于堰塘的纠纷。堰塘的纠纷主要发生在水面比较多的中部平原地区。以笔者2012年在湖北金村为期一个月的暑期调研资料为依据,可以窥见类似村庄的纠纷形态。金村在历史上属于"堰居式聚落",人少地多的村落环境下,用于灌溉的大小堰塘也较多,基本呈现出堰塘和房屋前后毗邻,"堰居式"的村落结构。分田到户时,对于堰塘的分配主要以房屋与堰塘的远近为标准,房屋离堰塘较近,则由该户承担堰塘的管理责任(管理责任人根据堰塘的大小,平时可以养鱼),附近的耕地享有灌溉用水的权利。由于堰塘较多,基本达到了每家每户是某一堰塘的管理者。1—2亩的堰塘灌溉面积不大,慢慢形成了管理者成为了堰塘的实际拥有者。只有较大的堰塘,由于承担着较多耕地的用水灌溉问题,还没有能"合理"私有化,在土地外部价值激增的背景下,管理者与用水户之间关于堰塘的权属发生纠纷。

案例一:2002年10月20日,张某某通过竞标方式取得了位于金村三组张大堰的承包经营权,并于当日与金村村委会签订了合同,合同约定承包金额为3700元,承包期限为10年,即从2002年10月20日起至2012年12月30日止。同时,金村村民王某某等8户农户均在张大堰进行农田灌溉用水。2009年5月,因金村修建喜明园需要,政府欲征收张大堰部分面积用于修建道路,拟对张某某进行征地补偿。就征地补偿款的分配,王某某等8位农户与张某某发生纠纷。经过镇调解委员会及金村调解委员会的调解,最后达成调解协议:终止合同的履行,征地补偿款由张某某获得,村里负责解决享有灌溉用水权利的8户农户的用水问题,包括张某某在内的9户农户不得阻碍喜明园路的修建工作。

从不同的角度进行分类的方法有利于初步了解地权纠纷的形态和表现,但掩盖或者忽略了引发地权纠纷的深层次原因。不管何种类型的土地纠纷,主体"维权"必须依据一定的事实和理由。在各种纠纷中,行为主体到底如何表达权利、主张利益?他们主张土地权益的依据是什么?其合理性支撑在哪里?通过回答上述问题,以探究地权纠纷的成因,弄清其不断演化的社会基础及制度因素,在此基础上寻求纠纷解决机制的综合治理措施。

二、地权纠纷的表达

在不同类型的地权纠纷中,援引较多且具有当然合理"合法"的首要依据是生存权原则。生存权是指在一定社会关系和历史条件下,人们应当享有的维持正常生活所必需的基本条件的权利。生存权的目的在于保障个体能过上人之所以为人的有尊严的生活。《经济、社会及文化权利国际公约》第11条第1款规定:"本公约缔约各国承认人人有权为他自己和家庭获得相当的生活水准,包括足够的食物、衣着和住房,并能不断改进生活条件。"特别是对于大多数中国农民而言,土地是其获得的最低生存条件,拥有相当生活水准的基本生产资料。"居者有其屋""耕者有其田"是农民能够在社会上生存的底线要求。在人均耕地面积不多的社会约束条件下,人人有权依靠土地生存的生存伦理规范被塑造出来。[①] 这种生存伦理规范一旦被塑造出来,就被逐渐建构成评判其他习惯做法和政策制度的重要指标。新中国建立之后,农民通过政治权力的分配获得土地,在农民的认知里,土地是国家和集体分配给个体的主要生产资料和谋生手段。这种认知强调农民的身份,而不是个体的能力和秉性。在国家惠农政策及城市化快速发展的情况下,土地价值的激增刺激了那些早已搬出社区但户口仍在本地的"农民"主张耕地及宅基地权益。在地权伸张中,他们将生存权原则具体化为"没有地方住,我怎么活""至少要有口粮田"等主张。政治权力分配土地宣告了社会主义制度能满足个体的基本生存诉求,从而彰显了社会主义制度的优越性。这与个体依靠个人能力和资源通过市场竞争获得土地所形塑的土地认知观截然不同。通过市场竞争获得土地,遵循弱肉强食和"胜者为王,败者为寇"的竞争规则。而通过政治权力分配的土地承载着强烈的道德和生存内涵。

在现代社会中,个体要求"活着"的权利高于任何法律政策问题。个体对生存权的诉求不需要任何理由。除了宅基地之外,农民对于生存权的诉

[①] 参见刘世定:《占有、认知与人际关系》,华夏出版社2003年版,第150—151页。

求更多体现在对承包地的主张中。当年抛荒浪潮之后,农民返乡要地时,所诉求的就是"至少要有口粮地才能活命"。正是基于对生存权的重视,在土地承包纠纷中,中央出台了相关规定进行规范。1997年8月27日中共中央办公厅、国务院办公厅发布了《关于进一步稳定和完善农村土地承包关系的通知》,而各省也在此基础上制定相关规定。2004年,湖北省出台了《关于积极稳妥解决当前农村土地承包纠纷的意见》,用于指导实践中发生的土地承包纠纷。在社会主义语境下,生存权原则具有社会文化制度基础,成为个体维权的伦理性依据,并因此获得规则竞争的资格,地权纠纷中不得不重视农民对这一原则的诉求和表达。

地权伸张中被援引的第二个依据是投资原则。投资原则是指"谁投资,谁受益",收益权的归属以实际投资为标准,由实际的投资人获取收益。具体在农地权益的分配上,该原则表明在土地上投入了劳力或资本的农民,有权享有对土地的使用权和收益权,可以基于以往的投资继续占有使用土地,并获得农地的收益。实践中,农民对他人享有承包权的土地进行投资时,一般都获得了村集体的认可。[①] 事实上,原承包权人在明知他人耕种、使用且收益土地的情况下,没有反对,也默认了实际投资人占有使用土地的行为。另一方面,"谁投资,谁受益"原则暗含了"谁承担责任"的意思。后税费时代,免除了税费义务,投资主体承担更多的是对土地的基本管护责任和满足公共使用的需要,如保证水渠的通畅、田埂的基本维护等。投资原则既表明主体对客体进行了劳动力、资金等各方面的投入,也蕴含了主体履行了负载在客体之上的义务和责任,并且这种投资还获得了集体的认可和相关权利人的默许。正是基于以上三个因素,社区成员同样具有充分的理由以此主张自己的地权。

---

① 以湖北省为例,20世纪90年代,土地税费繁重,抛荒现象极为严重,基层政府为了完成税费任务,采取各种方式将抛荒地再次发包出去。2004年湖北省发文,要求以1997年二轮延包为基准"确权确地",但1997年正是抛荒最严重的时候,二轮延包只是走了过场。2004年确权确地过程中,原承包人和实际耕种人都主张土地权益,这一时期农地纠纷激增。为了妥善处理纠纷,湖北省出台了《关于积极稳妥解决当前农村土地承包纠纷的意见》,指导实践中发生的土地承包纠纷。参见李昌平:《我向总理说实话》,光明日报出版社2002年版。

当农业生产难以获得较高收入且农地上承载着较高比例的赋税,同时,随着市场经济的放开和逐步发展,农民获得越来越多外出务工的机会之时,家庭劳力不够或者田地极少的情况下,村民会将土地抛荒或者以较低的价格"出租"给亲戚朋友耕种。一旦土地抛荒,其他不能外出务工且家庭主要收入来自农地的村民,会耕种抛荒地。在缴纳赋税之余,仍有少量收入,积少成多,满足家庭的基本生活开支。免税之后,抛荒地的主人纷纷回来要地,于是,在原承包经营权人和实际耕种人之间发生关于土地的权属纠纷,农村社会出现了一波土地承包权纠纷的高潮。原承包经营权人一般以生存权原则作为理由,要求村集体重新确认其对土地的承包经营权。对于实际耕种人而言,他们多援引投资原则,表达自己享有的对所耕种土地的经营权。

在国家持续不断的"送法下乡"[①]和农民"迎法下乡"[②]的进程中,合同规则成为地权伸张中被经常援引的第三个依据。合同是双方当事人之间基于意思自治而形成合意的一种契约,是当事人行使权利和履行义务的凭证。合同有两种形式,既可以是口头形式也可以是书面形式。口头合同的效力必须有证人能证明,否则难以在法律上承认其效力。实践中多以书面合同作为权利义务的凭证。具体到村庄生活中,只要村民之间的约定没有违反法律的强制性规定,所约定的条款就具备法律效力。法律的产生主要是为了协调陌生人之间的纠纷,陌生人之间交往的有限性和获取信息的高成本性,决定了当事人之间签订的合同条款必须明确细致,满足发生纠纷之后,能清晰地界定双方的权利义务关系。

与陌生人之间交往的有限性、获取信息的高成本性以及缺乏共同体的内在约束性相比,村民之间的交往具有长期性、稳定性、持续性和一定程度

---

① 参见苏力:《送法下乡——中国基层司法制度研究》,中国政法大学出版社2000年版,第27—53页。
② 董磊明、陈柏峰、聂良波:《结构混乱与迎法下乡——河南宋村法律实践的解读》,载《中国社会科学》2008年第9期。

的规制性。"熟人社会"①人与人之间的交往模式,决定了村民之间的交易行为不同于陌生人之间的交易行为。村民双方、村民和集体之间不会全面细致地约定合同条款,仔细斟酌合同条款的准确意思,也不会琢磨日常用语和法律概念之间的差异,合同条款多以日常术语来表达。多数情况下,合同中权利义务所指向的客体的约定不甚明确。虽则日常术语和法律概念有一定程度的契合之处,但日常术语并不等同于法律概念。村民所界定的合同条款多以日常术语构成,并且这种日常术语所蕴含的含义为大家所熟知,但却不符合法律概念的精准要求。一旦双方当事人之间发生纠纷,就会出现依法裁判的结果与村庄习惯做法的结果相悖的尴尬。合同原则的制度依据是法律的强制性和权威性。既然签订合同的主体和合同的条款没有违反法律的强制性规定,那么合同就受到法律的保护,双方应该严格遵循合同条款对双方当事人权利义务的界定。一旦有一方当事人违反了约定,就必须承担相应的民事责任。

比如在"买房搭地"的买卖合同中,"地"所指为何? 合同条款一般只列举了计税耕地的面积大小及地理方位,并没有界定"地"的具体范畴。而土地的范畴非常广泛,既包括耕地、宅基地、也包括自留地、荒地等。虽在村庄语境下,大家熟知"地"的具体所指,但却可能不符合法律概念的精准要求。一旦一方援引合同规则主张地权,就会出现依法裁判的结果与村庄习惯做法相悖的尴尬。② 但在法治主义的逻辑和法治社会的理念之下,相关当事人的主张具有合法性基础,合同规则成为地权主张中举足轻重的依据之一。

内化规则(internalised rules)是伸张地权的第四个依据。制度经济学认

---

① 费孝通:《乡土中国 生育制度》,北京大学出版社1998年版,第10页。在改革开放的持续冲击下,中国农村在经济、文化、社会交往等方面也发生了巨大变化,农村演变为"半熟人社会",村民之间的交往模式依然与陌生人之间的交往模式具有较大差异。参见贺雪峰:《新乡土中国》,广西师范大学2003年版,第1—4页。

② 2012年为期一个月的暑期调研中,湖北金村派出法庭的李庭长对于"搭地买房"的纠纷,一般通过不予立案的方式进行司法回应。认为,处理案件的结果不仅要符合法律,还要符合村里一般人的价值判断。

为,内化规则是人们通过习惯、教育和经验习得的规则,它既是个人偏好也是约束性规则。它"使人们免受本能的、短视的机会主义之害,并常常减少人们的协调成本和冲突"①。违反内化规则的人,不会受到有组织的惩罚,会受到自发进行的惩罚,即承受一定的心理代价。长期渐进的村庄生活,村民之间的交往并不是"终局博弈"(end game),村民会认可并服从一些内化规则。村落俗语生动地诠释了大家曾经公认的土地权属关系,比如"上田下砍、原田原界"。从方位上判断,上面田地的承包经营权人行使下方位田埂的砍柴权,并进一步延伸至对该田埂行使类似承包地的承包经营权。当存在村庄共识、村庄内的社会关系网络稳定,且能有效地约束违反内化规则的人的行为时,一致行动和地权共识就容易达成,地权冲突也较少。这是因为"在流动性极低的乡村社会,再强势的个人也无法承担完全被孤立的社会成本"②。村民会自觉遵守"上田下砍"等类似的内化规则。

不同类型的村庄,都有被村庄大多数人接受并践行的"习惯"或"传统"。在人情礼俗的熟人社会中,村民遵循乡土逻辑。陈柏峰将乡土逻辑总结为四个方面③,其中村落社会中的"情面原则"及"自己活别人也活""不走极端原则"表明了,在纷繁复杂的村落社会关系网络中,村民之间的交往有明确的预期。在这种情况下,即使发生纠纷,因其有多数人遵循的"习惯",纠纷也易于解决。大多数人遵循的"习惯",实则是长期的村落交往中,内化于心的行为规则。这种行为规则不仅规范自我的行为,对他人的行为也具有同样的指导作用。当村庄社会网络不稳定、个体不在乎共同体内的负面评价时,村庄共识面临瓦解的危险,纠纷将增多。村庄秩序变迁的背景下,

---

① 〔德〕柯武刚、史漫飞:《制度经济学——社会秩序与公共政策》,韩朝华译,商务印书馆2008年版,第123页。
② 申静、王汉生:《集体产权在中国乡村生活中的实践逻辑——社会学视角下的产权建构过程》,载《社会学研究》2005年第1期。
③ 陈柏峰:《乡村江湖——两湖平原混混研究》,中国政法大学出版社2011年版,第7页。陈柏峰认为乡土逻辑主要有四个层面:一是熟人之间的人际交往必因日常互让、长期互惠,讲人情、顾面子的"情面原则";二是情面原则衍生出的,在村庄生活中不认死理、"自己活别人也活"的"不走极端原则";三是情面原则衍生出的,可以歧视陌生人,漠视陌生人利益的"歧视原则";四是情面原则衍生出的,眷恋乡土家园,将个人荣辱与乡土家园系于一体的"乡情原则"。

乡土逻辑也发生变化,内化规则遭遇危机。特别是在农地非农使用,土地增值收益激增的背景下,地权纠纷会集中爆发,违反内化规则的人会援引其他规则积极"维权",而相对方也会以内化规则进行博弈。

第三节 地权共识与多元规则的博弈

一、构建地权共识

依据村庄历史传承的经验,村民在重复的互动中,建立起对他人未来行为的预期,同时以"习得"的经验和习惯做法规范自己的行为,长此以往,村民之间形成稳定的共同预期。这种共同的预期既包括对某一规则的认同,亦包括对某一观念和信念的认可。[①] 共同预期一旦形成,就会引导个体形成稳定的行为模式。以共同规则和共同信念为支撑的个体行为,不会偏离他人的预期,个体不"逾矩",村民之间的纠纷就较少。具体而言,地权共识的"习得"与内化需要具备以下三个因素。

首先,是国家制度的稳定性和延续性。中国区域发展差异较大。南方宗族性地区,内生性规范和内生秩序具有深厚的社会基础和文化心理支撑,较少受到国家正式制度的影响。但"国家政权建设"成为了乡村社会变迁的基本动因,国家意识形态和相关制度的推进效果显著,不仅改变了中部"原子化"[②]地区的乡村社会结构,同时,也影响了宗族性地区的基层治理状况。在国家意识形态和市场经济的双重洗刷下,区域内生的秩序和规范难以有效整合各种利益诉求和利益表达,土地制度和土地政策的稳定性和延续性直接影响社区内部达成地权共识的有效性和可执行性。土地制度和政策的稳定性和延续性不仅仅只是文字性的规定,更为关键的是保证土地制度背

---

① 肖特认为个体之间的稳定预期会形成稳定的行为模式,从而形成"制度"。参见〔美〕安德鲁·肖特:《社会制度的经济理论》,陆铭、陈钊译,上海财经大学出版社 2003 年版,第 15—18 页。
② 参见贺雪峰:《什么农村 什么问题》,法律出版社 2008 年版,第 119—124 页。

后的价值理念一脉相承。新中国成立以来,国家主要通过政治权力分配的方式赋予每个农民土地,实现农民对生存权的诉求。具有"农民"身份的个体具备获得土地的"先赋"权利。一旦国家推行的土地制度背后的价值理念发生改变,必然冲击农民对土地的认知观念,从而破坏地权共识,引发地权纠纷。

土地改革中,依靠政治权力将地主和富农的土地分配给贫下中农和贫农。土地成为农民的私产,农民对农地等生产资料享有完全所有权。大集体时代,土地等生产资料的所有权和经营权收归集体,农民以工分获取基本的生活资料。分田到户之后,农地集体所有的性质没有改变,但农民家庭获得了土地等生产资料的承包经营权。不管是土地革命还是集体所有制的构建,都正确回应了农民对农地的诉求,满足了农民"居有其所""耕者有其田"的基本生存诉求。正是因为土地革命后期,出现的农村阶层的分化,农村出现了"新地主"和"新贫农"的趋势,才促使了对农地私有制的进一步改造。已有的农地法律制度构建和社会主义国家意识形态对农民的影响,塑造了农民对农地权利的想象和期待。

具体来说,这种想象和期待包括两个层面的意思:一是国家和集体有义务保证农民获得基本农田,以保证家计。所以分田到户之后,在制度一再强调尽量保证农地承包关系的稳定之时,实践中各地农地每隔几年的"大调整"和"小调整",国家基本持"默认"的态度。新出生的人口有权利获得一份"口粮田",而已去世或者户籍发生改变的人口有义务将土地归还给村社集体进行统一安排。二是在"迎法下乡"的浪潮中,对于农民之间的地权纠纷,国家政策和法律制度对纠纷的解决能充分体现社会公正和符合农民基本的伦理诉求和生活认知。正是在这个意义上,在"迎法下乡"的浪潮中,农民对"法"的认识是有其地方性和特殊性的。它是一种承载社会历史文化认同和具有实践性特征的"法",而不同于制度文本意义上逻辑自洽的"法"的界定。换言之,地权纠纷和地权冲突的背后,实则是不同农地法律制度的冲突。反思地权纠纷的过程中,需要采取各种措施缓解制度改变之后造成的负效果,为新的地权共识的形成创造良好的宏观法律政策背景。

其次,是村庄具有稳定的交往网络。村民之间频繁的社会交往能凝聚个体意识,形成具有约束力的共同规则和行为范式。因为有长期交往的预期,在与他人的交往中,大家就会"留一份情面""礼让三分",不会将事情做绝,给自己和对方都留后路。"不将事情做绝"的行为逻辑,促使个体不违反社区的共同禁忌和禁止性规定,有利于形成"制度化"的共同规范。即使在某一次交往或者具体事件的处理中,自己"吃亏"了,但一旦放宽视野,将个体的境遇放置于整个村庄的时空背景下进行权衡,则个体会忍受一时之亏,接受社会网络中长时段的生产、生活的平衡关系。"礼并不是靠一个外在的权力来推行的,而是从教化中养成了个人的敬畏之感,使人服膺;人服礼是主动的。"[①]现代社会虽则不同于费孝通描述的"礼治社会",但稳定的社区交往中,村民依然会倾向于遵守"传统习惯"。消费主义文化、市场经济理念及国家意识形态的持续影响下,"乡土性"及"乡土逻辑"的社会状态逐渐成为愈行愈远的一个模糊身影。就学术研究的角度而言,其只能作为一种理想类型,成为阐释变迁的一个参照系。在现代性的持续影响下,村庄稳定的社会网络遭遇了诸多挑战。

市场经济和消费主义文化的影响,削弱了村落社区的亲密联合性。市场强调竞争和获取高额利润,以"理性经济人"的假设推测市场主体的行为。消费主义文化以对物的占有和追求享乐主义为特征,为消费而消费,物质享受和个人满足成为生活的目的和意义。在市场经济和消费主义文化的双重冲击下,人与人之间的关系,不以"人情"为处理依据,物质攀比和"利益"成为人与人交往的主要纽带。以"利益"和"物质"为核心价值的行为逻辑主要包含三个层面:一是行为主体客观化,交易主体不因陌生人或"熟人"的差异,改变行为模式。行为主体不会因为"顾面子"或有长期预期而放弃应得的利益。二是行为主体不接受道德的"审判"。"理性经济人"以利益为行为起点,是市场经济得以顺利运行的关键。此时,在不违反法律的前提下,最大化实现个体的利益诉求,被认为是无可非议的事情,不能因为弱者被淘

---

① 费孝通:《乡土中国 生育制度》,北京大学出版社1998年版,第51页。

汰而谴责强者的行为不适当。三是享乐主义成为新的道德观。个人享乐成为消费时代的主导因素,人与人之间的关系疏离化,呈现"原子化"生态模式。此时,"人情"取向的行动规律不复存在,村落社区稳定交往网络受到重创。

随着农地改革成为改造农村和发展农村的重要支点,它也关乎城市化、工业化和现代化的成败。在不断推进农地制度改革的进程中,在法治理性主义、个人权利话语的裹挟下,国家想要以渐进的方式构建以个人权利为本位的农地权利体系,不仅仅是延长农地的承包期限,限制基层组织对农地的调整;而且不断充实农地承包经营权的各项权能,虚化和模糊农地的集体所有形态,以实现农地的市场化配置,使农地制度改革成为中国经济增长的又一重要支撑。这种以个人权利为本位的农地法律制度与强调集体共有、公平使用的农地权利观念差异甚大。虽然具体制度的设计强调个人权利为本位的理念,但在主导的意识形态没有发生改变且政治体制延续的条件下,农户会动用所有的资源激活和放大传统的农地想象和认知,从而进一步激化农地纠纷,给村落社区稳定造成极大冲击。如何规避市场经济、消费主义文化及制度变迁的负效果所引发的对村落社区稳定的消极影响,成为地权共识建构必须面对的第二个问题。

最后,是村民践行地权规范。"共识"强调不同主体对某一行为规范的认可和遵守。在不同规则的竞争和冲突中,具有一定历史文化基础或者具有政治强制力[①]的地权规则获得大多数人的遵从,并进一步在社会生活中被贯彻和强化,从而确立其支配地位。在资源有限且资源日益缺乏的自然条件约束下,理性的个体总希望获得更多的利益,被大多数人遵从的土地权属规则不可能满足所有人的利益诉求。齐美尔认为,社会是一个统一体,纠纷是对双方当事人相互分散的分极化行为的匡正运动,纠纷不会成为社会的

---

① 土地改革期间,"打土豪、分田地"的举措、大集体时代的土地使用模式以及改革开放之后以人口为依据确定户均田亩的家庭联产承包责任制的有效践行,都是以国家强制力为后盾,当然这并不是否认这些制度的合法性基础。

消极因素,反而是构成社会统一体所不可缺少的积极要素。① 地权纠纷发生之后,如果村民能够有效践行被大多数人遵从的地权规则,有效矫正过错一方的行为,施以一定的惩罚,以保证行为人不再犯,同时对其他人产生一定的威慑力,则能树立共识性规则的有效性和权威性。而稳定的社区网络是社区惩罚有效实施的基础,离开稳定的社区网络,社区惩罚就缺失了具体的场域和时空条件。②

在任何正常的社会之中,纠纷和冲突都不可避免。达成地权共识并不表明没有纠纷和冲突。地权共识的有效运作表明社区内的纠纷是可控的,个体行为是可以预期的。人们即使基于私利而援引不同的规则,亦不会出现规则混乱,纠纷难以解决的困境。稳定的社区网络,并不仅仅存在一种或两种地权规则,不管是生存权规则、投资规则抑或内化规则,在任何村落社区都有践行的空间和土壤。但纠纷可控的关键在于,村落语境下,何种情形适用何种规则,村民有基本一致的观念。基于此,即使发生纠纷之后,在相关主体③的主持和调解下,纠纷会被"公平合理"地解决,且不会影响纠纷主体日后的正常交往。在缺乏有效调解人以及村落社区环境疏离化、村庄社会关联"原子化"的背景下,村民难以有效践行地权规则。培育村落受人尊敬、令人信服的权威充当纠纷的调解人,形塑村落的规范体系和文化象征网络,将有利于促使村民践行地权规则,减少地权纠纷的发生和激化。

国家制度的稳定性和延续性、社区具有稳定的关系网络、村民践行地权

---

① 科塞的"安全阀"理论也很好地诠释了冲突和纠纷对于社会整合的意义。
② 陈锋关于石头村"祖业权"的研究表明,虽然当地农民对于"祖业"的认知并不均质,在程度上也有差异,但他们骨子里关于土地产权的认知都保持了稳定性。所以在高速公路征地中,征地的钱不能分给私人,征地的土地收益应该归家族中所有人共享。集体的建议和主张能获得村民的认可,"祖业权"的地方性共识具有可操作性。参见陈锋:《"祖业权":嵌入乡土社会的地权表达与实践——基于对赣西北宗族性村落的田野考察》,载《南京农业大学学报(社会科学版)》2012年第2期。
③ 调解人的地位相当重要,中国农村发展的不同阶段,充当纠纷调解的主体身份有异,但都有一个基本特征,即具有一定的权威性和威慑力。从"士绅""地方精英"到村组干部。德高望重的调解人对于纠纷的顺利解决极为重要。当前中国农村,除少数宗族性地区外,大多数村落在"干部不像干部""群众不像群众"的发展态势下,具有一定说服力的调解人极为罕见。这种状况的出现并不利于村民有效践行地权规则。

规范是地权共识形成的重要因素。稳定的社区网络为达成地权共识提供社会文化环境,村民的认可和践行是地权共识形成的主体条件和保障,而国家制度的延续性直接影响了新的地权规则形成的可能性。大集体时代,国家通过一系列的制度建构和意识形态的宣扬,确立了村民对于"集体"的社区共识,同时也接受了国家对于社区内土地产权的制度安排,国家权力主导的土地规则成为当时的地权共识。中国共产党十一届三中全会之后,伴随市场经济的发展,人口流动使农民可以摆脱村庄舆论对自己的压力,从而更容易摆脱道德义务和选择交往空间。频繁的社会流动以及各种价值观念的冲击,国家权力主导之下的地权共识瓦解。社会转型时期,由于缺乏以上几个要素,村庄难以形成新的地权共识,地权冲突在所难免。

二、多元规则的博弈

在协商地权的过程中,双方当事人或多方当事人各自援引有利于己的地权规则进行"维权"。当社区存在地权共识的情况下,则主导性规则可以支配附属规则,主导性规则可以有效平息纠纷,维持地权的稳定。任何规则的出现且产生实际作用,必然有其赖以产生的环境因素。如果该规则得以长期存在并具有一定的威慑力,表明它在一定范围内已经具备了稳固的合法性基础。当地权共识瓦解,那么主导性规则就失去发挥作用的时空环境,也就失去了该规则有效性的合法性支撑。在社区整合能力变弱,社区流动性增强,以及利益多元的情况之下,失去合法性支撑的主导性规则当然缺失了"定纷止争"的权威性。在社区共识瓦解的基础下,没有合法性支撑和权威性做庇护的"主导性规则"已经不复存在。社区重新进入规则混乱的局面,各方主体都可以援引有利于己的规则,以维护自己的"权利"诉求。从这个意义上,正是因为地权共识瓦解之下的规则混乱导致了地权纠纷激增。

规则混乱导致地权纠纷激增,表明了不同规则的生成和被援引有其文化基础和结构原因。换言之,并不是任何规则的出现都会导致规则混乱的状态,能促使规则混乱局面的形成,乃是因为被援引的规则在社区语境下或者在国家法律制度框架下有一定的合理性。只有具备一定合理性的规则才能导致规则混乱,从而改变地权稳定的状态,激发地权纠纷。没有任何合理依据的规则在社区内不可能激起某些个人或群体的认可,一旦规则仅仅只是被某一个体援引,而不能获得其他人的认可,则这一规则会被直接淘汰出局。即使是作为策略和手段被援引的规则,也必然要具备一定的社会制度基础,才可能在社区环境内获得一定的认可,从而具备了与其他规则谈判、竞争的资格和能力。正是因为不同的地权规则能够找到各自的理由,从不同角度肢解地权的社区共识,从而导致了规则混乱局面的出现。这些理由既可以来源于对平等和基本生存权的强调,也可以源自个人权利意识的伸张和法治化的制度构建。对于援引不同规则的村民而言,任何有利于实现自己利益诉求的社会文化制度因子都可以为我所用。

另一方面,在农村社会发生分化的背景下,地权的冲突成为阶层冲突的表现之一。中国共产党将农民的需求视作历史前进的动力和方向,在革命路线的选择和政策的实施中,强调从农民的立场出发,从而最终通过"农村包围城市",取得了革命的胜利。政策考量和立法建议都必须充分考虑地权纠纷中,农民的诉求到底是什么?市场经济活动中,由于个人能力、资源和社会关系网络等的差异,农民之间的阶层划分比较明显,不同阶层的农民具有不同的农地诉求,在地权纠纷中,会援引不同的地权规则进行维权和争取利益。就任何一个阶层而言,其所诉诸的地权规则都具有正当性和合理性。各阶层之间基于伸张地权利益的一致性、伸张地权理由的一致性和伸张地权行动的一致性使得阶层内部容易形成一致行动能力,达成地权的阶层共识。正是在这个意义上,地权冲突的实质是阶层冲突。在市场经济条件下,当农村的阶层分化已经成为一种结构性力量时,任何一个阶层的地权诉求都具备制度性的合理基础并拥有支撑其发挥作用的强大话语能力。即使不考虑阶层分化的作用,农民在农地"维权"上的诉求理由都具备一定的社会制度文化基础,进而确认了其主张的合理性和有效性。农民生存权的诉求除了彰显土地关乎生存具有浓厚的道德伦理色彩之外,同样具备法理基础和社会历史文化的认可基础。对于"搭地买房"的买受人来说,一旦有证据证明其本身是农业户口,且在原户籍所在地没有宅基地和耕地,则以农民的身份,有权在中国的任何乡村获得基本的生产资料和生活资料——农地。中国既有关于农民权利和农地法律制度的安排大体遵循这种法律理念,农地法律制度的改进和具体纠纷的解决也应该正确回应这种法律理念。

此外,我国农村土地制度的价值内涵发生的转变,进一步加剧了规则的混乱。随着我国《农村土地承包法》以及《物权法》的颁布和实行,农民对土地享有"长期且稳定的承包经营权",客观上形成了"增人不增地,减人不减地"的土地占有状况。土地制度的价值理念强调农民个体对土地的支配权,异于农民基于身份而获得土地的价值追求,同时也宣告了国家、政府和基层自治组织并无义务解决新出生人口的生存问题。如今,土地制度欲实现一场"翻转的再翻转"①,以重新实现土地资源的市场化配置,但传统的"社会主义"土地观念却不可能在短期内消失,并且,以新的价值理念为支撑的土地权属安排遭遇着因家庭生命周期不同而带来的操作技术难题,进而影响到土地权属界定的合法性基础,刺激了各种地权规则的"恶性竞争"。②

制度的变迁具有一定的超越性。在大多数人观念或意识发生转变之前,为回应不同发展目标的要求,新的制度应运而生,但制度被普遍遵守还需要一定的调适期。因不同发展阶段的政治经济社会目标的差异性,关于土地的新旧制度之间也有差异。从个体利益的角度而言,不同的土地制度会满足不同人群的利益诉求。新旧土地制度之间存在一定的竞争关系。不同制度和价值理念之间的竞争必然反映到土地纷争之中。不同的主体会援引不同的制度,及制度所蕴含的不同的价值理念以及土地规则进行竞争。此时,生存权规则、投资规则、合同规则纷纷登场,结合村庄语境,都具有一定的话语权。特别是在,农村社会内部发生分化的背景下,农民不再是铁板一块的群体。经济收入来源、社会关系网络、社会资本及政治社会地位的差

---

① 吴毅、吴帆:《传统的翻转与再翻转——新区土改中农民土地心态的建构与历史逻辑》,载《开放时代》2010年第3期。
② 臧得顺的研究表明,在确立地权的诸原则中,强力原则逐渐占据主导性地位,由此带来对其他原则的侵犯。并且,随着在土地上谋取私利的乡村精英的出现,强力原则在农村中不断突显,地权冲突越来越多。参见臧得顺:《臧村"关系地权"的实践逻辑——一个地权研究的分析框架的构建》,载《社会学研究》2012年第1期。

异性等,在逐渐形塑不同的农民阶层。农村不同群体援引不同的规则进行竞争,实则是不同阶层之间的竞争。阶层冲突与竞争表现在农村生活的方方面面。就大多数农村而言,土地是农民日常生活中最重要的财产,与土地有关的经济活动成为影响农村社会关系的重要一环,与土地有关的纷争成为乡村纷争的主要表现形式。不同制度的冲突以及不同阶层之间的冲突,在土地纠纷领域,集中表现为不同地权规则之间的竞争。那么,解决土地纠纷中规则混乱的局面,就不应该仅仅只是表面上消灭其他规则的问题,还需要关注不同制度背后的价值理念问题、反思法律规则自身的执行成本及效率问题,特别要关注农村的阶层状态及不同阶层的诉求表达问题。

第四节　法律规则的困境及运行的可能选择

亚里士多德指出"法治应包含两重意义:已成立的法律获得普遍的服从,而大家所服从的法律又应该本身是制订得良好的法律。"①以强制力为后盾的法律具有普遍的约束力,良好的法律被普遍地遵从是法治社会的内在要求。所有人遵守相同的法律规则,实际上宣告了法律的"非人格性"。法律的"非人格性"意味着法律适用对象的普遍性,它"只考虑臣民的共同体以及抽象的行为,而绝不考虑个别的人以及个别的行为。"②法律的存在是在抽象个体之间创造出共同遵守的客观规则,身份关系、亲属关系等被排斥在法律规则之外。在从传统农业社会向现代工业社会转型的过渡阶段,乡村社会发生了巨大的变化,但村民之间的交往依然以血缘和地缘为基础。血缘的远近、交往频率多少和情感上的亲密程度都影响甚至决定了村民之间的权利义务关系。③"在亲情、友谊、手足等亲密关系之间,法律几无存在

---

① [古希腊]亚里士多德:《政治学》,吴寿彭译,商务印书馆1965年版,第199页。
② [法]卢梭:《社会契约论》,何兆武译,商务印书馆2003年版,第46—47页。
③ 杨善华、侯红蕊:《血缘、姻缘、亲缘和利益》,载《宁夏社会科学》1999年第6期。

的余地。"①另一方面,在现代传媒和市场经济的双重冲击下,理性观念全面向农民日常生活渗透,人际关系与经济利益越来越紧密地联系在一起,人际关系越来越理性化,利益成为人们衡量相互关系的重要砝码。这就使得血缘的远近、关系的亲疏、共同利益的大小同时充斥在村民的交往中,村民之间的人际关系具有无限的多样性和复杂性。

一、新地权共识形成的局限条件

人们之间关系的多元性、复杂性进一步弱化了传统权威的有效性,权威趋于减弱并越来越分散。追求权利平等、鼓励自由竞争的法治秩序并不推崇基于身份的保护行为,农民基于"身份"而获得土地的观念受到冲击。生存权的诉求会被指责为是农民想要多获利益的一种策略;而投资原则也被认为不具有合法基础而被漠视;在市场经济的洗刷下,曾被有效执行的内化规则遭到破坏。利益的诱导使得有利于伸张地权的各种规则纷纷登场,服务于不同主体的维权诉求。弗里德曼指出,当习惯的力量减弱、权威受到质疑的时候,对正式法律的需要便应运而生②,法律规则成为主张地权的重要规则。按照法治主义的进路,在国家持续不断的"送法下乡"到农民主动"迎法下乡""以法抗争""依法抗争"的过程中,合同规则将在地权规则竞争中脱颖而出,成为村庄社会生活中新的地权共识。

法治社会是人们所追求的一种理想的社会秩序、理想的社会形态。因此,从长远来看,其他非正式规则与法律规则抗衡的能力将逐渐式微,并最终确立法律规则的主导性地位。以上结论是一个应然层面的问题,强调从"长远来看",社区内会形成关于法律规则的新的地权共识。应然层面关于地权共识的讨论,关注地权共识的理想如何在法律文本和制度文本中呈现出来,即从文本制度的角度规划一个目标。它所追求的是制度文本和法律文本在逻辑上的自洽性,往往容易忽视现实生活的需求和现实生活的复杂

---

① 胡玉鸿:《法治社会与和谐社会能否共存及何以共存》,载《法治研究》2007年第1期。
② 〔美〕劳伦斯·M.弗里德曼:《法治、现代化和司法制度》,载宋冰编:《程序、正义与现代化》,中国政法大学出版社1998年版,第94—157页。

性。权威的式微和分散虽则呼吁法律的治理,但各种规则的式微并不是绝对的。不同规则背后所蕴含的社会制度基础、历史文化观念依然对乡村社会具有一定的影响力,他们与法律规则之间的差异以及法律规则在实施中所存在的问题成为新地权共识形成的"局限条件"。①

首先,非正式规则具有一定的文化基础和习惯性力量。诺斯认为非正式约束来自于社会传递的信息,并且是文化传承的一部分。连续的文化渗透(cultural filter)将解决问题的非正式方式带到了现在。② 作为一种文化传承,非正式规则依赖大脑的学习能力,将各种感性的、态度的、道德的信息转换为可接受的符号,通过代代相传的方式,产生渐进且持续的影响。"上田下砍,原田原界"的土地权属规则虽则缺乏书面的论证和记录,但村民世代遵守的行为印证了其可行性和合理性。另一方面,非正式规则有利于满足一部分人的利益诉求。在市场经济条件下,当农村的阶层分化成为一种结构性力量,不同阶层会援引不同的非正式规则主张土地权益。各阶层内部基于伸张地权利益的一致性、伸张地权理由的一致性和伸张地权行动的一致性使的阶层内部容易形成一致行动能力,达成地权的阶层共识,扩大了各种非正式地权规则的影响力。主体的不断强化以及非正式规则的文化渗透性,使得非正式规则能发挥持续作用。

其次,阶层分化加剧了不同规则之间的竞争态势。阶层分化作为结构性力量的存在,使得地权冲突成为不同阶层之间冲突的重要表现形式。如何缓解不同阶层之间的冲突成为解决地权冲突必须面对的重要问题。农村阶层分化并不是主体有意为之的行为结果,而是伴随着改革开放的延伸化、经营形式的多样化、收入差距的扩大化而出现的。由于个人能力的差异、社会资源的多寡等因素的长期持续影响,村庄内的村民被逐渐"放置"在不同

---

① 张五常认为有效运用经济学理论,先要准确地把有关的局限条件研究、调查、鉴定、简化。参见张五常:《新买桔者言》,中信出版社 2010 年版,第 97—101 页。笔者认为构建制度及践行制度的过程中,洞察制度实施的局限条件是保证目标实现的前提条件。

② 〔美〕道格拉斯·C. 诺思:《制度、制度变迁与经济绩效》,杭行译,韦森审校,格致出版社 2008 年版,第 50—63 页。

的层级结构中。不同阶层的农民拥有不同的利益诉求、社会关系网络、社会资本、政治社会态度,差异化的各种诉求会进一步固化不同阶层之间的结构性关系,使得阶层之间的区隔(distinction)越来越明显。比如,人情交往的差异性可以切断村庄内不同阶层之间的交往,中等收入家庭会被逐渐排斥在高收入家庭之间的人情往来之外。

杨华根据土地、权力、资本和社会关系等资源的占有情况,将其所调研的楚村居民分为富裕阶层、强势阶层、中等阶层、中下阶层和外来阶层五大类。杨华借以分类的标准,在大多数中国农村都是适应的。也就是说,楚村具有类型学上的意义。阶层分化明显的村落,不同阶层之间在村庄诸多事项上存在竞争关系。土地作为村民最大的一笔社会财富,是村民极力争夺的对象。特别是在城镇化道路中,当土地具有阶层分化效应时,"村庄中有些群体是要通过保住现有耕地来保住既有的阶层地位,有些群体则是希望通过获得更多的土地来改善自己的阶层地位,目的不一样,但针对的都是村庄的地权"。① 正是在这样的背景下,不同阶层援引不同规则表达权益,地权的社区共识被逐渐瓦解,地权纠纷突显,呈现规则混乱的局面。关于土地权益的主张中,难以形成地权共识没有一个大多数人认可的地权规则可以主导纠纷的解决。阶层分化与阶层冲突成为共识性规则难以确立的主要约束条件。

再次,法律规则的有效执行需要支付一定的成本。不仅法律、法令的宣传需要成本,更重要的是裁判的执行需要动用国家强制力,"而维持这一裁判的持久效果还要防止可能的、潜在的反抗。"② 国家支付必要的成本仅是法律治理的基本条件,多数农民是否倾向于援引法律维权成为另外一个值得考量的因子。尽管求助于法律是最具合法性的救济举措,但在地权纠纷

---

① 从不同的分类标准出发,农民的分化有一定的差异。本书第三章"地权诉求的实践"中,笔者将一般农业型地区的农民,划分为精英阶层、中农阶层、半工半农阶层和中下阶层。从经济实力和社会关系网络角度,富裕阶层和强势阶层属于精英阶层,中农阶层和半工半农阶层属于中等阶层。分类的差异,并不影响文章的分析。

② 强世功:《法制与治理——国家转型中的法律》,中国政法大学出版社2003年版,第69页。

中,农民一般不选择诉讼。权利的实现是需要成本的①,法律维权需要耗费大量的资金和社会资源。一旦遭遇到基层司法部门不公正的运行环境,不仅利益难以保障,还面临赔钱的风险。即使获得了公正有利的判决,但"执行难"的问题也足以让农民望而却步。

最后,执行法律规则存在一定的负外部性效果。法律的有效运行以国家强制力为后盾。在耶林看来,没有强制力的法律就像"一把不燃烧的火,一缕不发亮的光"②。法律的强制性和约束力有利于规范社会关系,协调利益之争。同时,法律的他律性及其对强力的过于依赖也是一把"双刃剑",司法的刚性解决方式可能衍生出很多的问题。正如庞德所说:"一个法院能使一个原告重获一方土地,但是他不能重新获得荣誉……法院能强制一个人履行一项转让的土地契约,但是他不能强制恢复一个人因个人秘密被严重侵犯的人的精神安宁。"③与陌生人之间的交往不同,乡村社会的交往并不是"终局博弈",乡村社会的人际交往具有持续性和蔓延性。判决执行之后,可能造成当事人之间关系紧张,亲属关系破灭。④ 法律虽然以解决纠纷为直接目的,但其追求稳定秩序的同时,也追求最大多数人的最大幸福。僵化、教条的法治形态不仅不能获得村民的自觉遵守,也将导致糟糕的社会效果。

二、法律规则运行的可能选择

法律规则在乡村社会获得合法性认可及被普遍遵守,成为新的地权共识,有赖于准确把握法律践行的"局限条件"。在此基础上,塑造村民的法律

---

① 参见〔美〕史蒂芬·霍尔姆斯:《权利的成本:为什么自由依赖于税》,毕竞悦译,北京大学出版社 2011 年版。
② Jhering, The Sturggle for Law, trans. J. Lalor(Chicage,1915), pp.8—9,转引自〔美〕E·博登海默:《法理学——法律哲学与法律方法》,邓正来译,中国政法大学出版社 2004 年版,第 135 页。
③ 〔美〕罗斯科·庞德:《通过法律的社会控制》,沈宗灵译,商务印书馆 2010 年版,第 32 页。
④ 陈柏峰讲述了一个兄弟二人因耕种土地发生赡养纠纷,判决之后,哥哥与弟弟、父亲形同陌路。哥哥每个月将米和钱送到法庭,再由法庭送回村里给父亲,这种状况一直维持到父亲去世。参见陈柏峰、董磊明:《法理论还是法治论——当代中国乡村司法的理论建构》,载《法学研究》2010 年第 5 期。

意识,引导村民自觉遵守法律。法律规则有效运行应在充分意识到文化基础和习惯性力量的影响下,疏通救济渠道,发挥和解、调解、诉讼、行政裁决等多元救济方式的作用。同时,司法机关需要从制度上不断完善,通过公平合理的诉讼程序和判决的有效执行,宣扬法治的精神;通过"诱致性变迁"的方式确立新的地权共识。当法律规则与内化规则出现明显冲突,且不符合乡村社会的习惯性期待时,应充分尊重内化规则的效力,通过妥协、合作等方式,在宣示法律规则的同时,作出符合大多数村民利益期待的合理公平的纠纷解决措施。具体而言,应从以下几个方面探求法律规则有效运行的可能途径。

第一,尊重不同地权规则背后的合理价值诉求。被不同人援引的非正式地权规则都有一定的制度基础和文化因素作为支撑,在渐进的演化过程中,通过"千百万次微小的反叛",获得了一定的话语权。这就要求法律规则的制定,必须充分尊重这些享有话语权的非正式地权规则。实践中,一些非正式地权规则可以弥补正式规则的僵硬和刚性之处。"有意识制定的、立法通过的规则,以及由政治过程决定的制度的整个架构,都必须以内在制度为基础。"①基于此,与地权纠纷相关的法律规则的制定应以不断演化的非正式地权规则为基础,合理界定土地权属利益边界,完善地权纠纷的法律体系。

第二,重塑村落社区的阶层结构。随着村庄阶层分化的逐渐成型及其固化,村落中的行动主体不再是个体或家庭,阶层成为村落社会的行动主体。阶层关系结构将塑造村庄社会结构,并进一步影响村庄政治经济社会秩序状况。而以阶层分化为基础形成的村庄政治经济社会状况反过来会进一步加剧各阶层之间的区隔。土地作为农村的主要生产资料,是普通农民的最大资产。随着土地增值收益的日益增加,农民对土地价值的想象也与日俱增,此时,村民之间"寸土必争、寸土不让"的行为极其普遍。阶层关系结

---

① 〔德〕柯武刚、史漫飞:《制度经济学——社会秩序与公共政策》,韩朝华译,商务印书馆2008年版,第122页。

构复杂,各阶层之间竞争激烈,此时深嵌在阶层结构中的地权冲突必然也随之激化,难以有效平息。那么,如何重塑村落社区的阶层结构就成为有效治理地权纠纷的重要一环。

在关于中国社会结构转型的研究中,学界界定了城市新中间阶层。认为中间阶层具有一定的政治社会功能。这部分人分布于竞争性较强、具有特定社会影响力的职业中。他们在职业收入、声望、教育等社会资源的分配中处于社会中等水平。由于他们在社会分层结构中处于中间状态,能够缓和上下阶层之间的矛盾,具有安全阀的功能。[1] 在农村社会结构中,中农阶层具有完全不同于其他社会阶层的社会禀赋:中农阶层具有整合农村各阶层的价值;中农阶层是作为党和国家政权在农村当仁不让的基层基础;中农阶层是小农村社经营的主体。就村落日常生活而言,中农维系村社道德、斥责不良行为、调解农户纠纷,而且还是农村基础设施建设的积极倡导者和践行者。[2] 在这个意义上,重塑村庄阶层结构,就必须要培育村庄的中农阶层。这既需要土地制度的引导作用,还需要其他配套制度的推动作用。在此基础上,树立中农阶层援引合同规则和其他法律规则解决村落纠纷,包括地权纠纷。

第三,完善法律体系,充分发挥法律制度的功能。我国已基本建立了关于土地权属的必要规范,在《物权法》《土地管理法》《农村土地承包法》等基本法律中对地权纠纷的司法解决途径进行了系统的规定。农村虽则也出现了"以法抗争"伸张地权的具体事例,但整体而言,诉讼的利用率很低,法律规则难以有效发挥作用。为了彰显法律规则对于解决地权纠纷的良好社会效果,在现行制度框架内,应尽可能降低法律救济的运行成本,降低农民诉讼的支出成本。从程序上而言,严格的程序主义并不适应乡村社会的纠纷处理模式,可能也难以实现公正的社会效果,应简化地权纠纷的诉讼程序,

---

[1] 张宛丽:《对现阶段中国中间阶层的初步研究》,载《江苏社会科学》2002年第4期。
[2] 杨华:《"中农"阶层:当前农村社会的中间阶层——"中国隐性农业革命"的社会学命题》,载《开放时代》2012年第3期。

更注重追求实质正义。

第四,重新定位基层司法部门,鼓励作出"适合的判决"。乡村社会依赖基层司法机关的行为对诉讼制度和法律制度进行评价,并以此为依据展望未来的法律制度。法律规则是否能有效发挥作用,与基层司法机关的司法行为密切相关。基层司法机关既掌握抽象的法律知识,同时亦了解乡村社会生活的复杂性和延伸性。他们直接介入地权纠纷,是纠纷的主要裁判者。基层司法人员如果能在充分了解纠纷背后的深层次原因的基础上,合理援引法律规则,作出"适合的判决",那么,他们的司法行为将直接影响乡村社会的"诉讼意识",起到弘扬法律、保障权益的积极作用。另外,法院的程序性、形式化管理日趋严重,按月来衡量结案率。但乡村社会的生活节奏和生活方式主要以农闲、农忙进行区分。即使打工经济日益兴盛,与土地相关的纠纷依然有季节性。比如农忙期间,虽则容易爆发纠纷,但当事人并没有时间进行诉讼,农闲时分基层司法将忙于处理纠纷。因此,从适应乡村社会的生活节奏的角度,法院系统内部衡量基层法院工作效率和工作方式的模式应作出一定的改变。

第五,综合利用多元纠纷解决机制。"多元纠纷解决机制是指在一个社会中多样的纠纷解决方式(包括诉讼与非诉讼两大类型)以其特定的功能相互协调、共同存在,所构成的一种满足社会主体多种需求的程序体系和动态调整系统。"[1]农村地权纠纷种类,各具特点,为了更好地解决地权纠纷,应对各种纠纷解决方式的功能进行整合,以合适的方式处理不同类型的土地纠纷,切实保障农民的土地权益。比如,地界纠纷、土地承包纠纷、土地征用纠纷等,涉及的法律关系、适用的法律规则均不相同。优化利用不同的纠纷解决方式,并不是扩大非正式规则的适用范围,而是通过不同的途径合理利用法律规则。和解中,主持纠纷解决的一方利用法律规则的威慑性,作出合适的处理方案;诉讼和仲裁中,在考虑乡规民约的基础上,可以直接援引法律规则作出裁决。从而形成在不同的纠纷解决途径中,法律规则都能被灵

---

[1] 范愉:《纠纷解决的理论与实践》,清华大学出版社2007年版,第221页。

活运用,乡村社会逐渐进入自觉遵守法律、利用法律,树立正确的法律意识和诉讼观的法治进程。

第五节　土地权利与地权纠纷

作为实然层面的法律社会学研究,强调通过对经验生活的阐释和理解,在呈现具体社会事实和社会状况的基础上,首先解决"是什么""怎么样"的问题。弄清楚事物背后的结构性因素和运作机理,再进一步追问"该如何做"。与应然层面的研究相比,实然层面的研究注意到了社会生活的复杂性和多层次性,并运用丰富的经验材料努力呈现"价值中立"的客观事实,基于对"客观事实"的认知,提出"价值无涉"的理论研究观点和政策指导建议。但实然层面的法律社会学研究在对纷繁复杂的经验材料进行归纳总结之后,在回答应该如何行为时,同样陷入应然层面思考问题的逻辑套路里。因为,从方法论的角度来看,仅仅从"是什么""怎么样"并不能当然推论出"应该怎么做"的结论。就地权纠纷的研究而言,实然层面的研究能呈现纠纷的具体形态以及纠纷背后的机理,当要回到如何化解纠纷时,实则是回答"应该如何做"的问题。提出解决方案时,就容易陷入法条主义的框架,进行文本上的论证。两种研究方法虽则有其缺陷,但不代表两者不具备研究方法上的可行性和合理性。

地权纠纷的研究中,要从理论上和制度进路上追寻一个能有效平息纠纷维护社会稳定的制度构想,就必须要求有应然层面的认识,也要描述和阐释复杂的经验材料,厘清纠纷是什么、如何产生的、纠纷背后的机理是什么。这是能真正化解纠纷、构建和谐社会的前提性工作,而这就必然要求有实然层面的研究。但仅仅只有这两者还不够,还必须实现两者之间的有效对接,形成"走向从实践出发的社会科学""要求从实践的认识出发,进而提高到理论概念"。① 通过经验研究呈现地权纠纷的机理、纠纷背后的社会制度基础及这种机理和制度基础对纠纷主体的意义何在,他们又如何建构了对社会的期待和想象,并进一步从国家政策和法律制度上对这种期待和想象进行正确的回应。应然层面,法律规则是处理纠纷的必然选择,但如何探求法律规则成为新地权共识的可能途径,必须借助于实然层面的研究。通过对地权纠纷背后的各种价值诉求的分析和理解,厘清地权纠纷的社会基础,以此为依据,探求新地权共识形成的可能途径。唯有如此,才能在明确地权共识对于地权纠纷重要意义的前提下,最终实现法律规则成为新地权共识的法治目标。

一、地权冲突的根源在于村落共识的瓦解

国家转型期间,在市场经济和消费主义文化的双重洗刷下,传统的村落社区遭遇到经济理性、物质享受、多元文化等各方面的影响。费孝通先生笔下曾经的"乡土中国"已渐行渐远,村民的价值观念、政治社会态度、利益取向等都发生了极大的变化。对于发生在村庄内部的涉及个人利益的事项,村民之间难以形成共同的预期,因缺失共同预期、共同观念,村民的一致行动能力弱小,极易发生纠纷。伴随土地价值的不断攀升,因争夺土地利益滋生的纠纷也日益增多。由于缺乏社区共识,地权纠纷难以有效解决,村庄内部上演了各种因土地纠纷而展开的争夺。不同主体援引不同的原则进行土地权益的争夺,土地纠纷似乎成为影响乡村社会稳定的一个重要因子。

共识瓦解,则容易产生纠纷,且纠纷不容易被消解。在以经济效益衡量社会发展的主要参考标准的时代背景下,村落社区共识的重构并不简单。社区共识的形成有赖于浓厚的社会文化语境,有赖于行为主体对他人行为的合理预期,以及在不断重复的互动中,不同行为主体的预期能如期实现。

---

① 〔美〕黄宗智:《认识中国——走向实践出发的社会科学》,载《中国社会科学》2005年第1期。

特别是随着农村阶层关系在农村政治社会生活中处于越来越重要的地位,不同阶层代替农民个体和家庭成为村庄的行动主体。阶层之间的差异性诉求和价值观念等进一步瓦解了社区共识,社区共识缺失了赖以存在的政治社会文化因素。基于此,需要从阶层关系的视角进一步深化对社区共识的理解,从而建构有利于解决地权冲突的社会结构,培育法律规则成为解决地权冲突的共识性规则。

利益博弈时代,冲突和纠纷在所难免。经济利益的考量引导村民的"理性务实"行为。地权冲突中,不同主体从各自利益诉求出发,援引生存权原则、投资原则等不同原则进行维权,追求个体或家庭利益的最大化。从理性经济人的立场出发,因利益而争夺,不无道理。关键是如何引导利益的合理表达及达成大多数人认可的纠纷解决机制。当阶层之间差异化的利益诉求、政治社会态度等逐步瓦解社区共识时,中农阶层因其独特的社会禀赋而享有成为村庄发展中坚力量的属性和特征。[①] 重视中农对于土地的利益诉求,作为法律制度受惠者的中农阶层,将援引法律规则解决纠纷。此时,即使不能达成所有人都认可的村庄共识,但可以建构获得村庄结构性力量的支撑,这将有利于形成新的地权共识。

二、法律规则将成为新的地权共识

不管是"送法下乡"还是"迎法下乡",法治社会语境下,法律规则逐渐被村民援引,以维护自己的权益。法律规则的扩大化使用,虽则遭遇到一定的局限条件和限制因素,但"建设社会主义法治国家"的理念及实践将推动法律规则的普遍适用。特别是相对于传统村落社会"熟人社会"及人情原则的行为逻辑,已经成为"半熟人社会"的村落社区,村民之间以利益为导向进

---

① 杨华将中农的社会禀赋概括为以下几个方面:中农阶层的主要利益关系在土地上,主要社会关系在农村里;中农阶层的经济收入在中等水平,生活较为悠闲,闲暇时间充分;中农阶层在村时间最长,对农村事务和地方性规范最为熟稔;中农阶层拥有质量较高的社区关系与超社区关系;中农阶层是当前农村政策和土地制度安排的既得利益者。参见杨华:《"中农"阶层:当前农村社会的中间阶层——"中国隐性农业革命"的社会学命题》,载《开放时代》2012年第3期。

行社会交往,越来越类似陌生人之间的交往模式。在一定意义上,法律在乡村社会的践行,回归到法律是解决陌生人之间关系的本源。另外,制度建构的持续作用也不容忽视,文化基础和习惯性力量将随着新制度的接受程度及既得利益者对新规则的支持而逐渐被改变,从而在此基础上建构新的行为规则和行为模式。

同时,在新的行为模式和行为规则确立之前,规则之间的竞争将异常激烈。只有经过残酷竞争依然胜出的规则才具有顽强的生命力,从而有效解决不同类型的纷争。法律规则的胜出,同样需要经历不同规则混乱的情景。特别是在阶层分化的背景下,村庄行为主体不再是个体或家庭,而是在不同家庭无意识"联合"下形成的"阶层主体"。此时,不同阶层援引的不同规则,将对法律规则造成极大的冲击。中下阶层的生存权规则,甚至是少数强势阶层的强力原则也能打乱法律规则运行的实践逻辑。当然,中农阶层作为既有法律制度的获益者,将援引法律规则壮大自身的经济实力,并逐步引导村庄舆论,建构适应法律规则成长的村庄文化基础和社会语境。

法律规则作为新的共识性规则,还必须从法律制度本身着手,既要降低法律运行的成本,同时还需要发展契合村落实践的司法逻辑和执法逻辑。既不唯法律而法律,也不在法律应该出现的领域丧失了法律的主体性。法律规则是中立的,从理论上说,任何主体都可援引法律进行维权。但实践中,不同主体是否援引很大程度上取决于付出的成本及可能的收益。因此,司法环境与执法环境的改善就迫在眉睫。由于乡村社会环境与法律自由生长的城市环境的差异性,乡村司法、执法的改善需要立足于乡土本身,而不能以城市发展作为考量的因素。陈柏峰断言,综合考量乡村社会变迁及其所受到的结构性约束,"双二元结构"(法治与治理)形态可以呼应乡村社会的司法需求,回应乡村纠纷的延伸性和非适法性,适应中国乡村的经济基础。因此,在很长时间内,乡村司法应当在形式法治化和治理化之间保持某种平衡。[1] 通过回应乡村社会的现实需求,司法部门作出"适合的判决",而

---

[1] 陈柏峰、董磊明:《法理论还是法治论——当代中国乡村司法的理论建构》,载《法学研究》2010年第5期。

执法部门在此基础上,进行有效率的执法。最终,既重视法律规则运行的乡村社会环境,同时又从乡村社会环境出发,进行有针对性和回应型的司法、执法体系的建构,助推法律规则成为新的共识性规则,解决乡村社会的各种纷争,包括地权纠纷。

第五章 地权市场的实践

第一节 已有研究及问题意识

土地作为重要的生产资料,是家庭与社会财富的集中体现,是各方行为主体竞相争夺的资源。经济社会的发展会推动地权市场的繁荣,市场会引导稀缺性资源的流向,实现资源效益的最大化。如何通过引导地权市场的发展助推经济社会改革目标的实现是当代中国发展中必须面对的一个重要问题。特别是在改革发展的转型时期,地权市场与不同因素的互构,使得地权市场的发展日趋复杂化。如何在城乡二元体制的约束条件下探讨地权市场的发展问题?如何厘清产权问题在地权市场发展中的位置?如何正视农民的权益及农民行为模式对地权市场的影响?基于地权市场在中国经济社会发展中的重要作用及其发展面临的复杂的态势,学界形成了一系列关于地权市场研究的成果。这些成果构成了笔者研究的基础。具体而言,已有研究主要体现在以下三个方面。

第一,阐释传统时代地权市场的发展,为现阶段地权市场的走向提供可以借鉴的历史依据。研究者通过对原始契约文书的研究,对传统时代的地权市场发展进行了解释性研究,明晰了传统时代地权市场的繁荣、地权层次的丰富性以及地权交易的多样化,对地权市场在传统经济社会中的经济价值和社会价值给予了充分的肯定。关于传统时代地权市场的研究,代表性作品有方行、龙登高、杨国桢等人的研究。方行的研究分析了农村土地产权交易的不同层次,论证了土地产权交易具有平衡社会中的积累与消费的作用;龙登高不仅分析了不同类型的地权交易形式和地权交易的复杂性,同时还论证近世中国地权具有的多层次的权益与功能。①

第二,通过对当代土地市场存在的问题分析,提出相应的政策建议。这个方面的研究构成了目前地权市场研究的主流,不同学科的学者从不同角度出发,探求推动地权市场繁荣的政策建议。虽则研究角度和研究方法有差异,但给出的政策建议具有相通性,主张完善产权制度,通过增强农村建设用地流动性,实现资源配置的最优化和利益分配的合理化。曲福田、郑振源等人的研究表明现行土地市场中的利益分配格局损害了农民的利益,应该确保土地产权的安全性和可转让性,改变土地征用制度,推动农村土地市场的发展。② 程世勇的研究认为不同流转模式下农民经济利益的等价性是土地资产性权能完善的标志,城乡分割的二元地权市场导致大量农村建设用地不能得到合理利用,应当通过地权市场和要素组合的多样化实现农村建设用地经营性权能的统一。③

第三,以实证调研为基础,剖析处于村庄社会结构、非正式制度等结构

---

① 参见方行:《中国封建社会的土地市场》,载《中国经济史研究》2001年第2期;《清代前期的土地产权交易》,载《中国经济史研究》2009年第2期;龙登高:《11—19世纪中国地权市场分析》,载《中国农史》1997年第3期;《近世中国农地产权的多重权能》,载《中国经济史研究》2010年第4期(龙登高、任志强、赵亮三人合作作品);《地权市场与资源配置》,福建人民出版社2012年版;杨国桢:《明清土地契约文书研究》,载《学术月刊》2013年第7期。

② 曲福田、冯淑仪、俞红:《土地价格及分配关系与农地非农化经济机制研究——以经济发达地区为例》,载《中国农村经济》2001年第12期;郑振源:《建立开放、竞争、城乡统一而有序的土地市场》,载《中国土地科学》2012年第2期。

③ 程世勇、李伟群:《城市化进程中农村建设用地地权交易绩效分析》,载《特色社会主义研究》2009年第4期。

性因素影响之下的地权市场的发展。研究者立足共同体内部发展环境,同时对比不同经济发展区域差异化的地权市场发展态势,强调对农业规模化、产权明晰化及城乡二元地权市场等问题进行在地化理解,从而避免在不进行任何区别的情况下,急促推动地权市场的全面放开。也就是说,应该在注重村庄经济社会发展处境及区域差异发展模式下,把握地权市场发展的差异性,谨慎推动地权市场的快速发展。

以上三个方面虽然不能囊括学界关于地权市场研究的所有面向[①],但构成了学界研究的主体。已有研究有助于笔者厘清地权市场的基本问题,丰富笔者对该问题的思考。特别是关于传统时代地权市场的研究以及从村庄的角度理解地权市场的发展拓宽了笔者关于地权市场的视阈。但已有研究存在以下问题:首先,传统时代地权市场的分析虽然以丰富的史料为基础,对于理解传统中国经济社会的发展大有裨益,但未能有针对性地回应当代地权发展中的诸多问题。[②] 其次,通过对地权市场发展现状的分析,提出具体的对策建议的研究虽则致力于回应地权发展的现实问题,但既有研究未能深入理解地权市场的实践过程,缺乏对中国土地属性的准确把握,导致具体的对策建议难以付诸实践。最后,从村庄场域出发,反思地权市场发展的研究,虽则具备微观视角,但未能充分考量宏观因素,比如制度变迁、政府行为等对地权市场发展的影响。

中国地权市场的发展,处于中国传统地权市场发展的延续阶段,一方面,传统时代地权市场与经济社会之间的互动关系,将有助于分析当代中国

---

① 也有学者从土地细碎化、土地政策、农民行为等角度考察地权市场的发展。参见王兴稳、钟莆宁:《土地细碎化与农用地流转市场》,载《中国农村观察》2008年4月;张静:《新中国成立初期乡村地权交易中的农户行为分析》,载《中国经济史研究》2012年第2期;丁萌萌:《民国时期土地政策变化对地权市场的影响——以江浙农村为例》,载《北京社会科学》2013年第6期。研究者虽然以传统时代及改革开放以前的土地市场为分析对象,但问题意识而立足于当代的地权市场。

② 从学术研究的角度来说,每个研究致力于解决某个核心问题,深入的研究难以追求面面俱到。传统中国地权市场的研究核心在于回答传统时代地权市场的发展状况及其对当时经济社会有怎样的影响。就这一核心主题而言,已有研究体现了丰富的学术价值。从笔者的研究角度出发,苛求传统时代地权市场的研究有针对性地回应现实问题,超越了传统时代地权市场研究的目的,但研究的推进需要借鉴不同领域不同角度的研究成果。从笔者的研究角度阐释已有研究的不足之处,并不会消解已有研究作出的巨大贡献和学术价值。

地权市场发展的处境;另一方面,中国地权市场的发展,受制于中国社会经济发展目标的引导。改革转型期间,中国社会在全球范围内所处的结构性位置、中国土地资源的属性、制度机制及地权市场的村庄社会网络等因素,将制约并形塑中国地权市场发展的走向。理解地权市场,必须在宏观背景之下,把握地权市场的实践逻辑。地权市场有怎样的实践逻辑?围绕这一问题意识,要进一步追问地权市场的发展受制于哪些因素的影响?已有研究多次强调的产权明晰到底如何界定?地权市场如何达成合理的利益分配格局?地权市场的发展如何促进农村社会的繁荣和农民生活水平的提高?本章将致力于对地权市场实践的理解,从而厘清关于地权市场发展的基础性问题,为地权市场的发展提供具有实践指导意义的建议。

第二节　地权市场与地权交易

有交换就有市场,交易的持续进而催生市场的繁荣。社会经济生活中,不同主体具有不同的需求,交易行为能满足差异化需求,契合交易主体的生产生活预期。地权市场的产生同样以差异化需求为基础,经济社会中的不同主体,因其资源禀赋、发展能力等各方面的异质化,对于地权的权利诉求和利益期待不一样。地权市场为各方主体提供了一个交易的平台和场所,主体之间就土地权属关系进行的各种交易行为构成了地权市场。与一般商品市场不一样,地权市场中作为商品发生转移的,并不是具体的、有形的土地,交易的客体"地权"是抽象的、无形的。通过市场交易行为,不同主体享有不同层次的地权,并可以基于所享有的地权而获得在土地上的具体的利益。从经济学的角度而言,统一、开放的市场促使交易费用的最小化,优化资源配置,实现土地、资本、劳动力等生产要素的最优组合,提高土地生产效率。基于理性经济人的判断和市场优化资源配置作用的重视,改革转型的关键时期,关于地权市场的研究显得更为重要。任何问题的研究首先以基本概念的界定为前提,地权市场之于中国改革转型的作用到底如何呈现,同样必须以对地权市场基本理论的理解为基础。

一、地权市场的类型

根据我国《宪法》《土地管理法》等基本法律法规，我国实行土地的社会主义公有制，即全民所有制（国家所有）和劳动群众集体所有制（集体所有）。正是以此为基本制度，形成了我国地权市场的两种类型。第一种类型，国有土地使用权出让市场，即通常所说的土地一级市场。我国不承认土地私有制，土地所有权之间禁止转让。相关主体通过划拨或出让的方式获得国有土地使用权，开发利用相应土地。我国既有土地制度确立了国家垄断土地一级市场的权力，这就表明集体土地要进入土地一级市场，必须首先被征收或征用为国有土地。作为集体土地所有权人的"农民集体"不能作为土地一级市场的交易主体，不能以土地出让方的身份获得土地增值收益。因土地征收引发的土地纠纷、暴力抗争等行为曾一度危及农村社会稳定和国家经济的可持续发展，也引发了学界关于这一问题的大量讨论。[①] 任何制度都不可能是完美的制度，实践中运行的制度只可能是最优的制度。国家垄断土地使用权一级市场滋生的诸多问题，不能以放开土地一级市场而消解，对这个问题的研究必须立足地权运行的实践逻辑，寻求解决方案。

第二种类型，享有土地使用权限的主体对土地进行开发、出售、出租的行为构成了土地的二级市场。这里既包括获得国有土地使用权的主体开发利用土地的行为，同样包括享有集体土地使用权限的主体对土地的占有、使用和收益行为。第一种行为构成了房地产开发行为。房价过高，以及该如何控制房价的探讨即是对于这一类地权市场的回应；第二种行为则构成了关于农村集体建设用地该何去何从的争论，以及获得土地承包经营权的农户应享有哪些具体的土地权利的讨论。本书以农村土地权利的实践作为研究对象，所以关于地权市场逻辑的探讨以农村建设用地和农用地的流转

---

① 学界关于征地拆迁的研究，集中体现了这一问题。城乡二元体制是中国经济发展面临的现实处境，任何制度改革都必须正视这个问题。关于土地征用以及国家垄断土地一级市场的制度安排的讨论，需要从大局着眼，超越极端个案的局限性和非典型性。

为主。

在城乡一体化语境下,建立城乡一体化的土地市场成为学界关于农村建设用地该何去何从的主流观点。研究者认为,一方面,随着城市化进程的加快,城市建设用地短缺和农村建设用地闲置的矛盾日益尖锐。为了使土地资源得到最优配置,需要打破城市土地供给国家一元垄断的市场格局,推动农民集体作为土地一级市场的交易方,建立开放、竞争、城乡统一而有序的土地市场。① 另一方面,在全面深化改革的攻坚阶段,农村土地制度改革成为关键性问题,同时也是争议最多、分歧最大的领域之一。② 承包地流转问题是直接与大多数农民长远利益密切相关的问题之一。目前,虽然具体建议有一定差异,但基本都认为需要在明确集体所有权的基础上,搞活土地的承包经营权,通过多种形式鼓励农地的流转,促进农业现代化、农业规模化的实现。③ 分歧主要在于如何放活以及放活的程度。

深化改革的攻坚阶段,土地制度因其具有统领全局的基础性作用,如何改革必须慎之又慎。特别是对于农村集体用地而言,不仅仅关乎农民增收、农村的改善,更关乎农村社会的稳定,并进一步影响国家经济社会发展的前景。立足现实,以史为鉴应该是我们探讨任何问题的基本态度。通过对地权市场类型的介绍,进一步缩小本章节的研究范围,比如关于农村建设用地④是否统一入市的问题,笔者主要以农村宅基地为例,通过对有代表性的

---

① 程世勇:《农村建设用地地权交易和要素组合效率》,载《江西财经大学学报》2009年第5期。与学者概括性论述放开集体建设用地进入土地一级市场的判断不同,2014年3月"两会"期间,中央农村工作领导小组副组长陈锡文表示,只有符合规划和用途管制的农村集体经营性建设用地才可以进入土地市场,实现与国有土地同地同权同价。

② 自党的十八届三中全会以来,土地制度改革受到社会的广泛关注。2014年3月"两会"期间,与会代表普遍认为,作为深化改革的重要一环,农村土地制度改革是"最难啃的硬骨头"之一。

③ 根据农业部的统计数据,截止到2013年底,全国承包耕地流转面积3.4亿亩,是2008年年底的3.1倍,流转比例达到26%,比2008年年底提高了17.1个百分点。单就农业合作社这一形式而言,截至2013年底全国依法登记注册的专业合作、股份合作等农民合作社达98.24万家,同比增长42.6%;实际入社农户7412万户,约占农户总数的28.5%,同比增长39.8%。制度推动之下,土地流转比例高速云状,是经济发展的现实需求,还是有其他因素导致土地流转扩大化?是否会造成其他的隐患?本章也将进行具体分析,以期丰富对农地流转的研究。

④ 农村集体建设用地分为农民宅基地、农村公益性和公共设施用地、农村经营性建设用地即乡镇企业用地三类。

主题的研究,在把握基本概念和体系的基础上,追求更深入理解地权市场(农村集体建设用地和承包地)的实践逻辑。

二、多层次地权

物权强调主体对客体的支配。根据主体支配客体权限的不一样,物权可以分为所有权、担保物权和抵押物权。针对同一客体,不同主体获得不同的权利,并依据此权利获取现实的利益。根据我国《物权法》的规定,农地承包经营权是一项用益物权。农户作为承包权人可以对农地行使占有、使用、收益等权利。即农户可以自己耕种;也可以将经营权承包给他人,获取收益;某些地方的试点,鼓励农地承包权进入金融市场,实现农地的资本化。总而言之,立法赋予地权多层次的权利体系[①];实践中,土地占有的多层次性,催生了土地权益分配的多样性,土地发包方、土地承包方及实际耕作者都可以在土地上行使某种权利,而获得相应的收益。

通过参考传统时代地权市场的研究,笔者发现,多层次地权的实践具有丰富的社会文化基础。多层次地权的传统实践行为构成了"行动中的法律",成为"文字意义上法律"发展的重要的推手。通过对传统时代多层次地权的分析,将有助于从历史的角度以及制度与行为互动的角度规划深化改革阶段关于农地承包经营权该如何流转以及流转的限度问题。龙登高的研究表明,明清租佃关系与地租关系的进一步发展,促使了地权的分化与裂变,分化后的地权以各自的形态进入市场。传统社会的租佃关系,已隐含了土地所有权与经营权的分离。再比如在押租制下,经营权可以单独买卖。佃户银钱缺乏时,可把租佃的田地出让给他人承佃,不拘年月,原佃者可以赎回佃权。[②]"佃农承赁主田,不自耕,借与他人耕种者,谓之借耕。"[③]甚至是在土地买卖交易完成以后,卖主仍可以向买主索取加价,学界将这一经济

---

① 对地权多层次性的分析,主要限定在以耕作为目的的承包地地权上,并不包括农地建设用地的权利分层。
② 龙登高:《11—19世纪中国地权市场分析》,载《中国农史》1997年第3期。
③ 道光《宁都直隶州志》(卷11),转引自上注文。

行为界定为"找价"。① "找价"发生在土地所有权发生转移以后,卖主仍可基于土地增值而获得超出原契约定价的价款。"找价"虽则是基于土地所有权而产生,同样有助于更清晰地理解地权的多层次性。

不同层次的地权可以在地权交易中实现分割,满足不同主体实现不同层次地权的现实价值。由于个人禀赋、个人能力、社会关系网络及家庭周期发展阶段的差异性等因素的合力作用,使得村域范围内的不同主体拥有不同的劳动力和资本,从而催生了不同主体根据自身处境差异性行使土地权利的实践过程。正是因为地权的不同层次可以在多样化的交易中实现分割与组合,从而可以调剂不同主体对当期收益和未来收益的预期,满足不同主体不同资源的发展潜力,实现不同主体对资金的多样化需求。

传统时代多层次地权的实践给我们的启示是,多层次地权以满足农民的核心需求且根据农民的实际处境而运行,既给予资金雄厚者扩大生产、增加收益的机会,更重要的是保证弱势群体能通过多层次地权获得机会满足生产和消费的底线需求。基于实践需求且拥有底线价值的地权制度,也会推动地权与生产要素的动态组合,优化土地资源配置。② 当代多层次地权的分解与组合,同样必须立足于实际经济生活发展的需要,特别是立足于农民当前收益和未来收益的考量,而不能仅仅局限于宏观谈论土地流转、农业产业化和农业现代化。宏大的语词看似正确,但如何从实践运作的角度将其细化,是一件巨大而细致的工作。基于此,对于地权实践逻辑的分析,在关注国家战略发展目标的同时,还需要考量以下几个因素:处于村庄社会结构中的不同阶层的农民对于地权有怎样的差异化需求;农业产业化、农业规模化会怎样重新形塑农村社会、同时进一步影响农民生活;资本下乡背景下,农地承包经营权会遭受怎样的发展路径? 立足于农村与农民生活本身的视

---

① 胡亮:《"找价"的社会学分析》,载《社会》2012 年第 1 期。明清时期的"找价"行为与当时的市场特性、产权特征、制度保证及社会文化密不可分,但产权特征构成了"找价"的基础。

② 龙登高指出近世中国地权具有多层次的权益与功能。产权保障了未来收益的可实现性,从而促进了人们对土地的投资;以土地为中介的多样化交易形式具有跨期调剂的金融功能,满足了农民的融通需求,在一些交易中,还萌生了推动地权交易的票据化现象。这里提到产权保障,学界关于产权的认识众说纷纭,如何界定产权保障,或者说产权清晰这一概念,笔者下面会进行专门阐释。参见龙登高:《11—19 世纪中国地权市场分析》,载《中国农史》1997 年第 3 期。

角,将丰富对地权市场实践逻辑的理解。

三、地权交易的多样性

多层次的地权权能,丰富了地权交易的方式。地权交易主体根据自身处境转让一部分土地权益,而保留土地的其他增值收益。土地作为最具潜力的财产和重要的生产资料,除非迫不得已,权利主体不会"绝卖"土地。通过多样性的地权交易方式,满足家庭处于困境中的资金获取问题,比如将经营权出租一段时间,但仍保留未来时段的收益权,保证原权利人获得土地未来增值收益的可能性;或者利用土地的部分增值收益获得发展资金,壮大生产,同样保留土地未来收益的可预期性,从而保证土地权利主体在不丧失土地未来增值收益的前提下,帮助其实现了对土地的多次重复消费,满足家庭基本生存需求、家庭积累、家庭扩大再生产等不同层次的诉求。

早在明清时期,多样化的地权交易形式已经成为全国土地买卖的普遍情形。[①] 已有研究表明,传统社会的土地交易具有多样性、复杂性等特点,并且由于中国区域广泛,各地对于不同类型的地权交易有不同的习惯称谓。方行对清代前期的土地产权交易形式进行了分类,认为大致可以分为三个层次:第一个层次是借贷性的土地产权交易,以土地文契和地租或利益为凭证换取钱物,不发生地权的实际转移,比如押、当、典、抵等;第二个层次是非财产性和财产性土地经营权交易,佃农支付租金,获得土地的经营权,佃农取得佃权即属于第二个层次的地权交易;第三个层次是绝卖、活卖土地所有权,这是转让土地所有权的交易。[②] 传统社会地权交易的复杂性和丰富性,

---

① 学界对于这个问题已经形成了共识性判断。参见龙登高:《11—19 世纪中国地权市场分析》,载《中国农史》1997 年第 3 期。由于当时土地私有化,所以龙登高的研究使用了"土地买卖"的话语。但实际的分析表明,地权交易中,"绝卖"行为极少,土地所有权人多是在保留土地所有权的前提下,转让土地的部分增值收益。另外,"加价"现象也屡见不鲜。这都表明土地交易形式充分考量了原土地所有权人可以分享土地的未来预期增值收益。

② 方行对不同类型的地权交易有详细的阐释和论证,参见方行:《中国封建社会的土地市场》,载《中国经济史研究》2001 年第 2 期。另外,宋代商品经济较为发达,关于宋代土地交易的研究也佐证了传统时代地权交易多样性的判断,参见郑定、柴荣:《两宋土地交易中的若干法律问题》,载《江海学刊》2002 年第 6 期。

充分利用了多层次地权的特性,跨期调节多样化的资金需求。

与传统社会相比,中国目前实现社会主义公有制,私人不再享有土地所有权。就农地而言,农民集体是土地所有权人,农民以家庭为单位获得农地承包经营权。但就农地承包经营权的丰富权能而言,地权二级市场的交易依然具有多样化、丰富性特征。① 村社内部地权交易的丰富性,与村庄社会结构、经济基础等的改变不无关系。改革开放以来,伴随农民生产生活自主性的扩大化,村落社会的经济基础发生了重构,同质化的农村社会向异质性转变,村社内部的职业和身份多元化,农村阶层分化明显。正是在这样的背景下,村社内部土地流转增加;土地流转的激增又进一步加深了阶层的分化。村社内部自发的土地流转以出租承包经营权为主,是对村庄社会阶层分化及农户家庭发展周期和发展资源的一个自然回应。此时,土地承包经营权的融资功能并不明显。土地流转多发生在亲属、朋友、邻居之间,保留了一种弹性的流转时间和方式,满足原承包经营权人"随时"耕作土地的权利。此时,土地租金并不是影响土地流转的重要指标。

在农业规模化、农业现代化的目标诉求下,如何大规模推动土地流转,成为学界讨论的一个重要课题。从形式上来说,推动大规模土地流转以及发挥承包经营权的融资功能,将极大丰富地权交易的形式,从而有利于满足不同层级主体对土地的诉求。从土地自发流转的传统与现实分析,多样性的地权交易着眼点在于平衡家庭生产与消费的关系。当家庭陷入经济困难或者劳动力减少时,通过转让土地的部分权益,获得所需的资金或者释放部分劳动力,支撑家庭再生产的实现。地权交易的实践过程,实则回应的是农户家庭发展的需求。那么,与此相对,在推动大规模土地流转以及发挥农地融资功能的呼声下,此时,土地制度的诉求并不仅限于农户家庭的发展需

---

① 深化改革阶段,学界不断呼吁进一步放开土地交易市场,并不表明土地交易市场的沉寂化。实际上,不管是从法律政策规定,还是村社内部农民之间的流转而言,可以充分证明,地权交易市场是异常丰富的。当然,村社内部的交易从形式要件来讲,可能不符合"市场"化的要求,具有非货币化、人情化等特征,但确实在不同主体之间发生了土地流转的实质后果。相关研究参见郭亮:《不完全市场化——理解当前土地流转的一个视角——基于河南 Y 镇的实证调查》,载《南京农业大学学报(社会科学版)》2010 年第 4 期。

要,而更加关注农业规模化、农业产业化的需求。此时,我们需要进一步思考农业产业化、农业规模化的逻辑是什么?哪些人会获得收益?大规模土地流转能否满足农民的未来预期和农村的长远发展?

第三节 地权市场的事实判断

经济学发展的一个核心共识性假设是,处于市场经济活动中的主体都是理性经济人,利益是衡量经济交往活动如何进行的关键指标。以此为判断起点,地权市场的发展同样需要考量资源配置和利益分配的问题。此外,任何社会的发展都不是在真空中进行的,与不同社会的历史文化传统、经济发展阶段、产业特性、地理位置及不同社会的民众的政治社会态度等密切相关。在这一意义上,没有放之四海皆准的地权市场发展模式。任何国度地权市场的发展模式都必须是与本国、本区域的发展处境相适应,兼顾短期目标和长远目标的实现,并且应该着眼于以"人"为本的发展模式[①],而不是唯经济指标而动,同时还要警惕资本自身的运作逻辑对地权市场的重构作用。

对于任何问题的研究,事实判断都是前提,逻辑自治的制度设计如若缺乏接近真相的事实为支撑,充其量也只能是理论上完美的设计,难以在既有的约束条件下促进问题的解决,甚至会因为忽视基本的事实和常识而引起激烈的社会矛盾和冲突。关于中国地权市场的探讨同样必须在弄清地权市场所面临的现实处境的情况下,正视中国地权市场的事实是什么,从而在此基础上进行进一步的思考。事实判断属于实然层面,是接近真相的"一元"。具体而言,关于中国式地权市场的事实判断有以下几点。

---

① 2014年9月16日,在推进新型城镇化建设试点工作座谈会上,李克强总理强调推进以人为本,推进以人为核心的新型城镇化。强调城乡一体化和中国城镇化发展道路的选择必须满足作为主体的人的需求。推动地权市场的改革,当然需要突出对农民权益和农村发展的考量,并且必须是从农民和农村的立场出发。

一、两种土地的不同价值

城市建设用地和农村土地具有不同的价值内涵。中国土地实施用途管制政策,形成了农地和非农建设用地两种不同类型的土地。农地要确保粮食安全、满足农民基本生存诉求,并建构以农地为核心的村庄社会关系网络,形塑村庄社会经济文化传统。农村耕地的社会保障价值及其对粮食生产安全的重要性超越了农地的经济价值。农村建设用地主要满足农民对"安居"的诉求。非农建设用地作为另一种类型的土地,并不承担粮食安全和基本社会保障功能,但必须满足城市化快速推进的需要。此时,如何有效率地利用城市建设用地,并扩大城市建设用地成为国家经济发展战略的一个重要问题。

两种不同类型和不同价值诉求的土地的事实判断,决定了不同类型的地权市场的实践及其结果。就农村耕地而言,需要在保证大多数农民可以自由返乡的前提下,提高农业劳动生产率。已有研究表明,农民根据自身家庭周期发展需要会选择"代种"或"租种"亲戚朋友的耕地,完成"剩余"耕地向有耕种需求的农户流转。村庄的实际发展状况推动了耕地自发流转的局面。[①] 政府推动的大规模的土地流转,既要考量农业生产效率问题,同时还必须兼顾农村耕地的价值诉求:任何情况下,确保农民的基本生存,发挥其社会保障的作用。关于农村建设用地的利用问题,应该是在保证农民居住环境不发生大的改变的情况下,鼓励其入市,分享城市发展带来的土地的增值收益。所谓保证农民的居住环境,是指对农村建设用地的开发和利用,必须不破坏农民的生活生产习惯,保留其社区文化。另外,农村建设用地入市,不能一概而论,也不能幻想集体建设用地入市能缩小城乡差距。根据市场供需关系原理,一旦大量土地入市,地权交易的价格将出现极大的波动,不仅不能产生建设用地入市,使农民获得土地增值收益的效果,反而可能使

---

① 相关研究表明,村民之间通过自发流转,进行的"小规模"经营具有较高的经济效益。就传统粮食作物的亩产而言,"小规模"家庭经营的效率高于大规模农业生产。

农民陷入极度困境中。地权市场的改革,应该鼓励市场环境成熟、配套市场体系健全的区域,放开地权交易市场,允许农村建设用地入市;对于不具备经济基础和完善市场体系的区域,需要严格限制农村建设用地入市。①

二、阶层分化结构中的地权市场

地权市场深嵌在农村阶层分化的结构中是地权市场第二个事实判断。关于农民阶层的划分,比较有代表性的是陆学艺、张厚义以职业、生产资料占有方式为标准,将改革开放以来的中国农民划分为八个阶层。② 这种划分比较契合改革开放初期农村社会的发展现实。随着改革开放的深化,个人禀赋、社会资源占有状况的差异性日趋加大,农村社会内部分化明显。土地是农村最重要的生产资料,有财富的蓄水池作用,能平衡家庭积累资金和消费资金的平衡。特别是在城市化持续推进的过程中,占有农地多少、以何种方式占有农地成为判断农民在村庄中位置的一个重要线索。③ 杨华的研究论证了土地耕种的多少与收入多少成正比、与村社内部关系质量成正比、与超村社关系网络大小成正比、与接近乡村政治权力程度成正比。④ 土地耕种的多少形塑了农户家庭在村社中的政治经济社会地位。耕种土地较多的农户,接近乡村政治权力中心,享有较大的社会关系网络;耕种土地较少的农户,与乡村政治疏离,与村民之间的良性互动也较少。村社内部耕种土地数量的多少与不同主体在村庄内部的财富、权力和社会网络成正比。以耕地占有与耕种为基础,结合获得社会资源的其他方式,比如知识、社会关系等,

---

① 对于有些地方农村建设用地入市,而另一些区域农村建设用地不入市,是否会导致对经济发展滞后的区域农民利益的剥夺问题。这就涉及关于土地增值收益如何分配的问题。不能以谁对土地享有承包经营权来决定土地增值收益的分配。建设用地的增值与国家经济发展政策和经济发展成果有关,不管是哪一区域的土地,其增值收益应该是在国家、集体和个体之间进行分配,并且要保证国家和集体获得较大份额,从而在全国范围内进行二次分配,进行卓有成效的基础设施建设、改善落后区域的居住环境和提高医疗、教育等服务。

② 陆学艺、张厚义:《农民的分化、问题及对策》,载《农业经济问题》1990年第1期。

③ 龙登高的研究表明,社会阶层的变更,在传统社会多与土地占有状况相随。参见龙登高:《11—19世纪中国地权市场分析》,载《中国农史》1997年第3期。

④ 杨华:《农村阶层分化:线索、状况与社会整合》,载《求实》2013年第8期。

可以将农民分为四个阶层:精英阶层、中农阶层、半工半农阶层、中下阶层。[1]分化的不同阶层具有不同的利益取向、社会关系和政治社会态度,对地权市场的期待和想象也有较大差异。

面对政治社会态度和利益诉求差异化的农村不同阶层,地权市场的改革应能满足中间阶层对地权交易的需求。农村阶层结构中,中农阶层在各阶层之间扮演着沟通、协调和社会整合的作用,在乡村治理和农村政治社会事务中扮演着重要角色。中农阶层以经营小规模家庭农场为主,获得中等收入,积极参与村庄公共事务的管理,定义社会规范。鉴于中农阶层在农村社会结构中的重要位置,完善地权市场的改革,应该适度引导土地向中农阶层流转,从制度上培育、壮大中农阶层,从而规范村庄社会秩序。在这个意义上,需要警惕大规模土地流转对农村中农阶层的冲击和重构,而应该在区域差异视角下,根据各区域的不同地理位置和经济发展水平的差异,依托家庭农场的发展前景,培育和扶持一定数量的中农阶层,营造和谐有序的村社发展环境。

三、资本逻辑影响地权流转

资本逻辑影响地权流转是中国式地权市场的第三个事实判断。现阶段,资本与土地的结合体现在两个方面:一是工商资本在农村流转土地,展开规模经营[2];二是工商资本进驻农村,促成"农民上楼",获取"城市建设用地指标"。不管是在耕地领域,还是在农村建设用地领域,资本的运作逻辑都是追求利益最大化。那么,在工商资本主导下的大规模土地流转,追求利益成为必然,这就导致实践中,资本介入耕地后,或者改种经济作物;或者改

---

[1] 杨华根据社会资源拥有量,结合土地占有情况的差异等,将农民分为七个阶层:精英阶层、富人阶层、中上阶层、中间阶层、中下阶层、贫弱阶层、灰色势力。参见杨华:《农村阶层分化:线索、状况与社会整合》,载《求实》2013年第8期。笔者主要将土地占有和耕作为主要划分标准,故此分为四个阶层。

[2] 韩俊的研究表明,截至2012年底,全国2.7亿农地流转中,工商企业经营的面积占到20%左右,即工商资本参与规模经营的面积高达5400万亩。参见韩俊:《家庭经营是农业生产中最适宜模式》,载 http://news.xinhuanet.com/local/2013-01/05/c_114258632.htm,访问时间:2014年9月20日。

变耕地性质,进行非农化使用,兴建工厂、发展观光农业、度假村等。一旦经营失败,不仅农户不能获取应得的承包费,甚至土地也难以复垦,影响国家粮食安全。为获取"城市建设用地指标",分享土地增值的巨大收益,工商资本促使农民上楼,获取"地票"。① 农民上楼,既是对农民居住形态的改变,同时也改变了农业生产方式。农民是否"上楼"及以何种方式"上楼"都应该谨慎而为。但资本有逐利的本性,特别是在强大的利益推动下,要警惕地方政府权力与资本的结合对农民权益的侵害。②

资本逐利的本性③与农地对农民的底线生存意义、作为财富蓄水池的价值及作为农户身心所系的精神支撑作用难以匹配。政府推动大规模土地流转、增减挂钩、地票等制度,必须充分考量资本对农村、农民和农地发展的冲击。以农户家庭为主的农业生产不仅仅是经济活动,更是村庄社会关系、社会规范的再生产活动。工商资本进入耕地领域形成农业资本主义经营方式,将极大改变农村社会结构,侵蚀和改造以农户家庭为主要劳动力的土地经营生产方式,从而进一步分化农村社会阶层结构④,改变村庄社会关系。工商资本进入农村建设用地市场,将极大剥夺农民作为建设用地权利主体的利益。资本的逻辑与中国式地权市场的目标并不具有同一性。基于此,地权市场的改革,必须警惕资本运作的逻辑对地权市场实践的改造;明确资本一旦介入耕地市场及农村建设用地市场,其将以利益最大化为主导,并不

---

① "地票"实验最先在成都、重庆统筹试验区实行。所谓地票是指,将农民整理出来的宅基地,变为可以在"地票交易所"进行交易的"地票"。相关主体可以在地票市场购买地票指标,获得指标之后,再在一级市场购入相同面积的建设用地。

② "地票"的推行,使得农村建设用地的价值被开发出来。在缺乏有限引导和强制性规范的制约下,资本逐利的本性将有可能对农村建设用地过度开发。

③ 马克思早就论述"'资本被土地吸引或排斥的程度,同谷物价格高于或低于生产费用的程度成比例。如果这个余额使用于资本得到比普通利润更高的利润,那么资本将被投到土地上',反之则将被从土地上抽走。参见《马克思恩格斯全集》(第44卷),人民出版社2001年版,第104页。

④ 陈义媛:《遭遇资本下乡的家庭农业》,载《南京农业大学学报(社会科学版)》2013年第6期。

断固化这种利益诉求,改变农民处境。①

第四节 地权市场的实践逻辑

一、资本下乡背景下地权市场的实践

马克思关于资本的研究表明,资本是否进入农业生产领域,主要取决于资本在农业领域所创造的利润是否可观。换言之,资本选择进入某一领域,有其自身的发展动力和内在冲动。利益最大化是资本是否下乡以及如何与地权市场结合的唯一推动力。从农业发展本身来讲,剩余劳动力的持续增加以及生产力与生产关系之间的张力,需要农业规模经营。放任市场经济的发展,资本与农业规模经营的结合势在必行。与此同时,自20世纪90年代始,中国政府高度重视农业产业化,连续出台了一系列扶持龙头企业带动农村产业化、规模化、现代化发展的政策。我国2001年《国民经济和社会发展第十个五年计划纲要》提出,采取财政、税收、信贷等方面的优惠政策,扶持重点龙头企业发展。龙头企业进驻发展农业,实则是资本进入农业领域的过程。除却资本自身的发展动力和农业生产中农业规模化的内在诉求,政府成为资本下乡的重要推手。宋亚平通过对湖北土地流转的研究发现,各级政府是推动土地流转的幕后真正推手。② 资本扩张的本性、农业规模化的内在诉求及政府大力推动三者的合力促成了资本对地权市场的冲击和改造,资本下乡成为理解中国地权市场实践的重要变量。

就土地流转的实践而言,在资本下乡之前,村社内部的土地流转具有明

---

① 孙新华的研究指出,工商资本介入耕地流转后,形成农业企业化的态势;农业企业化将对农村生产关系进行全方位的改造,使原本作为自耕农的农民走向半无产化。孙新华:《农业企业化与农民半无产化——工商企业流转农地对农村生产关系的再造》,载《中国研究》2013年秋季卷。

② 宋亚平:《"祸兮福之所倚,福兮祸之所伏"——政府主导下的农村土地流转调查》,载北京大学中国与世界研究中心内部刊物《研究报告》第65号,2012年第11期。

显的乡土逻辑。农民对于土地流转有一种较清晰的、非市场化的愿景。一方面,外出务工人员希望将土地流转出去,避免土地荒废,同时获取少量实物性或货币性收益。另一方面,他们并不积极参与土地的市场化流转,希冀土地流转之后,能根据家庭发展状况的需要随时收回土地。基于对土地流转可进可退的期待,使得此时的土地流转以血缘、人情和关系为纽带,以非货币化的方式(实践中细化为一定数量的作物,比如水稻、糯米、菜油等)支付流转费用。这种不完全市场化的土地流转方式,是农民根据自身的特点选择的一种谨慎且安全的土地流转模式。① 在农业规模化、产业化、现代化的呼声下,工商资本进入农业生产领域,对土地流转市场的乡土逻辑带来了极大的冲击。资本以高于实物性收益的货币流转农户的承包地,符合完备的契约形式要件以及符合现代法治精神②,农户不可能随时收回土地,满足生存伦理的基本需求。资本进入农业生产,并不只是局限于提高农地的亩产量,更重要的在于,通过参与农业下游或上游环节的生产、销售过程,增加利润、完成资本积累。③ 农业生产领域,资本的运作逻辑,虽则可能实现农业产业化的目标诉求,但农民难以分享农业产业化、规模化所带来的经济收益。与"扶持产业就是扶持农业,扶持龙头企业就是扶持农民"的诉求相去甚远。资本,不是农民,分享了农业现代化的成果。另一方面,资本的逻辑将瓦解以血缘、人情为关系网络的土地流转,并重塑村庄社会关系,加剧村庄社会分化。资本以较高的土地租金打破乡土逻辑之下的土地流转市场,冲击中农阶层的耕种面积,将中农排斥在村庄核心关系之外。同时,资本与村庄精英的结合,将进一步瓦解中农阶层,使村庄呈现两极分化的社会结构,影响村庄社会稳定。

---

① 郭亮:《不完全市场化——理解当前土地流转的一个视角——基于河南Y镇的实证调查》,载《南京农业大学学报(社会科学版)》2010年第4期。
② 郭亮关于山林流转的研究表明,从表面上看,流转是基于农户的自愿原则,但深入的实证研究可以发现,流转的发生大多是被动员、被操纵的结果,因而造成了程序正义与实质不平等的矛盾。参见《资本下乡与山林流转——来自湖北S镇的经验》,载《社会》2011年第3期。黄宗智的研究也表明中国现代农业的特色是小农户与大商业资本的不平等交易。
③ 陈义媛:《资本主义式家庭农场的兴起与农业经营主体分化的再思考》,载《开放时代》2013年第4期。

二、城乡二元结构中地权市场的实践

中国地权市场发展深嵌在城乡二元结构之下。[①] 城乡二元结构之下,"农民"与"市民"基于身份差异而产生的不平等对待[②]是这一结构的硬伤。在这种背景下,城乡一体化的呼声随之高涨。通过建构城乡统一建设用地市场,打破城乡二元结构,使农民分享土地增值收益,同步实现"市民"与"农民"利益,成为改革地权市场的主流建议。到底如何认识深嵌在城乡二元结构之中的地权市场的实践逻辑?这种二元结构是否必然侵蚀农民的利益,影响城镇化进程?

正如《国家新型城镇化规划(2014—2020)》一书中所呈现的问题——"市民化进程滞后",这一对现状的判断,宣告了当前中国经济发展阶段,农民进城难以在城市完成家庭再生产,难以在城市安居乐业。城乡二元结构下,需要从农户的立场和村庄内部视角来理解地权市场的实践逻辑。中国目前的经济发展阶段和水平,农民对于是否能在城市安居乐业有一个清晰的判断,城市是他们获得经济收入来源的重要场所,但农户家庭的消费和再生产主要在农村完成。[③] 城乡二元结构之下,农村建设用地与城市建设用地的不同定位及由此形成的城乡二元土地市场,从制度上保证了农民可进可退的自由状态。"在9亿农民还没有真正从农村转移进城安居时,保留他们在农村的就业与居住条件,让他们进城失败的情况下仍然能够退守家乡,就不仅仅是维护了农民的基本权利,而且也是保持中国现代化的稳定

[①] 2014年3月16日公布的《国家新型城镇化规划(2014—2020年)》在"发展现状"部分明确指出"大量农业转移人口难以融入城市社会,市民化进程滞后""'土地城镇化'快于人口城镇化,建设用地粗放低效""城镇空间分布和规模结构不合理,与资源环境承载能力不匹配"等是当前城镇化过程中存在的问题。

[②] 随着国家对农村投入的逐步加大,这种不平等,并不是单方面的,而是一种双向的不平等,一方面,"市民"享有的某些权利和福利,"农民"不能享有,比如教育资源的获取;另一方面,"农民"享有的某些权利,"市民"也被禁止行使,比如差异化的计划生育政策。

[③] 就笔者的调研经验而言,农民在城市打工挣得的收入主要用于在农村建房。在城市难以吸纳农民时,农村依然是他们美好的家园。

根基。"①

完全放开农村建设用地市场,将极大冲击现有的地权市场体系。根据市场供求关系理论,大量土地入市,将对现行的地权交易市场造成极大的冲击,可能导致地权市场的崩溃。不仅难以实现土地的增值收益,也切断了农民返回田园式农村的退路。放开地权市场的建议,主要基于现行地权市场上土地的巨大价值,但对于土地入市之后,市场供求关系的改变对土地价值的冲击没有足够的认识。从国家发展前景来看,城市化是不可逆的趋势,但城市化的道路可以选择。城乡二元结构之下,农村土地有自己的规律,农民对土地流转及土地入市的考量,是从自身生存伦理的角度出发,必须能保证生存底线不被破坏。目前,土地入市催生了地票市场、增减挂钩等举措,满足了少数人对城镇用地指标的需求,破坏了地权市场的公平性,吞噬了国家经济发展的成果。城乡二元结构之下,必须规范地权市场,改变"'土地城镇化'快于'人口城镇化'"的现状,杜绝土地食利阶层;而不是放开地权市场,改变符合中国发展进程的不同土地的性质②,滋生大量的土地食利阶层。

三、制度变迁过程中地权市场的实践

地权市场的实践过程中,农民是行为主体之一。农民对土地的认知方式直接影响了地权市场的实践过程。农民对土地的认知方式形成于长期的村庄生活中,以乡村社会的知识体系为依托,是一种自发形成且获得社会普遍认可的"社会事实"。家庭联产承包责任制实施初期,实现"耕者有其田",只要是村庄成员,就可以基于成员权获得耕地,农地制度安排具有"共有与私用"③的特征。"三年一小调,五年一大调"成为土地管理的实践形

---

① 贺雪峰:《警惕城乡统一建设用地市场扩大化》,载《国土资源导刊》2013年第11期。
② 陈锡文指出:"农村不是搞建设的地方,不得不建设是因为农民自用,搞自用建筑,不能搞商业建设。要在农村鼓励土地适度集中,发展规模经营,推进社会化服务。"这表明两种土地的两种不同用途。参见崔丽、刘刚:《全国政协委员陈锡文:认清两种农业、农村、农民和土地》,载《农民日报》2014年3月10日。
③ 参见赵阳:《共有与私用——中国农地产权制度的经济学分析》,生活·读书·新知三联书店2007年版,第107—111页。

态,村组集体可以根据人口变动的情况进行土地的再分配。农民基于成员权获得耕地的认知方式,即土地占有的平均分配模式,成为20世纪90年代地权纠纷高发的一个重要原因。土地自愿流转的情况下,转出方回到村庄,依然可以突破"契约"的规定,获得耕种权。此时,村民的生存权及成员权成为界定土地流转双方之间权利义务关系的主要因子。相关研究表明,地权市场的实践中,祖业权也成为农户获得承包权的当然依据。①

随着国家政权建设和法治社会的发展,与土地权利相关的各种正式制度和国家话语进入村庄,与发轫于村庄内部的关于土地交易形式的非正式制度之间发生竞争。农村改革的推进,农户获得了更多的土地承包权利,直至《物权法》将农户享有的土地承包权定性为物权。集体不得以任何理由,包括人口的变动,在村民之间调整农地。土地权利关系的固化,新出生的农民不再基于身份获得耕地,实际上宣告了土地与农民身份之间关联的断裂。新的产权制度强调个体与土地之间稳定的权利义务关系。那么,地权交易市场,农民集体作为土地所有权人不再享有协商解决流转双方关于地权纠纷的合法性基础;农民转让土地之后,即使生活难以为继,其也不可能再次获得满足其基本生存需求的承包地。农民必须对自己的行为负责。

伴随地权改革的继续推进,政策倡导一种基于自愿基础上的土地流转,从而优化土地资源配置。研究者强调继续扩大农户承包经营权,比如发挥承包地的融资功能,满足农民将承包地在地权市场抵押,获得资本扩大经营的需求。这种做法加强了农户个体与农地之间的关系,农民可以自由处分承包地,且必须独自承受任何可能的后果。市场经济条件下,一旦土地融资的政策放开,必然会出现农民融资成功获利的案例,同样也会出现农民借由土地投资失败的经验。此时,不享有耕地的农民回到农村,生活无法继续,

---

① 陈锋:《"祖业权":嵌入乡土社会的地权表达与实践——基于对赣西北宗族性村落的田野考察》,载《南京农业大学学报(社会科学版)》2012年第2期;郭亮:《土地"新产权"的实践逻辑——来自湖北S镇的田野经验》,载《社会》2012年第2期。

将依然寻求集体的帮助。① 全能主义国家的承诺以及土地占有的平均分配模式将支撑农民的诉求。② 国家话语权与内在制度之间的冲突将更趋激烈,地权市场将出现更多的纠纷。那么,在经历了多种土地制度形态的农村社会,且传统社会的土地观点不会在短期内消失的情况下,需要选择一种较为稳妥的方式推进地权市场的改革。

四、利益博弈关系中的地权市场实践

在市场经济机制和社会结构分化两个因素的双重作用下,我国已经进入利益博弈时代。③ 社会生活中,人们所努力争取的一切,都与他们对利益的诉求相关。伴随市场化、城市化的扩张,社会的异质性明显,不同主体有不同的利益诉求、不同阶层有不同的利益诉求、不同经济发展区域有不同的利益诉求。地权的多层次性、地权交易的多样性,繁荣了地权市场,同时也将不同主体纳入市场体系,争夺基于土地而产生的各种收益。土地权利在实践中表现为土地利益,如何规划土地权利并实践土地权利,就成为如何分配利益的问题。地权市场向何处去的纷争,实则是关于如何分配土地增值收益的纷争。那么,在利益博弈时代,通过何种途径达成不同行为主体、不同经济发展区域之间的利益共识? 首先必须明确,地权市场上有哪些相关利益主体,在此基础上,结合地权市场发展目标的考量,思考如何形成利益共享的路径。

地权市场利益主体的分析,按照不同标准会有不同的划分。以经济发

---

① 农户所秉持的土地认知方式,并不仅仅来自于农村社会本身,还来自于国家制度的塑造。但国家关于农地的制度一直处于变动之中,这是一种渐进式的改革。"在主导意识形态和政体的延续的条件下,这种制度变迁避免了社会大规模的动荡,却造成制度'名'与'实'的分离。于是,虽然土地集体所有制的实质内涵在逐渐消失,但集体所有的历史和正当性仍然存在,并且也不可能在这种改革的逻辑中消失。"郭亮:《土地"新产权"的实践逻辑——来自湖北 S 镇的田野经验》,载《社会》2012 年第 2 期。

② 吴毅的研究表明,土地占有的平均分配模式之后,国家的土地制度欲实现一场"翻转的再翻转",以重新实现土地资源的市场化配置,但传统的"社会主义"土地观念却不可能在短期内消失。参见吴毅、吴帆:《传统的翻转与再翻转——新区土改中农民土地心态的建构与历史逻辑》,载《开放时代》2010 年第 3 期。

③ 参见孙立平:《中国进入利益博弈时代》,载《经济研究参考》2005 年第 68 期。

展区域为划分标准,可以区分东、中、西部地权市场主体。① 中国区域经济发展不平衡是中国经济社会发展的重要国情之一。东部地区经济发达、市场体系完善、土地增值收益高,城郊农地入市的冲动大。东部农村地区并不以传统农业生产为主,而逐渐演变为以工业化、产业化为发展目标。东部地区的经济基础、市场体系能支撑大规模土地流转及土地金融市场的运行。而一般中西部地区并不具备发展工业的条件,既不具备土地大规模流转的内在动力,也缺乏土地交易相关市场的配套措施。实践中,大规模土地市场的流转由政府主导。② 不同经济发展区域的既有基础和发展态势,使得各区域市场主体对地权市场制度有不同的要求,并进而影响地权市场的制度走向。此时,各区域主体对地权市场制度的差异化需求既表现在耕地流转领域,也表现在集体建设用地是否入市、以何种方式入市的问题上。

承包地流转领域,农业经营主体发生了极大的分化,以生产关系的四个维度为划分标准,可以将农业经营主体分为小农经营、家庭农场经营、资本主义农业经营三大主体。所谓生产关系是指人们在社会生产中必然发生的、不以他人的意志为转移的经济利益关系。生产资料的拥有量、社会分工以及社会再生产的积累等方面影响了生产关系的存在状态。家庭联产承包责任制的推行,形成了中国以农户家庭为基础的农业生产方式,"人均一亩三分地",户均不过 10 亩的生产资料占有现状,形成了小农生产模式。随着城市化推进和城乡之间流动的加快,农村社会内部发生分化。缺乏社会资源、不具备年龄优势的群体留守农村;又因为缺乏资金,难以扩大种植规模,而只能经营自家的承包地。这部分小农在农业经营中占有极大比例。对他们而言,农业种植不仅仅是解决家庭日常消费的重要渠道,更是他们获得村庄认可和实现自我价值的载体。

---

① 此时的市场主体,很大程度包括了地方政府。目前,地权市场的践行,直接的推动主体主要是各级地方政府。

② 中央与地方的财政体制改革,形成了地方政府推动经济增长的主体格局。各类经济发展指标成为衡量地方政绩的考核标准。为了获得上级认可,地方政府不断追求本地利益最大化,由此形成了中国特有的以地方行政利益为边界的市场竞争关系和经济增长方式,参见陈东琪、银温泉主编:《打破地方市场分割》,中国计划出版社 2002 年版,第 16—18 页。

中农经营依然具有简单商品生产的性质,但与小农的差异在于,中农积累了一定的资本,可以通过土地流转扩大自己的种植面积。农忙时节,会雇用劳动力完成农业生产。在自发土地流转市场主导下,中农阶层通过人情网络,耕种村落外出务工人员弃耕的土地。由于生活面向村庄,他们热心村庄公共事务、关注村庄发展前景,成为维护农村社会稳定和社会规范的中坚力量。资本主义农业经营通过流转获得大规模的耕地、以雇佣劳动完成农业生产、以追求利益最大化为目标。由于拥有大量资本,以及在政府的大力支持下,资本主义农业经营对小农经营和中农经营造成了极大的冲击。资本逐利的本性推动了资本扩大农业规模,这也与农业产业化、现代化的战略目标形式上一致。那么,针对不同的农业经营主体,地权交易市场中,耕地流转制度,应该以哪一个利益主体的利益诉求为主,达成利益分享的共识机制?

各方的利益都需要被考虑,但不可能满足各方主体所有的利益诉求,这就要求必须有一个标准。地权市场中,依据这个标准来判断应该以哪一个利益主体的地权利益诉求为核心,兼顾其他利益主体的利益,形成具有共识性的利益共享机制。回应中国社会发展的现实需求,地权市场的发展必须实现农民增收、农村社会稳定发展和国家经济发展快速推进的三重目标,在此基础上,建构耕地流转市场和集体建设用地交易市场。

农民增收是一个比较抽象的话语,需要在具体语境中细化。即要追问增加哪些农民的收入?避免哪些主体获得过高收益,侵蚀农民的利益?针对早已不是铁板一块的农民群体,农民增收具体到村落领域,是增加普通小农的收入、中农的收入抑或是推动资本的运行?资本以利益最大化为唯一诉求,资本介入农业生产,不管是支付流转租金还是雇佣劳动力,都是以"成本—收益"为标准来进行与生产相关的一切社会经济活动。工商资本的过度介入甚至会形成自耕农的"半无产化"。农民的半无产化实质上使工商企业分割了一块农业蛋糕,留给农民的会更少。[①] 在扩大化的规模经营领域,

---

① 参见孙新华:《农业企业化与农民半无产化——工商企业流转农地对农村生产关系的再造》,载《中国研究》2013年秋季卷。

资本将吞噬中农在村庄的经济基础,从而改变中农在村庄中的中坚地位。使其在难以获得良好务工机会的情况下,又进一步丧失了经营小规模土地获得可观收入的机会。在这一过程中,一方面,农村的社会结构将被重塑,中间阶层流失,他们难以再造社会规范、建构社会价值及参加村庄政治事务和公益事业。另一方面,资本的扩张将增加贫弱阶层的比例,进一步增加整个社会的不稳定因素。

因此,在地权市场的利益分配领域,应该关注中农的利益诉求,对资本的逻辑保持足够警惕。关注中农的地权利益①,应该鼓励在地化的农业生产,以农户家庭既有的劳动力为依据,在村社范围内完成农业的适度规模经营。农业适度规模经营,要考量不同经济发展区域和地理位置的差异,比如平原地区,适度规模经营可以达到几百亩,而山区和人均耕地较少的区域,适度规模经营只能达到十几亩。即需要因地制宜发展以中农家庭为核心的适度农业规模经营。对中农家庭农业的强调,并不是排斥小农经营的利益。对于土地耕种面积较少、劳动力欠缺的家庭,农业适度规模经营并不会对其造成破坏性影响。但在市场经济浪潮中,为避免小农经营被吞噬,使农民不致因为一时之需,放弃土地承包经营权,而沦为"无产者",这就要求地权市场的建构中,要确保农民转让土地,并能及时收回土地的权益。传统时代多层次的产权以及交易方式,既保证不同阶层的主体援引自身拥有的资源投资土地获得相应的利益,也给予土地所有权人②充裕的时间偿还债务,从而使土地所有权人通过土地交易获得生活必需品或家庭再生产的资源,也有利于权利主体通过一定的积累,"赎回"土地,恢复常规家庭生产。

---

① 农村社会阶层的划分,还包括精英阶层,但由于精英阶层直接掌握社会资源,他们的大部分经济利益并不从土地上获得;他们的利益关系也超越村社之外,所以笔者在此并没将其纳入地权市场的研究。但这不表明,地权市场实践问题的研究与精英阶层毫无关联。实际上,大量资本介入之后,会形成资本与精英阶层合谋的局面,进一步扩大村庄阶层分化,村庄成为精英和资本主导的村庄。

② 从权利容量的角度,传统时代作为所有权人的农民与当代作为农地承包经营权人的农户,对耕地行使的权利具有相似性。

第五节　产权与地权市场

一、产权明晰的界定

制度经济学认为产权是一束权利,强调占有权、使用权、收益权等权利的统一性;土地产权的排他性和独立性能实现地权市场的公平性和效率性。在家庭联产承包责任制下,中国地权体系存在着主体的多层次性和不确定性,按照制度逻辑,中国土地产权并不是独立完整的产权,而是"不完整的产权制度"。正是这种模糊性和不完整性造成了中国目前土地制度在实践中的诸多问题。现代经济学的话语也强调明晰产权制度对于激活、繁荣地权市场的重要性。经济史学界关于中国传统社会地权市场的研究也表明,地权明晰可以促进土地流动,实现资源配置效益的最大化。

那么,到底如何理解"地权明晰"？"地权明晰"作为一个抽象的词语,需要放置在不同的语境和文化下理解。从乡土社会的角度理解"明晰",不一定需要白纸黑字的契约作依据。与村庄发展速度和发展分层相适应的交易习惯和交易共识,同样能促进资源的最优化。甚至"不完整的地权制度",使得地权交易更具丰富性和满足村落和谐发展需要。从实践社会学的角度理解地权的建构及运作有助于丰富对中国地权实践逻辑的认识。"不完整的地权制度"将地权关系不仅仅放置在经济领域理解,而将其放置在更广阔的社会文化场域中理解,从而使得地权的主体时而模糊、时而清晰,权属的边界并不固定,而是在社会关系的变动中发生改变。折晓叶、陈婴婴的研究表明,产权并不都以市场合约的形式呈现,同时还受制于成员共有权、平均权等社会关系的影响;产权更多反映的是一个社会关系,而不是简单的经济命题。① 申静、王汉生认为,土地的集体所有有一个清晰的边界,但这个边界在实践中会被不断地重新界定,表现为一个动态的力量均衡过程。②

以个人主义为本位的地权体系,有利于资源配置,提高效率。但是这一判断,必须以完全市场竞争为要件。中国地权市场的环境并不仅仅只是"服从"地权的制度安排,在利益的刺激下,农民的传统地权认知方式会被激活和放大,这导致了地权并不是固定的,而是随着社会关系的变化而变化,呈现出地权动态均衡的态势。在这个意义上,所谓不完整产权其实涵盖了一些更深层次的、具有中国社会本土特征的理论命题。那么,对于"地权明晰"的理解,就不能仅仅以制度的规定为参照系界定地权是否明晰,而必须在村落社会语境下,放宽历史的视野来理解。

"产权的社会建构范式"③呈现了土地产权实践的过程,并基于对实践过程的分析,得出了产权并不仅仅是经济关系,而更重要的是不同社会关系的体现,而社会关系处于不断变动之中,这就影响了产权的明晰性。但同样可以发现这种模糊的产权,并没有影响主体之间的地权交易行为。在这个意义上,社会经济史学家对于"产权明晰"的理解实则有别于制度经济学对于"产权明晰"的诠释。经济史学家意义上的"产权明晰"强调的是交易过程中,各方交易主体对于交易中的不同层次的产权界定是清楚的,而不必然表明产权的固定不变。

二、产权与农地流转

对农地产权明晰的强调,是为了促使农民能自由流转土地,实现土地资源效益的最大化。根据我国《农村土地承包法》和《物权法》的规定,农户享

---

① 折晓叶、陈婴婴:《产权怎样界定——一份集体产权私化的社会文本》,载《社会学研究》2005 年第 4 期。
② 类似的研究还有张静:《土地使用规则的不确定:一个解释框架》,载《中国社会科学》2003 年第 1 期;张小军:《象征地权与文化经济——福建阳村的历史地权个案研究》,载《中国社会科学》2004 年第 3 期;熊万胜:《小农地权的不稳定性:从地权规则确定性的视角——关于 1867—2008 年间栗村的地权纠纷史的素描》,载《社会学研究》2009 年第 1 期。
③ 郭亮:《土地"新产权"的实践逻辑——来自湖北 S 镇的田野经验》,载《社会》2012 年第 2 期。

有的土地承包经营权可以依法采取转包、出租、互换、转让或者其他方式流转。相关研究表明,农户承包经营权不能实现效益最大化,制度因素在于农地产权不确定。产权是否明晰是影响农地是否能高效流转,实现生产资料最优配置的重要因子。但正如上文所分析的那样,如果从农民的立场和村庄的视角理解产权与土地流转的关系,首先需要悬置产权概念,不从概念出发,而从土地流转的实践出发,推进对土地流转问题的讨论。

第一个需要回答的问题是农民为什么流转土地?土地流转的研究都强调应该尊重农民流转土地的自由,即农民可以选择流转土地,也可以选择不流转土地。在城市化逐渐推进的过程中,农民流动增加,职业分化明显,经济分层加强,再结合农民家庭周期发展的差异性,促成了不同家庭对于农地使用情况的差异化。在农民不知道"产权"为何物的情况下,农民之间自发的土地流转并不鲜见。实际上,对于产权是否明晰的强调,不会改变农民流转土地的意愿,而只是影响土地流转发生之后可能出现的纠纷。① 农民选择短期流转土地,既考量流转土地的经济收益,同时还考量了土地对于家庭消费与积累的长期作用。在城乡一体化的社会保障体系未建立的前提下,农民以理性务实的态度,自发流转土地。正是在这个意义上,土地流转的速度和规模必须与整个城市化的进程相协调。目前,学界对产权明晰的推崇,实则是为规模经营奠定制度基础。那么从农户的立场,如何看待规模经营?

规模经营与农户的关系是需要回答的第二个问题。按照产权明晰,从而推动农户流转土地的路径分析,得出的结论是可以实现农地规模经营。大规模土地流转之后,规模经营的主体不再是农民,而是控制资本的工商企业家。城市化快速扩张的过程中,经济机会和政策扶持,推动了资本进驻农业领域。资本"入侵"农业领域,不仅仅局限于农业生产环节,同时还延伸至农业生产的采购、销售流通等环节。农户将土地流转给公司或企业经营,农户获得租金,或者以土地入股等形式参与公司利益分配。公司+农户的经

---

① 本书第四章关于地权纠纷的探讨,表明在制度变迁过程中,产权是否明晰(或者说法律规则的界定)只是地权纠纷发生的一个因子。即在农民的传统认知方式与外在制度的竞争中,再明晰的产权同样不能避免地权纠纷的发生。

营模式下,规模经营的主体排斥农民。[1] 农民成为土地的出租方,获得少量租金。这部分租金并不足以支付农民的日常开支,同时还增加了农民日常消费的隐性支出。资本以逐利为目的,规模经营中,农业生产产生的利润会增加资本的积累,农户无法享受到土地的增值收益。随着资本积累的推进,资本将进一步推动土地大规模流转,甚至改变土地的用途,对耕地造成巨大威胁,有可能影响国家粮食安全;另一方面,一旦遭遇市场风险,资本将有可能弃耕农地,将风险转移至农民身上。在这个意义上,资本独享规模经营所产生的利益,农民在承担巨大风险的情况下,获得少量租金。

那么,如何在主张规模经营的同时,实现农民寄托于土地之上的现实利益和未来预期收益?小农户与大资本之间的"不平等交易",需要依托中间组织调节。通过集体组织加强农民之间的合作能力,从而提高与资本的谈判能力,加强农民进入农业生产上游和下游领域的可能性。同时,防止土地用途的改变对耕地造成的毁灭性打击。就已发生的土地流转实践而言,有些地方,由于缺乏集体权力的介入,土地置换和调整难以进行,不利于土地连片的适度规模经营。"由于地块的分散和细碎,机械化的耕作在过于偏远的地块中无法进行,以至京山地区的部分农户仍然不得不诉诸传统的牛耕方法,而在赣南农村,由于地处山区,土地的细碎化所导致的耕作问题更为突出……农田抛荒的现象仍然较为普遍。"[2]通过集体权力[3]介入,满足本村农户适度规模经营的需要,同时积极参与资本经营的过程,实现农民短期利益与长远利益的统一。那么,文字意义上的"产权是否明晰"就不再重要,而需要思考如何在特定的社会关系网络中,并基于对其背后社会事实的理解来认识资本下乡、土地流转和规模经营等问题。

---

[1] 资本下乡的实践过程,将缺乏足够资本的中农排斥在规模经营的主体内,瓦解了中农阶层在村庄中的社会位置,并进一步改变村庄结构。参照本章第三节的阐释。

[2] 郭亮:《土地流转的三个考察维度》,载《调研世界》2009年第2期。

[3] 已有研究对基层政府谋取私利、侵害农民权益已有一些阐释,虽然这种阐释并不都是客观的,但也指出了问题的一个面向。那么,如何通过制度约束集体权力对农民权利的侵蚀仍然是一个值得研究的课题。但是研究必须镶嵌在乡村社会之中,认识到集体权力运作环境的复杂性及关联性,在此基础上提供可能的建议。

三、产权与土地入市

随着城市化推进和工业化进程的加速,第二、三产业的发展成为拉动经济增长的主力,城市建设用地短缺成为制约经济发展的一个重要因素。与此同时,城市建设用地粗放低效使用情况也很突出。研究者发现,在征地拆迁、土地纠纷等农民抗争的事件中,政府垄断一级土地市场、城乡二元地权市场是导致冲突的制度原因。相互分离的城乡土地市场、地方政府依靠"土地财政"拉动地方经济的举措,不仅加大了农地的流失,造成大量建设用地的粗放经营,同时还侵犯了农民分享土地增值收益的权益。基于对地权市场呈现问题的反思,研究者认为,应该从推动城乡土地要素市场流动、促进城乡统筹发展、集约节约利用土地、保障农民权益的角度出发,建立城乡一体化的土地市场。唯如此,才能解决地权市场发展的乱象。

那么,需要回答的第一个问题是,农地入市是否能极大提升土地的资产收益。城市建设用地外显为惊人的货币财富,得益于城市建设用地的特定位置使其具有的稀缺性和高商用价值,推升了城市建设用地的级差地租。同样的道理,随着距离城市核心商圈的距离越远,土地的稀缺性和商用价值递减,土地的增值收益也递减。正是因为国家实施的土地用途管制政策和土地的不可移动性,使得不同土地表现出不同的资产性收益。一旦放开土地市场,在经济发展水平和二三产业不能形成扩散效应时,距离城市中心地段的土地依然缺乏商业经济价值,土地所隐含的资产性收益依然难以实现。根据市场供需关系理论,一旦大量非农建设用地投入市场,将有可能造成土地市场供过于求,甚至导致准备入市的土地根本无法入市。一旦放开土地的用途管制,土地入市获取资产性收益的判断就失去了制度基础。

城乡统一建设用地市场是否能保障农民权益,让农民安居乐业?这是土地入市必须回答的第二个现实问题。从城市化的类型上说,世界上主要存在两种不同的城市化。第一种是以欧美为代表的发达国家的城市化,不仅城市化率高,而且城市产业发展良好;第二种城市化是以拉美国家为代表的城市化,城市化率高,但城市存在大量的贫民窟。[1] 中国城市化的发展与上述两种类型不同,中国城市化率适度发展,但中国城市没有出现大规模的贫民窟,农民可以自由往返城市和乡村。通过增减挂钩的方式增加城市建设用地,以农民上楼为代价。一旦大量非农建设用地涌入土地市场,在中西部地区没有得到充分发展,没有工业或商业优势的经济状况下,入市的非农建设用地不能实现期待的价值,城市化极有可能走向贫民窟。此时,农民的身份虽然发生了改变,但不仅没能实现安居乐业的生活,也失去了回到农村的权利。

地权市场的实践,必须兼顾农民的短期利益和长远利益。在这个意义上,产权的制度建设仅仅只是一个手段,而不是目的。关于地权制度建设的讨论,必须回应"以人为本"的制度目标诉求。一旦产权的制度建设,脱离了中国经济发展及土地制度建设所面临的既有条件,那么,对于产权明晰的强调就失去了意义。偏离地权市场实践逻辑的产权制度建设,不利于对相关行为主体利益的保护。关于地权市场建设的讨论,需要保护的行为主体不是以大资本为依托的工商企业家,也不是能借助权力和资本结合的精英阶层的利益,而是以中农为代表的农村中间阶层。正是在这个意义上,地权市场的建设,必须区分与土地权益有直接相关性的不同行为主体及其所代表的阶层的利益,在充分厘清不同行为主体不同利益诉求的基础上,构建地权市场的产权规范。

那么,必须警惕地权市场一体化的建设。实践过程中,需要根据不同区域发展的阶段和前景,放开地权交易市场。经济发达地区和具有经济发展区位优势的地域,可以适当放开地权交易市场。而对于大多数农业型经济发展区域而言,保有非农建设用地的所有权和使用权,能为农民安居乐业提供基本的庇护,使农民能够在经济困境之时,依然可以自由回到农村,并实现底线的生存诉求。没有静止的制度,地权市场的实践也随着经济发展阶

---

[1] 以贫民窟为代价的高城市化率,不仅不意味着实现了现代化,反而容易落入"中等收入陷阱",使城市难以治理,经济发展困难重重。参见贺雪峰:《中国城镇化战略规划需要思考的几个问题》,载《社会科学》2013年第10期。

段的变化而变化。一旦地权实践所处的市场环境和社会状况发生改变,地权市场的制度建设也必然随之改变。随着国家经济建设的持续发展和城市化率的逐步推进,城市能满足农民完成社会再生所需要的基本资料,且能提供足够的就业和社会保障体系时,城乡地权市场的一体化进程也会得到极大推进。此时,城乡地权市场的一体化也将成为现实。

第六章 地权博弈的实践

第一节 已有研究及问题意识

作为后发内生型现代化国家,中国工业化和城市化的快速发展,农用地转为建设用地成为必要选择。地方政府在任期制的制约下,为了个人政绩,追求短期经济利益,利用其掌握的市场信息和资源,通过地方性政策从文本上合理化剥夺失地农民的权益。在以 GDP 为主要衡量标准的前提下,农地的非农使用成为城市化、工业化过程中资源配置的直接结果。在这个意义上,农民失地是经济发展进程中的必然现象。农地非农使用的过程中,征地拆迁不可避免,因征地拆迁引发的矛盾也吸引了不同学科学者的广泛关注。与一般地权纠纷相比,征地拆迁的博弈过程因其"彻底改变"土地权属性质,在地权利益面前,各方主体"殊死搏斗",采取各种方式,增加自己的谈判筹码和博弈策略,以获取"最后的土地权益"。关于征地拆迁的研究,遂成为地权制度如何构建的一个重要面向。

本章关于地权博弈的实践的分析,即以征地拆迁的博弈过程为视角切入。从矛盾和冲突入手，探讨征地补偿制度、征地补偿标准以及征地补偿方式的研究可谓汗牛充栋。归结而言，征地拆迁的研究主要有两大范式：第一个是制度范式，该范式主张现有的征地拆迁制度及相关法律规定剥夺了农民的土地权利，侵犯了农民的土地利益。征地拆迁中的冲突和矛盾激化，是农民对不合理制度的抗争。第二个是权利配置范式，该范式主张在关注农民个体权利保护的同时，也应关注征地制度背后的社会正义和公共利益诉求。征地拆迁中亟待解决的不是保护农民权利的问题，而是如何保护农民权利的权利配置问题。

制度范式研究强调现有法律制度的不合理是造成征地拆迁冲突的根本原因。周其仁指出现行法律承认政府享有垄断性的征地权，并通过具体制度设计保证政府可获得农地转非的增值价值，农民和集体被排除在土地的增值收益之外。[1] 蒋省三等揭示了在分税制改革之后，政府财政吃紧，土地出让金成为地方政府的主要财政来源，分税制度影响了地方政府"土地财政"逻辑的形成。而土地使用"公共利益"的模糊也刺激了地方政府的征地行为。[2] 陈小君主张制度构建中，在区分公益性和商业性用地的基础上，应分别建立不同的供地体系，并采取概括式与列举式相结合的体例对"公共利益"予以界定。[3] 简言之，我国现行征地制度体系导致了不合理的政府征地行为。一方面，在征地拆迁过程中政府权力肆无忌惮，忽视了对农民权利和利益的保护。另一方面，农民权利意识日益觉醒，农民的权利诉求难以得到有效表达和实现，从而滋生了关于土地维权的诸多纠纷和社会热点事件。想要改变以征地拆迁为主的农地冲突和矛盾，法律制度的反思和重构至关重要。

权利配置范式在肯定现有征地制度的基础上，强调对该制度进行完善，最终将土地收益用于全体人民。贺雪峰指出现有土地征收制度，保证了中

---

[1] 周其仁：《农地产权与征地制度——中国城市化面临的重大选择》，载《经济学》2004年第10期。
[2] 蒋省三、刘守英、李青：《土地制度改革与国民经济成长》，载《管理世界》2007年第9期。
[3] 陈小君：《农村集体土地征收的法理反思与制度重构》，载《中国法学》2012年第1期。

国经济剩余以土地财政的形式用于基础设施建设和向广大中西部地区农民转移支付。① 而一旦土地发展权完全赋予城市规划区内的土地所有权人,则土地发展利益将主要由占有特殊位置土地的城郊农民享有,这会催生土地食利群体,加剧社会不公平。② 正是基于这种考虑,在探究土地征收矛盾时,应在对权利本身进行界定的基础上保护农民的土地权利。通过对权利主体、权利内容的具体界定进一步落实土地利益归于多数人的制度设计,保证社会稳定和经济长远发展。

制度范式的研究以及对现行征地制度的反思成为学界的主流观点,宣称政府行为侵犯了农民的土地权益,农民追求土地权利的行为是一种抗争行为。但正如贺雪峰对制度范式的批评,"当前学界和社会各界往往混淆了农民的概念和土地的概念"③,在抽象的大词之下得出情绪化的结论。我国城郊农村的土地增值主要是外力增值,土地因社会性投资而获得巨大的升值空间。④ 英国经济学家约翰·穆勒早就主张"应对自然增加的地租课以特别税"⑤。土地既然因为整个社会发展而具有升值空间,那么其收益理应由全社会共同分享。权利配置视角在关注农民权利保护的同时,进一步推演至深层次问题"保护什么农民的权利""保护农民的什么权利"及从土地的属性上探讨土地的收益分配问题。制度范式和权利配置范式都对理清中国式的征地拆迁问题具有重要理论指导意义。但征地拆迁是实践性和地方性极强的多边行为,拆迁中各方主体的博弈行为和策略考量都构成了征地拆迁能否顺利进行的关键因子。关注微观层面的征地拆迁过程中的地权博弈实践,对于准确认识征地拆迁制度的实践效果和征地拆迁中农民权利保护问题同样具有现实意义。

---

① 贺雪峰:《论土地性质与土地征收》,载《南京农业大学学报(社会科学版)》2012 年第 3 期。
② 陈柏峰:《土地发展权的理论基础与制度前景》,载《法学研究》2012 年第 4 期。
③ 贺雪峰:《论土地性质与土地征收》,载《南京农业大学学报(社会科学版)》2012 年第 3 期。
④ 周诚:《土地经济学原理》,商务印书馆 2003 年版,第 347 页。
⑤ 〔英〕约翰·穆勒:《政治经济学原理及其在社会哲学上的若干应用》(下卷),胡企林、朱泱译,商务印书馆 1991 年版,第 391 页。

第二节 博弈的多方主体:政府与不同类型的农民

本章的经验材料来自于笔者 2012 年暑期对湖北金村为期一个月的调研①,当时金村的征地拆迁过程正在进行中。金村位于湖北省兴隆市高新经济开发区,距市中心十几公里,西与 207 国道接壤,北与兴宜高速相邻,东与兴新省道较近,自然资源丰富,风景优美,村里水田面积 4000 多亩,旱地 187 亩,荒山近 500 亩,林地近 400 亩,主要种植的粮食作物有水稻和小麦,种植的经济作物有油菜、花生、棉花等,是典型的农业型村庄。

一、不同类型的农民

征地拆迁过程中,处于压力型体制和科层制之下的政府行为具有同质性特征:在法律范围之内,采取各种措施,尽快完成征地拆迁工作。不管是政府的领导者抑或政府的工作人员代表政府进行拆迁工作,政府作为拆迁行为的一方当事人都分享共同的行为逻辑和相同的诉求。征地拆迁过程中,与被拆迁户直接交涉的是村集体,因此,本章所指称的政府仅指"基层自治组织——村集体"。相对应地,被拆迁的农民,即村庄语境中的农民,却不具有同质性特征,单一的"农民"不足以展现征地拆迁中"农民"的丰富内涵。村庄语境中不同类型的农民享有不同的谈判能力,并借由高低不同的谈判能力,获得不同的征地拆迁补偿款。

城市化进程中,青壮年农民大量进城务工,并不能改变农民的生活深嵌在村庄结构之中的现实,农民依然依赖于乡村完成劳动力的再生产,需要在村庄的交往圈子中完成体现人生重大意义的事项(比如结婚、生子)。在村庄政治社会生活中,不同的农民具有不同强度和不同数量的社会关系网络,

---

① 感谢一同参与调研的杨华、周娟、贺海波、印子、石峰枫、梁哲浩、彭福林,与他(她)们每晚的讨论促成了本章观点的形成。

这种社会关系网络既包括村庄内的社会关系网络,也包括超村庄的社会关系网络。个人禀赋以及社会关系网络的数量和强度决定了农民在村庄社会中的经济、政治和社会地位。农民在村庄中的经济政治社会地位,影响了其与政府的谈判逻辑和谈判行为。简单地说,与一个社会关系网络简单的农民相比,具有较强社会关系网络的农民会在补偿标准范围之外,政府可控制的资源以内,获得更多的补偿款或者分享其他的收益和资源。政府在征地拆迁过程中对不同的农民进行不同的补偿,并不表明政府的牟利性,而恰恰是政府被农民所牵制的直接结果,也是由拆迁体制的结构性特征所决定的。笔者将在下一节进一步分析政府的行为特性。

具体而言被拆迁农民一般可分为以下四种类型:

第一种类型是非体制精英。退下来的村干部,以及党员属于这一类。在这一类里,行为主体的行为逻辑又有两种可能性:非体制精英既可能成为支持征地拆迁工作的榜样力量;也可能成为阻碍征地拆迁工作顺利进行的反对力量,最终演变成为反对征地拆迁的上访主体,被建构成维权斗士。曾经做过村干部或者其党员身份,都表明其与村庄政治有千丝万缕的联系,与现任村干部具有联盟关系或者对抗关系。如果非体制精英与现任村干部具有联盟关系,则他们会成为征地拆迁工作顺利进行的中坚力量,通过对其他村民"做工作"的方式,积极协助征地拆迁工作的平稳高效运作。若非体制精英构成村庄中的反对派力量,则他们会成为征地拆迁中的"钉子户",影响整体的拆迁进度,并逐渐将自己建构成"反对拆迁,维护权利"的弱者形象。

第二种类型是普通农民。这部分农民在村庄社会结构中处于一般地位,他们既没有较强的村庄社会关系网络,与村庄精英不沾亲带故,以血缘为纽带的亲属关系也较弱,同时,也不具备超村庄社会关系网络。虽然不具备较强的谈判能力,但这部分村民亦不会让自己"吃亏",他们一般采取"别人签,我就签"的策略,四处打听,平衡各种补偿标准和赔偿范围之后,再来与村干部协商如何赔偿的问题。他们的行为逻辑以村庄大多数人的行为为参考依据,具有被动性特征。在征地拆迁的博弈过程中,他们不会提出高于村庄普通标准的补偿要求,但也不会容忍低于平均标准的安置补偿款。另一方面,普通农民虽然不具备较强的社会关系网络资源,但家庭经济来源依然以打工收入和务农收入为主。这部分农户依然在村庄场域内追求人生意义和价值。这就决定了他们并不希望与乡村干部之间的关系恶化。征地政策公开后,经过村庄农户之间的多次打听、讨论等形式,普通农户在心理上认可了将要获得的补偿款项。最后在与乡村干部的谈判过程中,普通农民一般不会抗拒签订征地拆迁的合同。

第三种类型是横扯的农民。"有些人胡搅蛮缠,可以多弄一点;有些人老实,给一点就好了。""胡搅蛮缠"者就是此处的横扯的农民。这类农民因其个人禀赋及以血缘为纽带的亲属关系网络在村庄中具有一定的"势力",并且具备超越村庄的社会关系网络,熟悉国家的土地政策法规,充分利用村庄内的关系和村庄外的关系,增加自己的谈判资本,获得较高的补偿费。具备较强的村庄社会关系网络,使得他们能全面了解本村及附近村落的拆迁补偿情况及具有代表性的拆迁案例。实践中,虽然补偿标准固定,但针对各家各户不同的房屋建筑、室内装饰等情况,具体的补偿明细还是有一定差异的,并进而影响了最后的补偿数额。一方面,具有超越村庄社区的社会关系网络,使得他们能通过"外来"的支持,对乡村干部施加压力,从而在乡村干部自由裁量的权限范围内,增加他们的补偿"收益"。另一方面,对国家法律政策的熟悉,使得他们觉得拥有了谈判的"尚方宝剑"。由于不同经济区域发展水平和发展阶段的差异性以及较抽象的国家政策,导致了农业型地区,征地拆迁的补偿标准低于经济发达地区的补偿标准,有些甚至低于国家规定的补偿标准;而关于乡村集体与农户之间如何分配补偿款,各地区的实践情况也有差异。政策的统一性与政策实践层面的差异化,为横扯的农民提供了谈判的依据。

第四种类型是"钉子户"。在如火如荼进行的征地拆迁中,大多数村庄的征地拆迁都能平稳进行,农民欢迎征地拆迁的进行,有些村民甚至通过上访的方式想要自家土地被征。村庄中能搅动村民神经和让拆迁主体颇感头疼的是"钉子户"的抗拆行为,"钉子户"的抗拆行为形成了村庄征地拆迁顺利进行的障碍,也激发了矛盾和冲突。任何地方的征地拆迁工作中,"钉子户"都是少数。① 村庄场域内,不是所有的人都可以成为"钉子户"。征地拆迁中的钉子户不外乎以下两种情况:第一种情况是前述第一类中的反对派精英,因其在村庄政治斗争中的失败,转而通过反对拆迁,达到其政治诉求或获得高额赔偿。第二种情况是村庄中的底层,即村庄中的弱者,这类人平素在村庄中属于边缘群体,既被村干部歧视,也被普通村民排挤,反征地拆迁成为他们奋力一搏,表达自己意愿的最佳途径和方式。实际上能引起学界和政策界过多关注的也正是不同地方的"钉子户"抗拆事件。主流观点的研究也是基于对"钉子户"权利的保护而阐发理论观点和制度构建建议。

不管是与哪一类型的被拆迁农民谈判,直接参与谈判工作的村集体②的诉求都是同样的:达成谈判协议,签订拆迁安置补偿合同。但是,不同类型的农民具有异质性的诉求。村集体采取怎样的策略与不同农户谈判,而不同类型的农户又是如何通过各种方式获得较高的补偿款就成为征地拆迁工作能否顺利进行的关键所在。在关于征地拆迁的过程中,乡村集体作为合同的一方当事人与异质性的不同农户之间展开了复杂、微妙的博弈实践。

二、农民的博弈策略

不同类型的农民为了获得更多的土地补偿款,会依据自己在村庄中的政治社会经济地位,采取不同的策略。村庄内,也有被全体村民普遍使用的手段:见缝插针似地植树以及将泥土道场改建为水泥道场,这样征地拆迁赔

---

① 研究者在关注征地拆迁时,主要将"钉子户"作为了征地拆迁中被拆迁者的形象代表,却忽视了一个重要的经验现象:任何的征地拆迁工作,"钉子户"总是少数。大多数村民是被平稳拆迁的,甚至在现有的拆迁维权话语之下,多数被拆迁者是渴望被拆被征。另外一个有趣的现象是,即使村民现在不希望土地被征房屋被拆,其背后的原因却是,以后被征被拆,会赔的更多。
② 在拆迁工作中,村集体的地位具有双重性,因其是农村集体土地的所有人,其既与政府具有委托一代理关系,同时也是被拆迁的一方主体。一方面它会在与上级政府的谈判中,尽量提高整体的土地补偿费,另一方面,一旦整体的土地补偿费确定之后,他将成为拆迁方代表上级政府,与农民进行谈判。将村集体的行为逻辑限定在整体的土地补偿费确定之后,其仅作为拆迁方的代表。不过,现实中,钉子户的抗拆行为,往往是以作为土地所有权人的村集体不该获得"土地补偿费"为事由进行抗拆或上访。这里涉及另外一个问题:村庄内部如何分配土地补偿款的问题。这一问题虽然重要,但不在本书的研究范围之内,所以不作详细讨论。参见孙文华:《地方政府道德风险与失地农民问题》,载《中国土地科学》2008年第6期。

偿时，就可以获得较多的补偿款。政府的目标是为了与被拆迁户达成协议，只要对方提出的条件不过分，并且是在政府可以控制的范围之内，政府会采取变通主义的处理手段满足不同类型农民的要求。当然，对于协议的双方而言，都对对方可能采取的行动有一个较准确的估算，根据这个估算判断自己行为的可能后果。特别是对于基层政府来说，他们清楚不同农民在村庄中处于什么位置，以及农民可能采取的措施和利用的关系网络。简单地说，农民的工作是否可以做通，协议是否能如期签订，基层政府有一个预期。对于工作可以做通的农民，他们会动用各种关系，让不同的人给农民做工作，直到"工作"做通为止。而对于大多数农民而言，土地被征房屋拆迁，并不是一个不可接受的后果，甚至村庄里的多数人期望土地被征。即使不希望土地现在被征，也寄希望于土地以后被征，这样可以获得更多的土地补偿款。协议的双方都希望协议能如期达成。正是在这个意义上，村庄里99%的拆迁都能顺利进行，但依然有1%的拆迁难以如期完成，或者阶段性完成之后，依然演变为"钉子户"。下面具体说明在征地拆迁过程中，不同类型农民的博弈策略。

当非体制精英与现任村干部形成联盟关系时，他们成为一种支持基层政府工作的中坚力量。这一类群体会积极支持政府的工作，形成榜样力量。对于积极响应拆迁的农户，政府专门设有"拆迁奖励"。"拆迁奖励"一般都被非体制精英获得。对于政府而言，只要他们提出的要求合理，就会尽力满足。因双方的交往具有"联盟"的合意。拆迁过程中，非体制精英也不可能提过分的要求。① 这部分非体制精英与基层政府具有紧密的正关系，所以，拆迁的工作一般从他们开始，也确实能如期完成，从而对下面的拆迁工作起到良好的示范作用。

横扯的农民除了采用其他农民都使用的方法和手段（见缝插针式地植树和修建水泥道场）外，会采用更多匪夷所思的途径获得较高的补偿数额。

---

① 不提过分的要求，不代表没有其他关系人情和利益的考量；与基层政府保持良好的关系，同时凭借老党员、老干部的身份，在村庄的社会生活中，总能获得较普通村民更多的实惠和利益。

他会提出"不合理的要求",这种不合理的要求对被拆迁户而言,具有正当性和合理性,但是在村庄语境下则不具备普遍性和合理性。横扯的农民在村庄内具有较强的以血缘为纽带的关系网络,并且某些个体还具备一定的超村庄社会关系。为了保证拆迁工作的顺利进行,政府会动员各种与其"有关系的人"来做工作,可能是与其私交甚好的村民,也有可能是其一个家门有地位的人,甚至有可能是其在村庄外工作的亲戚。政府同样会满足其提出的不具备普遍合理性的拆迁诉求。比如,满足被拆迁户拆迁之后,政府正式动工之前,允许其修建临时性的家庭作坊;同时,对于家庭小作坊的补偿,尽量在上限范围之内满足其要求。横扯的农民虽然会提出诸多要求,采取不同的方式进行"胡搅蛮缠"式的谈判,但他们的诉求不会夹杂其他的政治诉求和拆迁补偿范围之外的经济诉求,其谈判的范围依然局限在拆迁补偿的合理范围之内。横扯农民的谈判手段和目的与"钉子户"的谈判具有本质上的差异。

普通农民属于"保守"的农民,"保守"的农民也不会让自己吃亏。"现在老实人都没有了,以前的老实人好说话,现在的老实人都不露面。"村干部这里所指的老实人即是此处的普通农民。普通农民在村庄结构中处于中间阶层,他们既不具备较强的村庄社会关系网络,亦不具备超村庄关系网络,同时,他们亦希望与村干部保持有良好预期的村庄关系。基于此,他们不可能像横扯的农民那样提出不具有普遍合理性的要求,也不可能像非体制精英一样将希望寄托在未来的村庄经济生活中,所以,他们采取的策略是"别人签,我就签"。谈判初期,这部分人会刻意不与政府人员见面,谈判根本无法进行。一旦政府完成了非体制精英以及横扯农户的拆迁协议之后,这部分农民才开始积极谈判甚至主动要求签订协议。此时,他们往往通过多方面全方位的了解打听,大概知道了各种生产资料和生活资料的赔偿标准,从而对与政府谈判具有了相当的信心和把握。抱着只要不吃亏的心态,这一类农民提出的拆迁要求,均在政府的预期之内,协议也较容易达成。

拆迁中的"钉子户"工作最难做。这里需要探讨的一个问题是,"钉子户"是在拆迁过程中形成的还是由村庄结构决定的?这个判断至关重要。

如果"钉子户"是在拆迁过程中形成的,那么,是拆迁行为决定了其出现。如果是村庄结构决定了"钉子户"的产生,那么"钉子户"与拆迁之间并不具备必然的关系。拆迁仅仅是"钉子户"出现的导火索,并不是决定因素。也就是说,即使没有拆迁,一旦村庄发生其他需要其配合并积极响应的公共事项,这个"钉子户"依然会出现,并阻碍公共事项的正常进行。

拆迁中的"钉子户"一般包括两类:第一类是非体制精英中与基层政府形成对峙关系的"反对派"。反对派的存在,可以对村庄政治形成一股制约力量。当征地拆迁作为"一次性交易"出现时,反对派会借此机会,寄希望以拆迁为手段,达到拆迁之外的政治经济诉求。虽然双方都希望达成拆迁协议,交易顺利完成。但对于反对派而言,政治上的不得志以及经济上的损失,使得其紧抓"一次性交易"的机会。任何拆迁工作都必须在一定期限内完成,正是在以"时间"为谈判手段的方面,政府处于弱势一方,"钉子户"占有"时间"上的优势。这类"钉子户"在正式谈判中所提出的要求并不属于拆迁的正常范围,政府为了达成协议,必须采取其他方式满足其诉求。否则反对派就会走上上访的道路。当然,上访的理由不可能是政府没有达成其不合理诉求。"钉子户"上访的理由多是村干部的贪污腐败行为、征地补偿款偏低等具有媒体广泛关注以及社会一直抨击的征地拆迁过程中侵犯农民权利的不合理不合法行为。正是在这个意义上,征地拆迁中的上访行为并不是为了保护农民权益不被侵害,而是利用了农民权利不应被侵害的说辞,达到一定的政治经济诉求。征地拆迁中,"钉子户"将上访作为一种被利用的手段。

三、政府的变通逻辑

征地拆迁中,为了满足不同类型农民提出的异质性的诉求,政府采取变通主义的行为逻辑,尽量在规定的期限之内完成征地拆迁工作。就农民一方而言,他们会采取不同的策略以达到拆迁过程中利益最大化。所谓政府的"变通主义"行为逻辑,是指针对不同类型的农民,在衡量其谈判条件的基础之上,政府采取不同的方式与之达成协议。协议的达成并不具备硬性的原则性规定,而视不同的农民作出不同的对策和反应。

与不同类型的农民采取的博弈策略相比,政府并不享有对等的博弈策略。这并不是因为基层政府的"恶"所导致的,而是在既有的拆迁政策和标准之下,面对农民的异质性诉求和层出不穷的博弈策略,基层政府难以"抗衡"。基层政府与精英阶层具有千丝万缕的联系,对精英阶层的让步,实则是对自我利益的保护,博弈过程中,采取变通行为,是基层政府的主动选择。在与普通农民的博弈过程中,基层政府虽然具有一定的谈判优势,但在合同必须在一定期限内签订,且普通农民的行为具有极大的影响力和示范效应的情况下,基层政府必须认真对待普通农民在政策允许范围内的差异化诉求,被动选择采取变通主义策略。在与"横扯"农民的谈判过程中,基层政府不仅需要采取变通策略,还必须动用其他私人资源,将人情、关系等社会文化资源纳入谈判领域,在多次反复的谈判过程中,获得有横扯农民亲笔签名的拆迁合同。与上述三类农民的谈判策略相比,与"钉子户"的博弈策略,不可预测也不可度量。如何对付"钉子户",成为基层政府最为"头疼"的一件事。

第三节 地权博弈的逻辑——以"钉子户"为代表

任何地方的征地拆迁工作中,"钉子户"都是少数。研究者在关注征地拆迁时,主要将"钉子户"作为了征地拆迁中被拆迁者的形象代表,却忽视了一个重要的经验现象:任何的征地拆迁工作,"钉子户"总是少数,大多数村民是被平稳拆迁的,甚至在现有的拆迁维权话语之下,多数被拆迁者是渴望被拆迁的。

一、通过征地拆迁解决历史宿怨

案例一:金村持续了近三年的征地拆迁工作,村干部、普通村民公认的"钉子户"以王兴最具代表性。王兴有兄弟五人,其中王兴、王全和王强在本次调研中,经常被村民提及。20世纪80年代,王兴曾任信用社会计,利用假存款证明,侵占了信用社40多万元,后被判刑。王兴坐牢期间,村里将原由他和其他两户承包的近30亩山林出租给刘某养猪。王兴坐牢回来之后,主张自己享有山林的承包权,要求村里赔偿损失,归还山林。王兴通过层层上访给村里施加压力,后来村里将30亩山林归还给了王兴,同时赔偿刘某50万元。王兴对这个结果不满意,认为村里应该将50万元赔给自己,对村里一直满怀积怨。2009年修建明园路,占了王兴的鱼池及部分田地,王兴5弟兄联合起来抵制征地,根本不和拆迁工作组的人谈,曾到湖北省上访三次。最后,在置换了两套房子并增加2万元补偿款的情况下,王兴才同意拆迁。我们访谈他时,他拿出国家关于征地补偿的相关政策文件和省、市的地方性文件说,他还要上访,因为村集体不应该获得被征田地的补偿费,应该全部给农民。而其兄弟王强早在2005年左右就已经搬出金村,并将户口转移出去,眼见金村土地拆迁,兄弟也都因为土地获得了大利,所以要求将户口转回来,并要求村里负责办理养老保险,还强行霸占了小区的一套房子。

  王兴的行为具有以下特征:第一,兄弟彪悍,家族势力较大。从征地拆迁启动开始,基层政府需要在一定期限内,完成拆迁工作。在这个过程中,农户家庭的大小及其所拥有的社会资源成为制约其谈判的重要因素。第二,与村干部有历史宿怨。正是因为与现任村干部存在芥蒂,为了让村干部难堪,不支持拆迁工作。村民与基层干部之间的互动发生在村落的具体场域之内,他们之间的互动受到多种因素的影响。"历史宿怨"中处于弱势的一方,将在交往过程中,寻求任何可能的途径发泄不满、赢回面子。在这个意义上,征地拆迁成为触动村落政治斗争的一个启动器。即使没有征地拆迁,任何其他有可能发生的双方之间的行为,都可能导致双方之间的对话难以正常进行,从而有可能激化矛盾和纠纷。第三,以达成拆迁协议为目的。虽则抗拆,但依然以达成拆迁协议为目的。只是在具备有利条件的情况下,"钉子户"要价更高,而政府不得不接受。具体的调研经验显示,"钉子户"的抗拆行为,以获得高额的拆迁补偿款为唯一目标。拒绝拆迁仅仅只是达成此目标的手段。

二、通过征地拆迁满足"政治"诉求

案例二：陈世，生于1953年，现有一儿一女。1975年，做小队会计，1978年做大队主任会计，同年入党。1990年村庄政治斗争中被排挤，到镇水管所任干事。1993年辞职回村，因母亲去世在家守孝两年，同年村里为连续工作十年以上的村干部办养老保险，具体标准为书记、主任、会计50岁后每月80元，其他干部每月60元。1995年陈世复任村主任会计兼代主任，并得知办养老保险事宜，要求补办，村里以当时他并未在村任职为由拒绝。1998年，陈世以还未补办村干部养老保险和工资为由，扣留村肥料款8000元；随后在"评促"中，因被人举报"贪污"，被镇党委除名，并被开除党籍。1999年开始以党籍问题上访，要求查看当年材料、处分相关人员。2009年明园路工程动工，须征用陈世2亩耕地，陈世提出要解决党籍和保险问题才愿意征地。后经镇纪委书记出面做工作，决定从村集体中拨出5万元一次性补偿其保险，并保证不会因为这个钱追究其责任，陈世接收该方案。但其党籍问题被以"找不到材料"为由拒绝为其恢复。之后陈世继续上访寻求解决。

陈世的抵制征地的博弈行为具有如下特征：

第一，陈世抵制征地的真实理由是党籍问题。对于陈世而言，恢复党籍既关系到荣誉和面子问题，更重要的是党员的政治身份可以对在任村干部的行为进行有效的监督，可以行使"在野"的权力。在日常的村落交往中，基层干部可以选择不与陈世发生任何关联，这样就避免了将问题显性化。但征地拆迁有特定区域的要求，上级政府的拆迁决定并不会考量村庄实践中的政治斗争会影响拆迁的顺利进行。即使考量这个因素，但由于项目选址的需要，也会忽视这一问题，而将责任下移至基层干部。陈世充分利用了拆迁的机会，希望以拆迁为手段，达到拆迁之外的政治经济诉求。

第二，陈世的诉求并不属于拆迁的正常诉求。在陈世与乡村干部关于拆迁的首次谈判中，陈世提出的要求是其任职期间，保险没能如愿办理的诉求,并要求参照当时参保人员的标准进行相应补偿。这种利益诉求与征地拆迁的正常诉求没有任何关系,完全超越了正常的利益诉求。为了保证拆迁工作的正常进行,基层政府"被迫"让步。

第三,陈世利用主流话语"维权"。陈世的上访理由,主要讲述了村干部的贪污腐败行为、征地补偿款偏低等媒体广泛关注、社会一直抨击的征地拆迁过程中侵犯农民权利的不合理不合法行为。通过认真阅读陈世展现给我们的历次上访的材料,调研人员发现,现任村组干部的"贪污腐败""生活作风"等问题是主要的阐释理由。如果仅仅以上访材料为依据,阅读者会轻易得出乡村干部"人性恶"的判断,从而进一步抨击征地拆迁过程中基层政府的"不合理"行径。

通过以上案例,我们看到,如果不能深入了解以征地拆迁为导火索的抗拆行为和博弈策略,就难以真正理解征地拆迁过程中的诸多不合理现象,从而也难以准确提出关于地权建构的"社会真实"。

三、通过征地拆迁寻求经济利益最大化

案例三:许会,女,53岁,武陵社区人,二儿一女。大儿子在杭州工作,小儿子在南翔技校,女儿在本村已婚。1981年由麻城镇嫁到武陵村六组原队长杨树(家里有八兄弟,都在本村)。1985年,杨树去世,苏武任队长。同年,许会改嫁给现在的丈夫张某。因儿女纠纷,许会与苏武之间曾发生三次语言冲突。2000年武陵社区并入高新区后成为第一轮征地的示范点。第一批征地包括许会家的两套宅基地(300多平米)及40多亩旱地。许会认为补偿款过低,阻止拆迁方正常施工,并于抗拆时起,开始收集资料、拍摄照片。[①] 从2002年高新区第一批产房进驻至2008年许会家的房屋被拆掉,许的抗拆行为持续了6年之久。从其呈现的照片上可以看出,工业园区内就其一户矗立当中。2008年许会最终同意拆迁是因为政府允诺并实践了给其四个当街门面,15万元现金,办理养老保险,并安排小儿子优先在高新区

---

① 笔者访谈她时,她已拍摄了8卷胶卷,现在改用数码相机拍摄,收集证据。

就业,女儿开设的装修店的货源由高新区提供。在抗拆期间,许会又开荒了30多亩耕地。2009年,30多亩耕地也处于拆迁地带。这一次许会继续抵抗征地,其理由依然是补偿款太低,还包括地方政府第一次拆迁行为违法国务院的行政法规。

许会第一次上访抗拆起因是补偿款太低,其持续如此之久,有以下几个因素起作用:第一,家庭背景。许会的第一任丈夫是队长,属于村庄内的"政治家庭",了解村庄政治经济的相关规则。第二,个人原因。许会受过高中教育,懂得相关法律规定,且有较强的权利意识。第三,个人恩怨。许会与苏武之前有多次纠葛。第四,亲朋接济。许会走上上访抗拆之路,正值三个子女读书用钱之时,需要资金支撑。许有三个姐姐一个弟弟,两个姐姐在事业单位,弟弟跑运输,家境殷实。而许会的前夫有兄弟七人,在村庄内也能给予一定帮助。

四、"钉子户"抗拆的村庄语境及隐含问题

上述三个案例代表了金村场域内钉子户的抗拆行为及其实践结果。普通村民并不具备成为"钉子户"的主客观条件,也缺乏村庄内外因素的支撑。村庄结构决定了"钉子户"的产生,钉子户与拆迁之间并不具备必然的关系。拆迁仅仅只是钉子户出现的导火索,并不是决定因素。征地拆迁只是为钉子户的行为提供了最佳的表达时间和空间。

案例一的王兴对村干部的积怨源于多年前的林权纷争;案例二中陈世真正在乎的是恢复党员的身份;案例三中许会想要获得高于普通村民的补偿款。如果脱离村庄语境,从书面文件上判断三者的上访或对征地拆迁的诉求表达,发现三者都是以征地拆迁补偿款过低、征地拆迁侵犯了农民的利益为诉求。正如公众和媒体所呈现的钉子户的抗拆行为一样,都是脱离村庄语境的孤立的反抗行为。并进一步从抽象层面,认为"钉子户"的行为是一种抗争行为,强调通过法律的手段将高补偿模式制度化,从而保护失地农民的利益。① 征地拆迁的"钉子户"是产生于村庄场域内的,脱离村庄场域从抽象的大词层面谈论"钉子户",缺乏实践依据。当以对钉子户"维权""抗争"式的判断,进一步改革中国式的征地拆迁模式和征地拆迁制度时,不仅不能解决征地拆迁中的"钉子户"现象,反而容易制造更多的"钉子户",且不利于形成"地利共享"②的良性社会环境。

政府与"钉子户"的博弈过程,充分体现了基层政府行为的局限性。"钉子户"诉求的不合理性和政府行为的局限性将刺激新的问题的产生。具体而言,通过对金村"钉子户"微观行为的分析,基层政府与"钉子户"的博弈过程呈现了如下问题。

第一,政府变通的策略会激发新的村庄各种矛盾,使得拆迁工作越来越难以进行,并进一步影响和谐的村庄发展秩序。征地拆迁过程中,"钉子户"的行为受到密切关注。村民密切关注他们是否会因为博弈策略而获得高额的"利益"。"利益"既可以是经济利益,也可以表现为政治社会利益。一旦"钉子户"的利益诉求都被实现,则这种博弈之后获利的行为将极具示范效应。由于受制于社会关系网络、家族势力大小和个人能力禀赋的差异性,不同类型的农民会有不同的行为选择。在这个意义上,并不是所有农民都必然会跟随"钉子户"的步伐,比如受制于各方面条件限制的普通农户,在结构性的环境下,会选择与政府合作。但"钉子户"的行为将进一步刺激"横扯"农民,使其竭尽所能获得高额补偿款,破坏拆迁工作的正常进行,增加拆迁工作的难度,并有可能对后续的村级治理产生不良影响。在这个意义上,即使其他村民没有进一步抵制此次的拆迁行为,心里也积下了对基层政府的"不满"和"怨恨",这种"不满"和"怨恨"将进一步影响乡村治理过程中村民与基层干部的关系。

第二,"钉子户"的抗拆行为与征地拆迁中的不合理不合法行为没有任何关联,征地拆迁仅仅只是一个导火索。三个案例中的"钉子户",不管是为

---

① 李爱荣:《拆迁高补偿与财产权的法律保护》,载《法学》2008年第2期。
② 贺雪峰:《地利共享是中国土地制度的核心》,载《学习与实践》2012年第6期。

了实现政治诉求、经济利益最大化还是解决历史宿怨,三个"真实的理由"都与征地拆迁过程中基层政府行为的不合理不合法没有任何关联,即征地拆迁过程中的所谓不合理不合法导致农民权益受损的判断,并不具备充分的经验支撑。金村的征地拆迁的实践过程中,征地拆迁仅仅成为"钉子户"实现利益最大化,增强其博弈手段的一个最好契机而已。三个案例显示,三个"钉子户"所提出的"基本要求"都高于普通农户的诉求,也超出了正常拆迁补偿的范围。基层政府一再退让,进一步刺激了他们利益最大化的诉求和行为。在这个意义上,并不是征地拆迁中的不合理不合法行为引发了村庄内的钉子户的抗拆行为;而是"钉子户"的不合理行为导致双方之间僵持不下,拆迁工作难以正常进行。

第三,文本的局限性制约了对征地拆迁博弈逻辑的理解。拒绝签订拆迁合同是钉子户抗拆行为的外在表现,但更为重要且能引起极大关注的则是,通过上访获得各种支持,从而达到与己相关的政治经济社会利益诉求。在这个过程中,首先进入研究者视野的是钉子户所提供的文本。文本所表述的内容成为判断基层政府行为是否合理合法的主要依据。但正如案例所显示的那样,在探析抗拆行为逻辑背后的"真实故事"之后,文本的表述掩盖了行为主体的真实行为理由和行为逻辑。脱离村庄语境理解征地拆迁将面临极大的信息遗漏问题。信息遗漏之下,既不能准确理解钉子户的行为,也不能对基层政府的行为作出合理的判断;同样,以此为基础的关于地权制度构建的对策建议也将面临极大的"实践困境"。

"钉子户"的行为逻辑因其具有典型性和代表性,成为研究征地拆迁的重要窗口。不能从表面行为判断抗拆的权利诉求和对制度进行不做研究的批判,"钉子户"的行为必须放置在村庄语境下理解,了解其背后的"真实故事",在此基础上作出客观的判断。

第四节 利益博弈过程中的征地拆迁

一、是抗争政治还是利益博弈——"钉子户"行为逻辑的证实

20世纪90年代末,美国社会学家查尔斯·蒂利等学者在对社会运动理论反思继承的基础上,寻找社会运动研究的新途径,提出了"抗争性政治"(contentious politics)的概念,并产生了一系列新的著作。"抗争性政治"突出国家的重要性,并强调抗争是政治性的。① 在面对中国20世纪90年代以来大量发生的群体性事件时,研究者逐步接受并将这一理论框架运用到对中国社会问题的分析,特别是对当代中国农民行为的分析中。于建嵘基于湖南某地的调研,将农民有组织的抗争行为归结为"以法抗争",认为当代农民具备"政治"及"权利"意识,农民的抗争行为具有强烈的政治诉求。② 应星采用"过程—事件"分析视角细致观察农民的集体抗争行为,认为中国农民的抗争是草根动员性的,抗争过程中,国家与农民的博弈非常激烈,农民具有多面性和复杂性,"维权"话语夸大了农民抗争的政治性诉求。③ 不管是"以法抗争"还是草根动员性的抗争行动,两者都表明中国农民的抵制行为具有抗争性,抗争的前提性判断即是作为国家代表的政府行为侵犯了农民的权利,农民的抗争是一种维权行为,即依然是在"维权"话语之下展开论证。

"维权"话语的滥觞也影响了对"钉子户"的研究。农民抗争行为中除了群体性事件等典型抗争行为之外,"钉子户"抗争的个体行为因其具有明

---

① 裴宜理:《社会运动理论的发展》,载《当代世界社会主义问题》2006年第4期。
② 于建嵘:《当代中国农民的以法抗争——当前农民维权活动的一个解释框架》,载《社会学研究》2004年第2期。
③ 应星:《草根动员与农民群体利益的表达机制——四个个案的比较研究》,载《社会学研究》2007年第2期。

确的指向性、行动主体的"弱者"身份以及抗争结果的示范效应而备受关注。征地拆迁制度研究中,研究者将"钉子户"的抗争行为视为对公民个人正当利益的维护。① 征地拆迁中的"钉子户"有成为农民维权代表的趋势。也有学者在对宏观经济政治的判断之下,深入征地拆迁的实践领域,从微观角度了解征地拆迁的运作逻辑,从而丰富了对征地拆迁中"钉子户"的研究。比如宜黄事件②发生之后,吕德文基于"抗争"的视角③,分析了宜黄事件因为媒体的介入而发生的质的变化。"钉子户"和媒体互相利用,争相表演,最终导致宜黄事件被激化,导致了严重的人员财产损失。一旦媒体介入,放置于公众视野之内的"钉子户"事件不管从规模、效果还是事件的性质都会发生转变。也正是因为这种转变,掩盖了"钉子户"的"抗争"行为的真实目的。宜黄事件之所以被遣散,是因为"钉子户"的抗争目标与媒体的抗争目标出现了竞争。媒体想要寻求制度性的改变,这种抗争具有政治性。而"钉子户"的抗争实则是利益诉求的表达和实践要求。一旦利益被满足,则所谓的抗争行为就会消失殆尽。吕德文的分析虽然是基于对"抗争"模型的运用,但分析得出的结论实则表明了"钉子户"的行为并不具备任何政治性诉求,而仅仅是利益诉求的激烈表达而已。

农地征收是发展过程中一个典型的利益再分配过程。在耕地保护以及土地用途严格管制的政策背景下,农地非农化将带来巨大的极差地租。具体而言,农地征收过程中涉及国家、地方政府、拆迁人、农民集体组织以及农民个体等主体。不同主体基于不同的性质、身份、对土地的权利等表达不同的利益诉求,并将利用不同的表达手段、资源力量等竭尽所能将利益最大化。而在"钉子户"的抗拆事件中,虽则也存在以上的不同主体,但影响"钉子户"的抗拆行为并使事件获得关注的主要主体乃是地方政府。已有的关

---

① 周安平:《集体利益的名义何以正当——评广州猎德钉子户案》,载《法学论坛》2009 年第 1 期。
② "宜黄事件"也被称为"9·10"拆迁自焚事件,指 2010 年 9 月 10 日,中国江西省抚州市宜黄县凤冈镇发生的一起因拆迁问题引发的自焚事件。
③ 吕德文:《媒介动员、钉子户与抗争政治——宜黄事件再分析》,载《社会》2012 年第 3 期。

于"钉子户"的研究中,被认为侵犯"钉子户"权益的主体也是各级地方政府。具体到金村的征地拆迁,村干部作为政府拆迁行为的具体实施者,代表了地方政府。

前文几个案例中"钉子户"的行为,不管是直接抗拆,拖延工期,还是通过上访的形式表达对拆迁的不满,都是针对被视为政府代表的村干部[①]。即在"钉子户"抗拆行为中,主要存在双方主体:政府和"钉子户"。在征地拆迁过程中,各级地方政府虽则不享有充分的制定规则的权力,但相对农民而言,政府依然占据了博弈的主动地位。各级地方政府在符合宪法、基本法律和行政法规的原则性规定的基础上,根据各地经济发展水平的实际需要将征地拆迁的补偿、安置等工作条文化和具体化。农民作为博弈的另一方主体只能在制度框架之内进行诉求表达和争取更多利益。具体分析征地拆迁行为发展过程中,政府和"钉子户"的行为逻辑是什么、利益诉求是什么,双方采取的策略有哪些等具体问题,则有利于深化且准确定性"钉子户"的"抗争"行为。

按照社会契约论的观点,为了更好地保护自己的利益,每个个体让渡部分权利组成公权力主体——政府。由政府代表人民行使主权,通过管理社会公共事务来保护、协调人民的利益。政府的合法性来自于人民的授权以及政府行为对人民利益的维护。法律制度确认了各级政府的权力范围,肯定了各级政府作为地方人民利益代表的主体地位。政府作为具体规则的制定者,是受各群体各阶层的委托履行义务承担政治经济社会管理事务,是公众利益的代表者,政府同人民的关系实际上是代理和被代理的关系。[②] 地方政府基于地方经济发展和城市建设的需要,进行城市化改造和征地拆迁是对国家法律和经济发展规划的直接回应。城市公共服务的提供、基础设施的改善、社会保障体系的建立都需要大量的货币性收入。征地拆迁中,政府

[①] 不能把村干部简单地定性为政府的代表,村干部既有个体的利益诉求,也有符合村庄集体利益的发展诉求。同时,村庄治理属于科层制的延续,不得不服从基层政府的相关指令。但在实施征地拆迁,按照既定的赔偿标准督促村民尽快搬迁这一行为中,村干部更具有政府代表性。

[②] 〔美〕道格拉斯·C·诺斯:《经济史中的结构与变迁》,陈郁、罗华平译,上海人民出版社1994年版,第61—63页。

作为博弈主体,其所获得的土地级差地租,是以城市经济发展和公众利益为导向的。而"钉子户"的诉求在于个体利益最大化。农民作为理性经济人,追求利益最大化是正当且应该受到保护的行为。征地拆迁中,除了少数的"钉子户"之外,其他村民签订合同,同意拆迁的意思表示,同样是在满足了利益最大化的诉求之后才做出的。所以,从理性经济人的立场并不能把握"钉子户"的行动逻辑。只有回答了"为什么99%的人都同意拆迁,而只有1%的人成为钉子户"[①]这个问题,才能准确理解"钉子户"的抗拆逻辑。

金村的三个"钉子户"在利益最大化的导向下,都希望获得比普通村民更多的利益。这种利益既可以是经济利益也可以是政治利益,甚至可以是为了满足"怨气"的释放。从结果而言,三个"钉子户"都获得了比普通村民更多的利益。"钉子户"多获得利益,理论上表明公众共享的利益就减少,两者是负相关关系。并且就村庄场域而言,只有他们能成为"钉子户",其他村民不可能成为"钉子户",即普通村民不具备成为"钉子户"的社会资本、经济资本和政治资本。"钉子户"并不必然要求同时具备这三种资源,但其至少必须享有其中一种资源,否则,其难以成为"钉子户"。[②]

在利益博弈中,"钉子户"的行为超越了现有的制度规定,不管从行政治理的角度抑或是法治建设的角度,都属于被约束并制止的行为。但为何理论和实践中,都突出其"弱者"地位,并强调其"维权"意识呢?这与博弈的另一方主体——政府的地位不无关系。理论上政府是公众利益的代表,其所获得的土地级差地租,主要用于城市经济发展和社会保障的建设,但政府的组成及其运作模式使得其公益性大打折扣。公共选择理论质疑政府的公

[①] 在为期1个月的调研讨论中,杨华提出了这一关键的问题。至于99%的人同意拆迁,以及拆迁补偿条款过低、失地农民安置不充分等问题,与关于钉子户行为的分析是两个不同层面的问题。

[②] "钉子户"有两种类型,除了普通村民中的"强者"之外,还有一类就是村庄的弱势群体。这类人平时在村庄没有归属感,处于村庄的最底层,不仅对村干部也对村庄本身满怀积怨。征地拆迁中,也容易出现"弱者的反抗",奋力一搏,以死相拼,获得规则外的利益。从经验层面,本书并不涉及村庄弱者的"抗争",理论上,除非类似斯科特所描述的东南亚农民陷入生存之境的地步,征地拆迁中村庄弱者的反抗并不具备代表性和典型性。所以本书并不涉及对这一类"钉子户"的"抗争"行为的分析。

益性,从而强调对政府行为的约束,保证政府能代表公众利益行使各项职权。在公共选择理论看来,代表政府行为的工作人员是普通人,并不必然具有高尚的道德,也可能在公务中谋私利。其次政府作为机关法人组织,也有自身的利益诉求。① 而政府行使职能中,信息不对称也导致其极易侵害公众的利益。

具体而言,在征地拆迁过程中,地方政府的行为和职能出现偏差,表现在以下几个方面:

第一,并非基于"公共利益"而大肆圈地。根据我国《土地管理法》等相关法律的规定,地方政府基于"公共利益"的需要可以征收农民的土地。实践中,为了缓解地方财政压力和大量基础建设的投入,特别是在"任期制"的制约下,地方官员为了追求执政期间的政绩,会滥用公权力大肆圈地,基于商业发展需求以较低价格征收农民土地。由于缺乏有效的约束机制和利益平衡机制,使得政府的自利性行为膨胀,引发政府与被征地农民的对抗。

第二,政府行为不规范,操作过程不透明。法律政策上虽然规定了征地拆迁的公告公示程序、听证会等相关制度,但具体的操作机制并未能建立,导致实践中被拆迁方未能参与征地拆迁方案、征地拆迁的合理性认证、拆迁补偿等标准的确立,被拆迁方不能详细了解征地拆迁的相关信息,被拆迁方在征地拆迁中集体"失声",丧失了话语权。一旦政府信息不能及时公开,被拆迁方对于相关的信息及政策的执行就会产生怀疑和抵触情绪,导致不稳定因素。

第三,政府的变通主义做法,导致越拆越难拆。征地拆迁虽则进行了原则性规定,但政府享有一定的自由裁量权,决定被拆迁户的赔偿范围和赔偿金额,比如关于地上附着物的数量、附属房屋的面积及价格等。实践中,地方政府在与被拆迁户谈判时,会根据不同被拆迁户在村庄中所处的社会位置而进行区别对待:对于强势的被拆迁户,具体的赔偿数额会高一些;对于"好说话"的被拆迁户,给予最低标准的赔偿。随着时间的推移,这种"不透明"的"变通主义"的做法会在村庄范围内扩散化,引发村民对下一批次征

---

① 〔美〕路易斯.亨金:《权利的时代》,信春鹰译,知识出版社1997年版,第83—95页。

地拆迁的预期想象——被拆迁方要价越来越高,导致拆迁越来越难。为了保证博弈双方在有序的情况下进行正当的利益博弈,既保证"钉子户"的正当利益,也确保政府行为的公益性,必须完善征地拆迁制度中的博弈机制。

二、中国式征地拆迁的困境

政府变通主义的行为逻辑让农民对征地拆迁补偿款的想象成为现实:具有不同关系的人可以获得不一样的补偿款,采取不同的策略可以获得不同的补偿款。变通主义的行为逻辑直接导致的后果是:分批次的拆迁中,后拆迁的农民将以之前拆迁农民所获得的补偿款为标准进行谈判,后拆迁农民的补偿款只可能高于或与之前的持平,拆迁越来越难,政府的谈判成本越来越高。而一旦后拆迁的农户获得较多的拆迁利益,对于前一批次的拆迁农户而言,相对剥夺感就比较明显,也希望采取各种途径获得与后拆迁农户基本持平的补偿标准。这样就导致分批次拆迁过程中,矛盾纷繁复杂,基层政府疲于应付。这里就出现了一个悖论,政府采取变通主义行为逻辑,是不得已而为之,面对不同类型的农民采取的不同策略以及他们的异质性诉求,政府"被迫"走上策略主义的道路,否则,征地拆迁中的多数协议都难以签订,征地拆迁工作实难顺利进行。而一旦采取策略主义行为逻辑,政府则被这一行为逻辑套住。虽则解决了一个时间段的征地拆迁问题,但从长远来看,反而激发了征地拆迁中的诸多矛盾。分批次拆迁中的纵向对比以及同批次拆迁中,不同农民获得不同的拆迁补偿款。这两者都容易激发村庄中的矛盾,形成村庄中不稳定的因素。

基于以上对征地拆迁行为主体的微观视角分析,中国式的征地拆迁存在以下问题和困境:

第一,征地拆迁中的关键问题并不是保护农民土地权利的问题。从农民的角度而言,他们只是想尽一切办法获得更多的土地补偿款和养老保险。在农民的意识形态里,农民有义务服从城市化和工业化发展的安排和进路,但同时国家必须承担土地对农民的保障责任。就现有的生产技术和资源配置情况下,一亩地年收入大概在1000元左右,所以,农民希望土地被征之后,国家能承担农民养老的义务。他们虽则尽可能争取更多的土地补偿款,但土地补偿款的多少并不是他们关注的重点。而从抽象的权利的角度分析农民的权利是否被侵害,必须弄清楚中国土地发展权的相关问题。

第二,因征地拆迁而出现的上访问题不能证明政府行为的不合理和不合法。因征地拆迁引发的上访行为可以分为两类:一类是"利用型上访"。这类上访将征地拆迁作为一种手段,将其作为谈判的借口,借此满足其特殊的政治诉求和经济利益诉求。这类上访者的上访理由多集中反映任村干部的贪污腐败行为,诸如财务不公开、集体资产的处置不透明等。在"维稳"成为各地的中心工作之时,上访行为本身就对基层治理和干部的政绩评价有直接影响。所以,不管上访理由是否充分,基层政府为了保证治理的良好状态,维持基层的"稳定"局面,都会想一切办法"息访",从而借助其他资源满足上访者的不合理利益诉求。另一类是"援引型上访"。这类上访直接针对征地拆迁,但并不是反对征地拆迁,而主要是针对征地拆迁过程村集体是否可以依据土地所有权人身份获得土地补偿款的问题。根据土地法律的规定,村集体作为土地所有权人,可以获得一部分土地补偿款,不同地方根据不同的经济发展水平和村庄发展状况,集体和农户个人获得土地补偿款的比例并不一样。一般是以3∶7的比例进行分配,即农户获得70%,村集体获得30%。法律政策一直强调保证农户长期稳定的承包经营权,实践中,村集体作为土地所有权人的土地权利从模糊化到被虚化,集体难以行使任何土地权利,既不能调整土地也不能从收取土地承包费。正是在此基础上,征地拆迁中,某些强势的农民为了获得更多的补偿款,就主张村集体无权以土地所有权人身份获得土地补偿款。而村集体作为土地所有权人,当然认为自己可以获得每亩被占耕地的一定比例的土地补偿款。矛盾不可调和,从而出现了上访者。

不管是第一种类型的上访还是第二种类型的上访,两者都不反对征地拆迁,在某种程度上都是积极响应征地拆迁。进入大多数研究者视野的是,征地拆迁导致了上访事件,如果仅仅将认识和思考停留在"征地拆迁导致了上访事件",那就极容易陷入一种意识形态化的判断和道德评判,并基于这种想象提出关于征地拆迁等实践性极强的问题的政策建议。这将是非常危险的。征地拆迁中产生的上访问题,并不是基层政府暴力拆迁、野蛮拆迁、侵犯农民权益拆迁的后果,而是上访者利用了征地拆迁这一"契机",在现有的上访体制下,达到自己利益最大化的结果。当然并不排除征地拆迁中,某些地方政府有违反政策违反法律,一味追求政绩,从而在配套措施没有完善的情况下,强制性拆迁的事例。即使有,这样的事例也不应该成为征地拆迁的代表,更不能成为征地拆迁的唯一。征地拆迁是处于具体场域之内的具有自身逻辑的生活实践。对任何基于征地拆迁引发的事件的理解,需要建立在微观分析的基础上,才不至于陷入一种理论想象和逻辑建构。

第三,征地拆迁中呈现出来的农民的不满到底是什么?中国政府在公共管理事务中有出色的分类控制能力。[①] 能有效对被拆迁者进行正确的分类是采取有针对性措施的基础。更为关键的是,农民并不是一个整体,客观上确实存在不同类型的农民。毛泽东曾说过,任何有群众的地方,大致有比较积极、中间状态和比较落后的三部分人。征地拆迁中,既有非体制精英的积极配合,也有普通农民的"别人签,我也签"的处事方式,还有横扯的农民和钉子户。基层政府以变通主义的行动逻辑分别治理,最终签订协议,征地拆迁顺利进行。有效分类并以变通的方式进行各个击破是征地拆迁顺利进行的关键所在。不同类型的农民对于自己在村庄中的结构性地位有一个判断,基层政府也有一个判断。农民处于哪一个类型,则获得这个类型的农民获得的平均补偿款。也就是说,每一类型的农民对于自己应该获得的补偿款是以同类型农民获得的补偿款为参照系的。如果同一类型农民在被征资源相似的情况下,获得差不多的补偿款,农民不会滋生不公平感。一旦同一类型农民在被征土地和房屋条件差不多的情况下,但分配的补偿款有较大出入,则农民的不公平感会更明显,并表示出对征地拆迁行为的不满,即使签订了协议,也会基于对公平的诉求而要求重新签订合同。特别是一旦同

[①] 康晓光、韩恒:《分类控制:当前中国大陆国家与社会关系研究》,载《社会学研究》2005年第6期。

一类型中的农民,有些农民如果家庭正处于开支较多而收入较少的过渡时期,那么这种不公平感会非常强烈。

对不同类型采取不同的变通策略进行协商谈判,是一个不得已而为之也能产生实际效果的方法。但既然是变通,变通的尺度依据不同的人和不同的接受者的反应,则会产生不同的效果,一旦结合不同的家庭发展周期,那么差异甚微的效果则会被无限放大,从而部分农民滋生强烈的不公平感。也就是说,为了满足农民对公平的诉求,在具体拆迁中,要充分考量不同家庭周期农民的处境,做出人性化的合理安排。总而言之,征地拆迁中农民的不满,并不是抽象意义上对征地拆迁补偿款偏低的不满,亦不是想要获得其他城郊地区或大中型城市较高的土地补偿款。农民的不满并不在于与其他区域的横向比较,而主要局限在同一村镇区域范围内的横向比较,更为直接和更为关键的是对同一村庄内部同一类型的农民之间的比较。正是这种基于家庭周期考量以及村庄结构的认知形塑了农民对征地拆迁补偿款的期待。这个期待以本村镇的土地补偿款为参照,而主要以同类型村民的所获为比较对象。一旦这个期待没有得到应有的对待,农民的不满和不公平感就会比较强烈,并滋生出对征地拆迁合理性和合法性的怀疑。

第四,分批次的征地拆迁情况更为复杂。随着城市、工业化的扩大,同一区域范围内,土地和房屋呈现分批次被征的现象。拆迁中土地的补偿款和房屋的补偿款依据拆迁当时的经济发展水平和物价水平而定。这样导致的直接结果是,与现时段的征地拆迁补偿款相比,前几年拆迁的土地补偿款和房屋补偿款偏低。在同一区域内,相同的土地和房屋,补偿价格差异如此之大。先被征地的农民心里不平衡,在征地拆迁过程中会采取不同措施寻求政府的帮助和承诺。也就是说,不同阶段征地补偿款的差异是具有合理性的。但对于被征地的农民而言,同一区域的土地功能和作用相似,基于此,补偿款也应该一样。

总而言之,中国式的征地拆迁除了应在宏观层面探讨征地拆迁补偿款是否应该提高以及怎样提高的问题,还应该在微观层面具体分析不同区域征地拆迁的差异性,特别是具体分析每一次征地拆迁中,行为主体到底是如何行为以及动用了何种资源以达到自己作为理性人的最佳目的。通过微观的博弈论分析,我们发现,拆迁中的政府形象不是刚硬的"强者",被拆迁的农民也不是手无缚鸡之力的"弱者"。双方在拆迁过程中基于对对方的判断和认知,采取不同的策略进行协商,最终达成一致意见。政府以变通主义的行为逻辑与不同类型的农民进行协商谈判,一旦遭遇到横扯的农民和钉子户,在"时间"的限制之下,政府实际上处于被动的一方,不得不接受农民诸多不合理的诉求,以达成交易。变通主义行为逻辑解决了一时的拆迁问题,却面临着困境:因家庭发展周期的差异性,同样合理的补偿,对不同农民而言,差异甚大。基于对家庭发展周期的认识以及朴素公平感的期待,某些农民依然会产生不公平感,并质疑征地拆迁的合理性和合法性。特别是分批次的征地拆迁中,这一问题更加明显,即使每一阶段的征地拆迁都顺利进行,一旦农民进行对比,则多次平静的征地拆迁也会被搅得颇不平静,从而激起人们对征地拆迁行为的再一次反思。

第五节　土地权利与利益博弈

经历市场经济改革之后,计划经济时代由国家统一行使再分配资源的权力时代已经一去不复返。市场经济的迅速发展、公众思想观念的转变、社会结构的分化等都刺激了利益时代的到来。利益的分配主要不再取决于国家意志,市场和社会成为利益博弈的基本框架。① 土地权益是农民最大的权益,征地拆迁中,土地被占的农民,希冀获得更高的土地补偿款是应有之意。但笔者的调研发现,农民获得更多的土地补偿款并不是以土地的增值收益为参照系,而主要是在参考临近地域的土地补偿款及社区范围内大多数人的所得为参考依据。当然,农民接受以农业产值为基准的土地补偿款而放弃土地,其心理底线是国家和政府应承担失地农民的养老、医疗等社会保障

---

① 孙立平:《中国进入利益博弈时代》,载《经济研究参考》2005年第68期。

制度建设。从理论上来说,被征地的价值激增,并不是基于土地的内部增值,而是基于经济发展、交通改善等外部增值而导致的。所以,征地拆迁中政府与被征地农民的利益博弈应在满足"地利共享"的前提下进行制度化界定。[1]

一、从法律上规范利益博弈机制

法治社会中,作为调整人的行为的最重要的社会规范,法律是最终"裁决者"的适格主体。在中国进入利益博弈时代之际,不能否认利益博弈的存在,允许利益博弈的表达,并为利益博弈的表达和博弈制定规则,法律和制度化的机制的建立至关重要。[2]

首先,应对政府享有的实体权力进行清晰界定。征收权是政府享有的强制性行政权力,政府为了"公共利益"的需要,可以征收农民的土地。这是任何国家现代化发展中经历的阶段。为了确保政府享有的合法暴力不侵害被征收人的权益,必须明确界定"公共利益"。学界关于"公共利益"的研究颇多,笔者赞同采取概括性规定和具体列举相结合的方式界定"公共利益"。

其次,规范征地程序,充分保证农民的知情权,让农民理解土地补偿等相关规定的精神及依据。程序正义是实现实体正义的有效保证,只有保障征地程序的公平、合理、公正,才能防范规则外利益的大量流失。实践中,政府行为的不公开成为其备受诟病的理由之一。但不管是征地价格的协商,抑或是失地农民安置的解决,都必须以"地利共享"为前提。否则,在权利话语之下,农民以土地的市场价值为谈判依据,则会导致社会公众的利益受损,而滋生大量土地食利阶层。

最后,补偿方式多元化。现行的征地补偿以货币补偿为主,但货币补偿难以保证被征地农民后续的生活水准,应结合本国历史经验和其他国家经验,实现土地征收补偿方式的多样化,完善社会保障制度建设,确保农民失

---

[1] 龚春霞:《中国式征地拆迁的合理性辨性——兼评〈还权赋能——成都土地制度改革探索的调查研究〉》,载《南京农业大学学报(社会科学版)》2013年第2期。
[2] 龚世俊:《利益博弈时代的制度化选择》,载《学术界》2007年第2期。

地之后依然能享受与之前持平或较高水平的生活标准。

二、规范执法确保"地利共享"

制度化的规定仅仅只是实现良性利益博弈的第一步,静止的制度规定要落到实处,还必须严格"依法办事",既要抵制政府行为对农民权益的侵害,也要规范农民的博弈行为。既有关于征地拆迁的法律制度并不少,在完善既有法律规范的同时,更重要要保证法律的实践过程。市场经济条件下的征地拆迁过程中,理论上政府作为公众利益的代表,难以抵制其自利性冲动和行为,这体现了政府的自主性。但政府作为政治社会生活的主体与作为市场经济行为中的利益主体具有本质上的区别。征地拆迁中,政府的身份依然具有双重性,如何将政府行为严格界定在法律制度之内,成为一个影响征地拆迁平稳进行的重要因子。具体而言,应完善问责机制,严厉惩处政府的违法违规行为,加强监督体系的建立。另一方面,当99%的人都认可了政府行为,只有1%的钉子户进行"抗争"时。要在社区场域和社会主流话语之下厘清钉子户诉求的合理性问题。对于钉子户不合理的诉求,应采取抑制措施,防止其示范效应影响国家经济建设的平稳发展。

征地拆迁中涉及的土地问题具体表现为农民对征地的补偿不满,即使同意甚至想方设法寻求被拆迁,农民都会利用已有的资源,尽可能将利益最大化,在通过与政府的不断谈判、协商、再谈判中获得比较满意的土地补偿金,于是大多数征地拆迁都能顺利平稳如期完成。钉子户寻求比普通农户更高的土地补偿款,有的寄希望通过征地拆迁满足政治诉求,为了让政府满足其不合理诉求,他们必须使用村民并不具备的各种资源、信息和权利话语等,将利益"超大化"。钉子户的行为逻辑是利益博弈的逻辑而不是带有政治性诉求的抗争的逻辑,钉子户策略主义式的做法和政府变通主义的行为逻辑,一步步将征地拆迁带入越拆越难拆的境地。在利益博弈时代来临之际,在市场和社会的框架内进行利益博弈有其合理性和必然性。

当务之急,并不是杜绝利益博弈,而是给予博弈双方充分表达诉求的机会,建构良性的利益博弈机制,既满足农民对土地的合理利益诉求,也约束公权力机构政府的行政行为;既抵制政府行为对农民权利的侵害,也保证合法合理行政行为的有效性和权威性;既保证被征地农民对土地的利益诉求,也平衡公众对土地的外力增值享有的权利。通过法律制度化构建利益博弈机制并保证制度的可贯彻性和可执行性,抑制钉子户的不合理诉求,严惩政府的不合法行为,使中国式的征地拆迁能平稳顺利推进,满足城乡一体化发展下工业化城市化发展的需求。

第七章 结语:土地权利与地权的实践

在如何建构中国地权制度的研究和讨论中,"土地权利"成为不同学科、不同学者、不同论点都提及的高频词汇。不管学者关于地权构建的理论逻辑有多大差异,"土地权利"是各方必须首先面对并阐释的逻辑起点。从概念出发,土地权利是指土地上的权利配置关系,即不同主体对作为客体的土地享有的权利。关于概念的界定,容易出现同义反复的循环论证模式。关于土地权利的界定同样存在这个问题。如果说土地权利是关乎不同主体如何行使权利的问题,那么,在不同主体清晰的情况下,如何界定不同主体应该行使何种权利才是关键。在这个意义上,如何认识"权利"成为界定土地权利的基础。那么,权利到底是什么?进一步地,土地权利的设置会怎样影响地权的实践过程?同时,地权的实践是否会重构土地权利的安排,或者说在土地权利的设置下,地权的实践是否出现了"偏差",而这种"偏差"是否对土地权利的配置提出了新的挑战?

一、权利的内涵

"潘德克顿"体系的理论大师温特萨伊德认为,"权利是法律赋予主体的能力或者是意志的支配力。"①主体拥有某项权利,表明主体获得了法律的认可,能采取适当行为实现对权利客体的期待和意志。此时,对于权利的界定,突出了"主体"的单独性及重要地位,即主体处于何种关系网络或者是否受到相关条件的约束并不是权利概念主要考量的对象。或者说,关系网络或者相关条件必须服务于个体权利的实现,满足主体个人意志的需求。耶林呼吁"为权利而斗争",是这一权利观念的典型表现,处于社会生活中的个体,应该通过各种途径和方式实现个人权利;特别是个体权利与公权力的对峙中,要警惕公权力对个人权利、个人意志的侵害。个人权利和个人意志的实现高于国家公权力。西方法治发展过程中,虽然不同流派对于权利何以正当有不同的阐释,但都不否认个体权利的实现在西方法治发展中的重要性。西方国家的发展被认为是权利法治发展的结果,即以个人权利和个人责任为基础的法律制度的发展,推动了社会经济的发展和政治体制的演变。对个体权利的强调成为西方主要国家法治思想及法律制度建构的基石。

当"权利"的概念被引入中国社会时,"权利"背后的文化习俗和文化传统不可能复制过来。西方意义上对个体权利的强调,与个人责任伦理密切相关,个人权利和个体责任两者相辅相成。也就是说,个体既享有法律赋予的正当性去实现自己的自由意志,同时,也必须承担可能侵犯他人自由意志的责任。对个体权利的强调,实则包含了对个体责任义务的内涵。西方意义上"权利"观念进入中国社会之后,与中国社会的既有文化传统和国家治理方式发生了碰撞,这种碰撞表现在三个方面。

第一,"个体权利"遭遇"差序格局"的文化结构。"差序格局"强调个体在社会关系网络中的位置,虽则是同一主体,但由于处于不同的社会关系网络,则享有不同的权利,同时承当差异化的责任和义务。文化结构和社会心理观念不会因为一个外来概念的引入而改变。概念的使用,必须与社会环

---

① Bennardo Windscheid, Diritto del Pandette, Volume Primo, Dagli Avvocati Carlo Fadda, Paolo Emilio Bensa, Torino, 1902, pp169,转引自方新军:《权利概念的历史》,载《法学研究》2007年第2期。

境和文化结构相适应。在这个意义上,"权利"的内涵应该放置在中国社会文化结构中来理解。

第二,"个体权利"遭遇政法话语的国家治理模式。在中国共产党领导国家建设的过程中,以"权利"为核心的法律体系的建设是为了满足政治建设的需要。特别是在改革开放前,法律以服务于政治为特质。此时,"个体权利"让渡于国家建设。西方意义上个体权利在缺乏文化结构的同时,也缺失了区别于政治发展的独立性。

第三,"个体权利"遭遇国家经济建设的赶超目标。中国作为后发外生型现代化国家,法律的发展肩负着经济建设赶超的任务。在满足社会稳定发展和国家经济建设长远目标的双重压力下,对个人权利的强调必须与国家经济发展阶段及可利用的既有资源密切相关。与西方意义上个体权利的发展有匹配的资源供给相比,权利话语在中国的发展受制于人口竞争的压力和既有资源的限制。

马克思曾指出,"权利决不能超出社会的经济结构以及由经济结构制约的社会的文化发展"。[①] 权利的内涵界定及发展受制于所处社会的经济结构以及文化结构,从来没有抽象意义上和普适意义上的权利的内涵。权利虽则都可以表述为主体实现个人意志的能力。但在不同国家以及不同国家发展的不同阶段,如何界定主体的能力以及如何赋予主体行使相应能力、实现意志的正当性却大不相同。特别是对于处于转型中的中国社会而言,个体享有何种权利以及如何实现权利都必须考量中国社会的现实处境和发展阶段。比如,在饱受诟病的土地征收问题中,对"公共利益"的理解直接关乎农户个体权利的内涵及其实现程度。而"公共利益"的界定又与地方政府的经济发展密切相关。此时,农户个人权利的实现问题就演变为地方政府该如何发展的问题,进一步演变为中央与地方关系问题。概括而言,权利的内涵需要从国家宏观发展角度来阐释,考量经济社会发展阶段及既有文化结构的影响。权利的概念表述虽则固定,但随着社会的发展和文化的演变,权

---

① 《马克思恩格斯选集》(第3卷),人民出版社1995年版,第305页。

利的内涵将随之变动,这依托于不同主体的解释。正是在这个意义上,在中国社会发展的转型阶段,中国现实的复杂性、多元性促使学术界从不同的角度出发,阐释了关于土地权利的内涵问题,以解释发展中呈现的诸多问题(本书第二章到第六章呈现的关于地权实践的不同面向中,可以窥见不同学者对土地权利问题的不同理解和阐释),并基于对问题的分析,提出可能的解决方案。

二、土地权利的设置

设置权利是为了实现个人意志。利益博弈时代,个人意志的主要表现即在于实现个体对利益的诉求。此时,配置权利是为了保障利益,权利配置的差异性,实则是不同利益竞争的结果。社会发展阶段及现实处境会改变权利的内涵,推动权利的演变,那么,土地权利的界定同样需要面临中国发展的现实处境,情景化地理解中国现阶段土地权利配置问题。

两种不同性质的土地及其用途构成了中国土地权利配置的第一个现实处境。在中国城市化不可能一蹴而就的发展过程中,农地(包括耕地和农村建设用地)承载着超出经济价值以外的社会责任和伦理价值。在任何经济发展情况下,农民事实上保有或使用农地,成为保持农村稳定和社会发展的重要因素。宅基地保障农民在任何情况下可以享有基本的居住环境;耕地的利用,能保障农民的基本口粮需求,并减少隐性支出。中国政府实施的土地用途管制政策,正是基于对两种不同价值诉求的土地的正确判断。农地的使用既要考量经济效益,同时还必须认真对待农地之上的社会效益。对土地权利的设置,必须从这一基本前提出发。从制度层面而言,不应该鼓励农民"出售"土地,寄希望于"想象"的收益。同时,也要杜绝部分"农民"因土地的地理位置而获得高额的土地增值收益,客观上"剥夺"了全社会共享的土地价值。地权的设置应该保障农民通过土地获得收益的同时,还能保有土地。警惕经济发展陷入困境时,失地农民对社会发展的强大冲击。

非农建设用地的价值主要来自于外力增值。土地权利的设置是为了解决土地利益分配的问题。土地利益有两大增值路径:自力增值和外力增值。

所谓自力增值,强调基于土地的物理属性,比如土地的肥沃度、地质性状等带来的土地价值的增加。土地权利人的投资是导致土地内力增值的主要原因,因内力增值而产生土地价值应该由土地权利人(土地所有权人和土地承包经营方)享有。土地内力增值对农业生产有一定影响,承包经营权人对耕地的内力增值,将提高农业产出。所谓外力增值强调外在的社会性投资所导致的土地价值的激增,主要包括交通设施的改善、通讯、能源等基础设施的建设,以及商场、工厂、金融机构等工商业投资的发展,医院、学校等公共事业设施的健全。[1] 外力增值导致的土地价值激增,并非出自土地权利的投资,而是社会大众共同努力的结果,依赖于国家、政府、公私单位长期投资积累。[2] 由于土地的用途管制政策,外力增值对耕地价值的影响甚小,但外力增值推升了非农建设用地的级差收益。由于外力增值是整个社会大众共同努力的结果,非农建设用地以及因城市化发展被征收土地所产生的价值,就应该由全社会共享。那么,土地权利的设置就应该以此为考量,确立保障全民受益的制度安排。

资本下乡重新分配农地利益是土地权利设置面临的第二个现实处境。在农业现代化、规模化、产业化的浪潮中,农地之上的"利益"逐渐被发掘,资本趋之若鹜。逐利是资本的本性,工商资本纷纷进入农地市场,大规模流转耕地成为资本获利的重要方式。就耕地而言,资本获得高额经济收益,并不依靠土地产出,除了政府大量的财政支持外,更多收益体现在产业链的整个生产、销售、服务领域。[3] 就农业产出而言,适度规模的家庭种植所产生的经济效益并不低于大规模土地流转之后的经济收益,这已经被诸多研究者所论证。党的十八届三中全会后,中央强调家庭农场的经营,也是对以"家庭"

---

[1] 周诚:《土地经济学原理》,商务印书馆 2003 年版,第 347 页。
[2] 陈柏峰:《土地发展权的理论基础与制度前景》,载《法学研究》2012 年第 4 期。
[3] 据报道,湖北日报 2013 年 1 月 18 日报道了湖北禾丰模式的经营情况。禾丰集团流转 2.5 万亩土地,耕种水稻。保证农民的租金每亩不低于 898 元。2012 年,禾丰集团在农业种植环节亏损 800 万。报道同时指出,农业种植环节亏损,不代表整个集团亏损。从集团种植、加工、销售全产业链盘点,禾丰集团 2012 年盈利 2000 多万元。在整个产业链中,产业链后端的利润超过产业链前端。参见张爱虎:《种粮大户 800 万元亏损之惑》,载《湖北日报》2013 年 1 月 12 日。

为单位的经营主体的认可和鼓励。禾丰模式表明资本下乡流转土地,难以保证农业高产。不宜鼓励资本下乡推动大规模土地流转,由工商资本获得大量的土地收益,这种收益既包括土地的基本产出,还包括以土地产出为核心形成的整个产业链所产生的收益。

此外,资本的涌入"剥夺"了农民的耕种权。第二次农业普查的资料显示,2009 年我国农村住户 2.22 亿,其中农业生产经营户 1.98 亿,这其中纯农户为 1.67 亿,其余为农业或非农业兼业户。数据显示,纯农户的比例高达 75.23%,真正脱离农业经营的仅占 10.81%。在家庭迁徙不完整、农民难以在城市完成劳动力再生产的背景下,依托于土地耕种的纯农户将持续存在。资本涌入农村土地市场,以土地集中、规模经营为目标,这将必然侵犯纯农户的耕种权。在农村分层的背景下,以中农为代表的中间阶层的土地利益被资本大量侵蚀。陈锡文的研究表明,在发展农业现代化的过程中,农业生产要素的流动实际上还受到多重因素的制约。[①] 土地集中、规模经营还必须与农业人口的转移程度相适应,在农村人口不能大规模彻底进入城市并长期生活时,一味强调规模经营会导致纯农户在城市和农村均无立足之地。一旦大规模的农户失去了土地耕种权,当工商资本遭遇经济困境时,失去地租及土地耕种权的农户将成为社会不稳定的因子。正是在这个意义上,土地权利设置需要保障纯农户的耕种权,以保障任何情况下,实现大多数农户的基本生存诉求。

三、土地权利与地权的实践

根据我国《物权法》及《土地管理法》等基本法律的规定,农民对农地行使承包经营权;农民基于身份行使宅基地使用权。从土地权利设置的历史流变来看,与土地相关的法律法规,日趋强调农民作为个体对土地行使的权利,普适意义上强调地权话语,最先滋生了转型期中国地权实践的逻辑。利益博弈时代,个体权利意识的增长以及非农建设用地价值的激增,催生了大

---

① 陈锡文:《加快发展农业现代化》,载《求是》2013 年第 2 期。

量的地权纠纷和地权博弈策略;同时,资本裹挟着普适意义上的地权话语,对中国式地权市场的发展产生了重要影响;另一方面,当我们从农民和农村的角度理解地权实践时,不能忽视大多数农民在农业生产领域的地权诉求。基于此,地权话语的实践、地权诉求的实践、地权纠纷的实践、地权博弈的实践及地权市场的实践构成了转型期中国地权实践的多个面向。不同的地权实践面向强调了地权实践的某一个方面,同时,也不排斥其他方面的交互作用。比如地权纠纷的实践与地权博弈的实践,如何协调地权纠纷是两者的共性,但笔者对地权纠纷的阐释视角有别于地权博弈的理解。与地权博弈突出不同主体的博弈策略相比,地权纠纷强调从农村内生视角及村民心理状态分析问题。在这个意义上,地权实践的不同面向之间在某些方面存在论述的共性。也正是这种共性,让笔者能从地权实践的角度来理解土地权利的配置问题。正是普遍意义上对土地权利话语的推崇,使得转型期中国地权的实践呈现了各个章节地权实践的诸多问题。基于此,土地权利的配置,应该悬置权利话语,而重新从地权实践的视角,在充分考量中国地权发展现实处境的基础上,在不同主体间分配权利,实现不同主体的自由意志。具体而言,在土地权利话语下,现阶段中国地权实践呈现的共性表现在以下几个方面:

首先,土地权利话语激发了农民的地权意识。农民地权意识的增长使得其行为逻辑强调个体的利益诉求,而忽视了农业生产领域的合作性。这不仅表现在农民之间关系的恶化,难以合作,也表现在农民与农民集体之间难以开展有效对话,改善农业生产环境。在土地征收领域,伴随土地价值激增的背景,土地的多少,直接决定了可能获得土地补偿款的多少,农民之间展开"寸土必争、寸土不让"的"夺地"行为。在村庄凝聚力和村庄共识丧失的情况下,农户之间地权纠纷激增;农户与农民集体之间展开关于土地增值收益分配的地权博弈。抽象意义上土地权利话语忽视了村庄内生视角及中国转型所面临的现实处境。也就是说,在微观和宏观层面上,土地权利话语没能对中国的土地制度进行"情景化"理解。"农民"概念的内涵更趋丰富。中国农民已经发生了极大的分化,不同的农民有不同的诉求,当讨论农民对土地权利的要求时,必须厘清是哪些农民。另一方面,地权诉求呈现极大的差异性。土地性质的差异及土地所具有的不同的价值诉求,使得农民对土地权利的要求具有差异化特征。当讨论土地权利时,要追问是耕地的权利诉求,还是建设用地的权利诉求。

其次,资本裹挟土地权利话语侵蚀农村市场。随着城市化进程加快,城市建设用地日趋紧张。政策界和学界开始探讨如何利用农村建设用地指标满足城市建设发展的需要,在节约集约利用建设用地的基础上,合理规划城乡用地布局,满足城市工商业发展的需要,同时改善农民居住环境。正是在这一背景下,农村建设用地(以宅基地为代表)如何进入市场,实现农民地权价值的最大化成为讨论的重点问题。主张土地权利话语的学者指出,不能流通的财产不能实现财产的最大价值,禁止农村建设用地进入土地一级市场是不承认宅基地是农民财产的表现。土地权利话语的表达与经济发达地区城市化发展对建设用地的需求,助推了农村建设用地直接入市的诉求。

农村宅基地是否能直接进入土地一级市场交易,是一个宪法问题。农民的基本生存需求决定了农村宅基地的分配制度,农民基于身份获得宅基地,这不仅是赋予农民的基本福利,而且是国家土地管理法规体系的一个核心部分。随着人口的持续增长,农村宅基地资源将日趋紧缺。市场交易中,稀缺资源价格极高,表现在两个方面,权利主体可以以高价出售宅基地,同时也意味着必须要以更高的价格再次获得相同面积和相同地段的宅基地。资本逐利的表现之一,即以低价购进,待价而沽后,高价卖出。市场交易中,农民并不具备获得相关信息的能力和渠道,资本具有天然的优势。在土地权利话语的推动下,农民的宅基地一旦自由交易,极有可能出现农民既不能在农村安家,也难以在城市立足,遂成为流民,生活难以为继。既有法律关于宅基地不得抵押、转让或被强制执行的规定,确保了任何情况下农民不致因贫穷流离失所。当然,随着社会经济的发展和社会保障福利体系的建立,当中国农民具备足够的抵御风险的经济能力,能自由选择在城市或乡村完成劳动力再生产时,农村建设用地是否能自由转让才是一个真问题。

再次,从农村和农民的视角谈土地,兼顾宏观发展目标与微观社会生活的实践。20世纪90年代开始,"三农"问题一直是学界和政策界持续关注的问题。在国家经济发展逐步提高的背景下,国家对农村的投入持续增加,农村、农民和农业问题得到了极大的改善。在农村人口依然占中国人口的极大比重,农村发展成为制约中国稳定与发展的重要因子的情况下,改革转型期间,如何处理"三农"问题对中国经济社会发展的影响至关重要。那么,"三农"问题中,哪一个问题应该是现阶段考虑中国农村问题的关键点。即应该是以农业发展为重,还是以农村发展,抑或农民发展为重。思考问题的出发点,决定了可能的路径选择和政策建议。

不管是地权诉求、地权纠纷、地权市场还是地权博弈,虽然问题纷繁复杂,但都是以农村社会为背景,农民成为地权实践的不同主体。农村如何发展和农民何以为生才是"三农"问题的关键所在。关于地权制度的安排必须充分考量农村社会的长远发展,以及农民生活的未来预期,而不能以农业现代化、规模化为当然理由剥夺农民安居乐业的基本生存权和人权。在资本与权力话语的合谋下,农业现代化的受益方并不是农民,也不是农村,依然是资本。工商资本推动大规模土地流转后,农民获得的只是基本的租金,这还必须以资本获利为前提。资本在产业链获得的收益,与农民没有任何关系。另一方面,在土地权利话语的村庄实践中,农村呈现出的农民之间关系的理性化、利益导向化。资本、权利、市场等进驻农村,不仅仅是对农村经济发展的刺激,更重要的是对农村社会文化价值和功能的侵蚀。

最后,从地权的实践角度思考地权的建构问题,实则是要求从农村的长远发展和农民之间的微观生活的角度深刻理解地权的实践过程。这就要求地权制度的构建需要考量以下几个关键问题:(1)在村庄语境下理解地权的实践逻辑,强调对微观地权过程的认知和反思。通过区域差异视角,对不同经济发展状况和发展阶段的地权制度进行合理规划。经济发达地区,城市化辐射程度较高的区域,可以进行农村建设用地入市的实验,但必须警惕盲目的城市化扩张和抽象土地权利话语对地权市场的操控。(2)地权制度的构建要充分考量村庄的社会文化价值。如果说市场化是一个不可逆的潮流,但至少可以减少资本进驻农村对村庄生活的冲击。特别需要警惕,资本与权力合谋之后,地方政府在追求政绩的刺激下,不合理使用农地,侵害农民利益。(3)农业生产依然是农村社会稳定发展和国家粮食安全的基本保障。在大多数农民家庭不能在城市完成劳动力再生产和获得基本福利的情况下,以中农为代表的农民中间阶层应该成为农业生产的主体。一定规模的家庭农场的农业生产,同样需要农户之间的有效合作。为了实现农民之间的有效合作,需要重新认识基层政府(乡村)在农业生产中的组织领导作用。

中国地权市场镶嵌在中国城市经济快速发展的大背景、中国城乡二元结构体制,以及农民分化的社会文化关系网络中,对任何抽象话语和普适性话语的理解都必须与制度的实践过程相联系。从实践的逻辑出发,而不是理论的逻辑出发,才能理解发生在中国地权制度构建中的诸多问题。唯如此,我们才能期待一个美好的农村社会、幸福的农民生活和强大繁荣的国家。

主要参考文献

一、著作和教材

（一）外国学者著作和教材

1.《马克思恩格斯选集》（第2卷），人民出版社1995年版。

2.《马克思恩格斯选集》（第3卷），人民出版社1995年版。

3.〔德〕柯武刚、史漫飞：《制度经济学——社会秩序与公共政策》，韩朝华译，商务印书馆2008年版。

4.〔古希腊〕亚里士多德：《政治学》，吴寿彭译，商务印书馆1965年版。

5.〔美〕R.科斯、A.阿尔钦、D.诺斯等：《财产权利与制度变迁——产权学派与新制度学派译文集》，刘守英等译，上海三联书店、上海人民出版社1994年版。

6.〔美〕亚当·斯密：《国民财富的性质和原因的研究》（上下卷），郭大力、王亚南译，商务印书馆1972年版。

7.〔美〕理查德·A.波斯纳：《法律的经济分析》（上下），蒋兆康译，林毅夫校，中国大百科全书出版社1997年版。

8.〔美〕杜赞奇:《文化、权力与国家——1900—1942 的华北农村》,王福明译,江苏人民出版社 2004 年版。

9.〔美〕黄宗智:《长江三角洲小农家庭与乡村发展》,中华书局 2000 年版。

10.〔美〕E.博登海默:《法理学-—法律哲学与法律方法》,邓正来译,中国政法大学出版社 2004 年版。

11.〔美〕道格拉斯·C.诺思:《制度、制度变迁与经济绩效》,杭行译,韦森审校,格致出版社 2008 年版。

12.〔美〕道格拉斯·C.诺思:《经济史中的结构与变迁》,陈郁、罗华平译,上海人民出版社 1994 年版。

13.〔美〕塞缪尔·P.亨廷顿:《变动社会的政治秩序》,张岱云等译,上海译文出版社 1989 年。

14.〔美〕史蒂芬·霍尔姆斯:《权利的成本:为什么自由依赖于税》,毕竞悦译,北京大学出版社 2011 年版。

15〔美〕L.亨金:《权利的时代》,信春鹰、吴玉章、李林译,知识出版社 1997 年版。

16.〔美〕罗斯科·庞德:《通过法律的社会控制》,沈宗灵译,商务印书馆 2010 年版。

17.〔美〕安德鲁·肖特:《社会制度的经济理论》,陆铭、陈钊译,上海财经大学出版社 2003 年版。

18.〔法〕卢梭:《社会契约论》,何兆武译,商务印书馆 2003 年版。

19.〔英〕David M. Walker:《牛津法律大辞典》,李双元等译,法律出版社 2003 年版。

(二) 中国学者著作和教材

1. 陈锡文、赵阳、罗丹:《中国农村改革 30 年回顾与展望》,人民出版社 2008 年版。

2. 陈小君:《农村土地法律制度研究——田野调查解读》,中国政法大学出版社 2004 年版。

3. 成汉昌:《中国土地制度与土地改革——20世纪前半期》,中国档案出版社1994年版。

4. 陈柏峰:《乡村江湖:两湖平原混混研究》,中国政法大学出版社2011年版。

5. 陈东琪、银温泉:《打破地方市场分割》,中国计划出版社2002年版。

6. 陈辉:《村将不村——鄂中村治模式研究》,山东人民出版社2009年版。

7. 费孝通:《乡土中国 生育制度》,北京大学出版社1998年版。

8. 范愉:《纠纷解决的理论与实践》,清华大学出版社2007年版。

9. 郭德宏:《中国近现代农民土地问题》,山西人民出版社1993年版。

10. 郭亮:《地根政治——江镇地权纠纷研究(1998—2010)》,社会科学文献出版社2013年版。

11. 贺雪峰、罗兴佐等:《中国农田水利调查:以湖北省沙洋县为例》,山东人民出版社2012年版。

12. 贺雪峰:《地权的逻辑Ⅱ——地权变革的真相与谬误》,东方出版社2013年版。

13. 贺雪峰:《地权的逻辑——中国农村土地制度向何处去》,中国政法大学出版社2010年版。

14. 贺雪峰:《什么农村 什么问题》,法律出版社2008年版。

15. 贺雪峰:《新乡土中国——转型期乡村社会调查笔记》,广西师范大学出版社2003年版。

16. 胡鞍钢、胡联合等:《转型与稳定:中国如何长治久安》,人民出版社2005年版。

17. 海闻主编:《中国乡镇企业研究》,中国工商联合出版社1997年版。

18. 李培林:《中国新时期阶级阶层报告》,辽宁人民出版社1995年版。

19. 李昌平:《我向总理说实话》,光明日报出版社2002年版。

20. 林毅夫:《制度、技术和中国农业发展》,三联书店1994年版。

21. 林万龙:《中国农村社区公共产品供给制度变迁研究》,中国财政经济出版社 2003 年版。

22. 刘俊:《土地权利沉思录》,法律出版社 2009 年版。

23. 刘世定:《占有、认知与人际关系》,华夏出版社 2003 年版。

24. 龙登高:《地权市场与资源配置》,福建人民出版社 2012 年版。

25. 罗兴佐:《农村公共品供给:模式与效率》,上海学林出版社 2013 年版。

26. 罗兴佐:《治水:国家介入与农民合作——荆门五村农田水利研究》,湖北人民出版社 2006 年版。

27. 《毛泽东选集》(第一卷),人民出版社 1977 年版。

28. 《毛泽东选集》(第五卷),人民出版社 1977 年版。

29. 孟勤国等:《中国农村土地流转问题研究》,法律出版社 2009 年版。

30. 孟卫国:《中国土地权利研究》中国政法大学出版社 1997 版。

31. 钱穆:《中国历代政治得失录》,生活、读书、新知三联书店 2005 年版。

32. 强世功:《法制与治理——国家转型中的法律》,中国政法大学出版社 2003 年版。

33. 曲福田:《中国工业化、城镇化进程中的农村土地问题研究》,经济科学出版社 2010 年版。

34. 苏力:《送法下乡——中国基层司法制度研究》,中国政法大学出版社 2000 年版。

35. 吴象:《中国农村改革实录》,浙江人民出版社 2001 年版。

36. 张乐天:《告别理想:人民公社制度研究》,上海人民出版社 2005 年版。

37. 张佩国:《近代江南乡村地权的历史人类学研究》,上海人民出版社 2002 年版。

38. 张五常:《新买桔者言》,中信出版社 2010 年版。

39. 张曙光主编:《中国制度变迁的案例研究》(土地卷·第八集),中国财政经济出版社 2011 年版。

40. 赵阳:《共有与私用——中国农地产权制度的经济学分析》,三联书店 2007 年版。

41. 周诚:《土地经济学原理》,商务印书馆 2003 年版。

42. 周其仁::《产权与制度变迁——中国改革的经验研究》,北京大学出版社 2004 年版。

43. 朱光磊:《当代中国社会各阶层分析》,天津人民出版社 2007 年版

二、论文

(一) 期刊和论文集论文

1. 蔡虹:《农村土地纠纷及其解决机制研究》,载《法学评论》2008 年第 2 期。

2. 蔡继明:《对农地制度改革方案的比较分析》,载《社会科学研究》2005 年第 4 期。

3. 蔡继明:《我国土地制度改革的顶层设计》,载《经济纵横》2013 年第 7 期。

4. 蔡继明:《中国土地制度改革论要》,载《东南学术》2007 年第 3 期。

5. 藏得顺:《藏村"关系地权"的实践逻辑——一个地权研究的分析框架的构建》,载《社会学研究》2012 年第 1 期。

6. 曹锦清:《坚持土地家庭承包制还是土地私有化》,载《华中科技大学学报》2009 年第 1 期。

7. 曹正汉:《产权的社会建构逻辑——从博弈论的观点点评中国社会学家的产权研究》,载《社会学研究》2008 年第 1 期。

8. 陈柏峰、董磊明:《治理论还是法治论——当代中国乡村司法的理论建构》,载《法学研究》2010 年第 5 期。

9. 陈柏峰、林辉煌:《农田水利的"反公地悲剧"研究》,载《人文杂志》2011 年第 6 期。

10. 陈柏峰:《农地的社会功能及其法律制度选择》,载《法制与社会发展》2010 年第 2 期。

11. 陈柏峰:《土地发展权的理论基础与制度前景》,载《法学研究》2012 年第 4 期。

12. 陈锋:《"祖业权":嵌入乡土社会的地权表达与实践——基于对赣西北宗族性村落的田野考察》,载《南京农业大学学报(社会科学版)》2012 年第 2 期。

13. 陈胜祥:《农民土地所有权认知与农地制度创新——基于 1995—2008 年实证研究文献的统计分析》,载《中国土地科学》2009 年第 11 期。

14. 陈锡文:《加快发展农业现代化》,载《求是》2013 年第 2 期。

15. 陈小君:《农村集体土地征收的法理反思与制度重构》,载《中国法学》2012 年第 1 期。

16. 陈小君:《我国〈土地管理法〉修订:历史、原则和制度——以该法第四次修订中的土地权利制度为重点》,载《政治与法律》2012 年第 5 期。

17. 陈义媛:《遭遇资本下乡的家庭农业》,载《南京农业大学学报(社会科学版)》2013 年第 6 期。

18. 陈义媛:《资本主义式家庭农场的兴起与农业经营主体分化的再思考——以水稻生产为例》,载《开放时代》2013 年第 4 期。

19. 程世勇:《城乡建设用地流转:体制内与体制外模式比较》,载《社会科学》2010 年第 6 期。

20. 程世勇、李伟群:《城市化进程中农村建设用地地权交易绩效分析》,载《特色社会主义研究》2009 年第 4 期。

21. 程世勇、李伟群:《地权市场演进和要素组合的制度绩效:1978—2008》,载《社会科学研究》2009 年第 5 期。

22. 邓宏图、崔宝敏:《制度变迁中的中国农地产权的性质:一个历史分析视角》,载《南开经济研究》2007 年第 6 期。

23. 丁萌萌:《民国时期土地政策变化对地权市场的影响——以江浙农村为例》,载《北京社会科学》2013 年第 6 期。

24. 董国礼:《中国土地产权制度的变迁:1949—1998》,载《中国社会科学辑刊》2000年秋季卷。

25. 董磊明、陈柏峰、聂良波:《结构混乱与迎法下乡——河南宋村法律实践的解读》,载《中国社会科学》2008年第9期。

26. 杜敬:《土地改革中没收和分配土地问题》,载《中国社会科学》1982年第1期。

27. 方新军:《权利概念的历史》,载《法学研究》2007年第2期。

28. 方行:《清代前期的土地产权交易》,载《中国经济史研究》2009年第2期。

29. 方行:《中国封建社会的土地市场》,载《中国经济史研究》2001年第2期。

30. 高圣平、刘守英:《集体建设用地进入市场:现实与法律困境》,载《管理世界》2007年第3期。

31. 高圣平、刘守英:《〈物权法〉视野下的〈土地管理法〉修改》,载《中国土地科学》2008年第7期。

32. 龚春霞:《地权共识与规则混乱》,载《华中科技大学学报(社会科学版)》2013年第4期。

33. 龚春霞:《中国式征地拆迁的合理性辨析——兼评〈还权赋能——成都土地制度改革探索的调查研究〉》,载《南京农业大学学报(社会科学版)》2013年第2期。

34. 龚启圣、刘守英:《农民对土地产权的意愿及其对新政策的反应》,载《中国农村观察》1998年第2期。

35. 龚世俊:《利益博弈时代的制度化选择》,载《学术界》2007年第2期。

36. 郭德宏:《旧中国土地占有状况及发展趋势》,载《中国社会科学》1989年第4期。

37. 郭亮:《不完全市场化——理解当前土地流转的一个视角——基于河南Y镇的实证调查》,载《南京农业大学学报(社会科学版)》2010年第

4 期。

38. 郭亮:《土地流转的三个考察维度》,载《调研世界》2009 年第 2 期。

39. 郭亮、阳云云:《当前农地流转的特征、风险与政策选择》,载《理论视野》2011 年第 4 期。

40. 郭亮、杨蓓:《信访压力下的土地纠纷调解——来自湖北 S 镇的田野经验》,载《当代法学》2012 年第 2 期。

41. 郭亮:《资本下乡与山林流转——来自湖北 S 镇的经验》,载《社会》2011 年第 3 期。

42. 韩俊:《中国农村土地制度建设三题》,载《管理世界》1999 年第 3 期。

43. 贺雪峰:《地利共享是中国土地制度的核心》,载《学习与实践》2012 年第 6 期。

44. 贺雪峰、罗兴佐等:《乡村水利与农地制度创新——以荆门市"划片承包"调查为例》,载《管理世界》2003 年第 9 期。

45. 贺雪峰:《土地流转意愿与后果简析》,载《湛江师范学院学报》2009 年第 2 期。

46. 侯钧生:《"价值关联"与"价值中立"——评 M·韦伯社会学的价值思想》,载《社会学研究》1995 年第 3 期。

47. 胡亮:《"找价"的社会学分析》,载《社会》2012 年第 1 期。

48. 胡玉鸿:《法治社会与和谐社会能否共存及何以共存》,载《法治研究》2007 年第 1 期。

49. 黄鹏进:《基于学科比较的农村地权冲突研究述评》,载《中国土地科学》2013 年第 7 期。

50. 黄志冲:《农村公共品供给机制创新的经济学研究》,载《中国农村观察》2000 年第 6 期。

51. 黄宗智:《认识中国——走向实践出发的社会科学》,载《中国社会科学》2005 年第 1 期。

52. 会议专家组(2012 年度"土地制度、户籍制度与城市化"圆桌会议,达成共识的署名专家有蔡继明、黄祖辉、文贯中等 17 位):《关于土地制度改革的三点共识》,载《科学发展》2013 年第 5 期。

53. 蒋省三、刘守英、李青:《土地制度改革与国民经济成长》,载《管理世界》2007 年第 9 期。

54. 孔泾源:《中国农村土地制度:变迁过程的实证分析》,载《经济研究》1993 年第 2 期。

55. 李爱荣:《拆迁高补偿与财产权的法律保护》,载《法学》2008 年第 2 期。

56. 李京文:《中国乡镇企业发展成就与展望》,载《江汉论坛》1995 年第 5 期。

57. 李立志:《土地改革与农民社会心理变迁》,载《中国农村观察》2002 年第 4 期。

58. 李再杨:《土地制度变迁的比较研究》,载《当代经济科学》1999 年第 5 期。

59. 刘德军:《近十年农村人民公社研究综述》,载《毛泽东思想研究》2006 年第 2 期。

60. 刘洪仁:《改革开放以来的农民分化》,载《山东省农业管理干部学院学报》2007 年第 4 期。

61. 龙登高等:《近世中国农地产权的多重权能》,载《中国经济史研究》2010 年第 4 期。

62. 龙登高:《地权交易与生产要素组合:1650—1950》,载《经济研究》2009 年第 2 期。

63. 龙登高:《11—19 世纪中国地权市场分析》,载《中国农史》1997 年第 3 期。

64. 陆学艺、张厚义:《农民的分化、问题及对策》,载《农业经济问题》1990 年第 1 期。

65. 吕德文:《媒介动员、钉子户与抗争政治——宜黄事件再分析》,载《社会》2012 年第 3 期。

66. 马良灿:《地权是一束权力关系》,载《中国农村观察》2009 年第 2 期。

67. 梅东海:《社会转型期的中国农民土地意识——浙、鄂、渝三地的调查报告》,载《中国农村观察》2007 年第 1 期。

68. 〔美〕罗伯特·C. 埃里克森:《复杂地权的代价:以中国的两个制度为例》,载《清华法学》2012 年第 1 期。

69. 〔美〕裴宜理、阎小骏:《社会运动理论的发展》,载《当代世界社会主义问题》2006 年第 4 期。

70. 钱忠好:《农村土地承包经营权产权残缺与市场流转困境:理论与政策分析》,载《管理世界》2002 年第 6 期。

71. 钱忠好、曲福田:《中国土地征收制度:反思与改革》,载《中国土地科学》2004 年第 10 期。

72. 秦晖:《关于传统租佃制若干问题的商榷》,载《中国农村观察》2007 年第 3 期。

73. 秦晖:《中国农村土地制度与农民权利保障》,载《探索与争鸣》2002 年第 7 期。

74. 曲福田:《我国土地市场发育程度测算与实证研究——以东、中、西部为例》,载《经济地理》2008 年第 5 期。

75. 申端锋:《农民的合作与想象》,载《读书》2007 年第 9 期。

76. 申静、王汉生:《集体产权在中国乡村生活中的实践逻辑——社会学视角下的产权建构过程》,载《社会学研究》2005 年第 1 期。

77. 史卫民:《农村土地承包纠纷——特点、类型及其解决》,载《理论探索》2010 年第 1 期。

78. 史卫民:《农村土地纠纷的主要类型与发展趋势》,载《现代经济探讨》2010 年第 1 期。

79. 宋亚平:《"祸兮福之所倚,福兮祸之所伏"——政府主导下的农村土地流转调查》,北京大学中国与世界研究中心《研究报告》2012 年第 11 期。

80. 孙恪廉:《从成都实践看党的十七届三中全会决定》,载《成都行政学院学报》2009 年第 1 期。

81. 孙立平:《中国进入利益博弈时代》,载《经济研究参考》2005 年第 68 期。

82. 孙文华:《地方政府道德风险与失地农民问题》,载《中国土地科学》2008 年第 6 期。

83. 孙新华:《农业企业化与农民半无产化——工商企业流转农地对农村生产关系的再造》,载《中国研究》2013 年秋季卷。

84. 谭淑豪、曲福田等:《土地细碎化的成因及其影响因素分析》,载《中国农村观察》2003 年第 6 期。

85. 田传浩、贾生华:《农地制度、地权稳定性与农地使用权市场发育:理论与来自苏浙鲁的经验》,载《经济研究》2004 年第 1 期。

86. 田传浩、曲波、贾生华:《农地市场与地权配置:国际经验及其启示》,载《江苏社会科学》2004 年第 4 期。

87. 田先红:《农田水利的三种模式比较及启示》,载《南京农业大学学报(社会科学版)》2012 年第 1 期。

88. 万举:《制度效率、群体共识与农地制度创新》,载《农业经济问题》2010 年第 10 期。

89. 王利明、周友军:《论我国农村土地权利制度的完善》,载《中国法学》2012 年第 1 期。

90. 王露璐:《"生存伦理"与"理性意识"的共生与紧张——20 世纪 20—40 年代苏南乡村地权关系的经济伦理解读》,载《江苏社会科学》2007 年第 6 期。

91. 王小宁:《农村公共物品供给制度变迁的路径依赖与创新》,载《中国行政管理》2005 年第 7 期。

92. 王兴稳、钟甫宁:《土地细碎化与农用地流转市场》,载《中国农村观察》2008 年第 4 期。

93. 温铁军:《我国为什么不能实现农村土地私有化》,载《红旗文稿》2009 年第 2 期。

94. 文贯中:《结构性失衡、内需不振、过时的土地制度和走去困境》,载《南开经济研究》2010 年第 2 期。

95. 文贯中:《市场畸形发育、社会冲突与现行的土地制度》,载《经济社会体制比较》2008 年第 2 期。

96. 乌廷玉:《旧中国地主富农占有多少土地》,载《史学集刊》1998 年第 1 期。

97. 吴向红、吴向东:《传统地权秩序对土地承包权的挑战》,载《法学》2007 年第 5 期。

98. 吴毅:《传统的翻转与再翻转——新区土改中农民土地心态的建构与历史逻辑》,载《开放时代》2010 年第 3 期。

99. 吴毅:《理想抑或常态:农地配置探索的世纪之摆》,载《社会学研究》2009 年第 3 期。

100. 萧武:《警惕某些钉子户与媒体垄断正义》,载《绿叶》2011 年第 1 期。

101. 辛逸:《人民公社研究述评》,载《当代中国史研究》2008 年第 1 期。

102. 辛逸:《事实求是地评价农村人民公社》,载《当代世界与社会主义》2001 年第 3 期。

103. 熊万胜:《小农地权的不稳定性:从地权规则确定性的视角——关于 1867—2008 年间栗村的地权纠纷史的素描》,载《社会学研究》2009 年第 1 期。

104. 徐美银、钱忠好:《农民认知视角下的中国农地制度变迁——基于拓扑模型的分析》,载《农业经济问题》2008 年第 5 期。

105. 许庆:《农地制度、土地细碎化与农民收入不平等》,载《经济研究》2008 年第 2 期。

106. 许章润:《地权的国家德性》,载《比较法研究》2010 年第 2 期。

107. 严金明:《土地规划立法的导向选择与法律框架构建》,载《中国土地科学》2008 年第 11 期。

108. 杨芳:《关于涉农土地纠纷案件的调研报告》,载《法律适用》2005年第8期。

109. 杨国桢:《明清土地契约文书研究》,载《学术月刊》2013年第7期。

110. 杨华:《农村阶层分化:线索、状况与社会整合》,载《求实》2013年第8期。

111. 杨华:《农村新兴中农阶层与"三农"问题新解》,载《广西社会科学》2012年第11期。

112. 杨华、欧阳静:《地权的阶层关系属性:阶层分化与地权冲突》,载《中国农业大学学报(社会科学版)》2013年第4期。

113. 杨华:《"中农"阶层:当前农村社会的中间阶层——"中国隐性农业革命"的社会学命题》,载《开放时代》2012年第3期。

114. 杨善华、侯红蕊:《血缘、姻缘、亲缘和利益》,载《宁夏社会科学》1999年第6期。

115. 杨小凯、江濡山谈话录:《中国改革面临的深层问题——关于土地制度改革》,载《战略与管理》2002年第5期。

116. 杨雪冬:《论意识形态与经济增长》,载《经济体制比较》1996年第1期。

117. 姚洋:《中国农地制度——一个分析框架》,载《中国社会科学》2000年第2期。

118. 叶剑平、姜妍、丰雷:《中国农村土地流转市场的调查研究——基于2005年17省调查的分析和建议》,载《中国农村观察》2006年第4期。

119. 叶兴庆:《论农村公共品供给体制的改革》,载《经济研究》1997年第6期。

120. 应星:《草根动员与农民群体利益的表达机制——四个个案的比较研究》,载《社会学研究》2007年第2期。

121. 于建嵘、陈志武:《把地权还给农民——于建嵘对话陈志武》,载《东南学术》2008年第2期。

122. 于建嵘:《当代中国农民的以法抗争——当前农民维权活动的一个解释框架》,载《社会学研究》2004年第2期。

123. 俞海、黄季焜:《地权稳定性、土地流转与农地资源持续利用》,载《经济研究》2003年第9期。

124. 张红宇:《中国农地调整与使用权流转:几点评论》,载《管理世界》2002年第5期。

125. 张红宇:《中国农地制度变迁的制度绩效——从实证到理论的分析》,载《中国农村观察》2002年第2期。

126. 张静:《土地使用规则的不确定:一个解释框架》,载《中国社会科学》2003年第1期。

127. 张静:《新中国成立初期乡村地权交易中的农户行为分析》,载《中国经济史研究》2012年第2期。

128. 张佩国:《中国乡村革命研究中的叙事困境——以"土改"研究文本为中心》,载《中国农史》2003年第2期。

129. 张寿春:《人民公社化运动及人民公社问题研究综述》,载《当代中国史研究》1996年第3期。

130. 张曙光、程炼:《复杂产权与和有效产权论——中国地权变迁的一个分析框架》,载《经济学》2012年第4期。

131. 张宛丽:《对现阶段中国中间阶层的初步研究》,载《江苏社会科学》2002年第4期。

132. 张小军:《象征地权与文化经济——福建阳村的历史地权个案研究》,载《中国社会科学》2004年第3期。

133. 章有义:《本世纪二三十年代我国地权分配的再估计》,载《中国社会经济史研究》1988年第2期。

134. 赵德臣、王元珍:《试析农村公共产品供给的现状、问题及方略》,载《农村经济通讯》2006年第9期。

135. 折晓叶、陈婴婴:《产权怎样界定——一份集体产权私化的社会文本》,载《社会学研究》2005年第4期。

136. 郑定、柴荣:《两宋土地交易中的若干法律问题》,载《江海学刊》2002年第6期。

137. 郑振源:《建立开放、竞争、城乡统一而有序的土地市场》,载《中国土地科学》2012年第2期。

138. 钟甫宁、纪月清:《土地产权、非农就业机会与农户农业生产投资》,载《经济研究》2009年第12期。

139. 周安平:《集体利益的名义何以正当——评广州猎德钉子户案》,载《法学论坛》2009年第1期。

140. 周其仁:《农地产权与征地制度——中国城市化面临的重大选择》,载《经济学》2004年第10期。

141. 周艳波:《论农村土地纠纷类型、原因和解决措施》,载《学术界》2008年第1期。

142. 朱冬亮:《当前农村土地纠纷及其解决方式》,载《厦门大学学报(哲学社会科学版)》2003年第1期。

(二)网络、报刊和学位论文

1. 韩俊:《家庭经营是农业生产中最适宜模式》,http://news.xinhuanet.com/local/2013-01/05/c_114258632.html。

2. 李昌平:《话语体系与土地流转制度》,http://www.snzg.cn/article/2009/0415/article_14185.html。

3. 民建湖州市委会:《高效利用湖州市耕地资源 积极推进现代农业发展》,http://www.zjmj.cn/news_detail.aspx?id=13697&classid=142。

4. 盛洪:《为什么市场制度是配置土地资源的决定性制度》,载《京润法治与公共政策评论》第1期,http://www.unirule.org.cn/index.php?c=article&id=2879。

5. 时寒冰:《亲历云南旱情的6天 老乡为啥劝我千万别资助打井》,http://shihanbingblog.blog.hexun.com/48165134_d.html。

6. 张路雄:《中国耕地制度存在的问题及不可回避的政策选择》,http://www.zgxcfx.com/Article/10985.html。

7. 张爱虎:《种粮大户800万元亏损之惑》,载《湖北日报》2013年1月12日。

8. 赵永平:《土地流转不是越快越好》,载《人民日报》2014年6月29日。

9. 平子:《土地流转不是越快越好 莫成少数人的盛宴》,载《人民日报》2014年11月30日。

后 记

关于中国土地问题的探讨从未停止,也将继续向纵深推进。中国在加快现代化建设的过程中,土地制度该向何处去?如何合理构建土地制度,为中国的进一步发展创造制度条件,一直是学界关注的焦点问题。任何问题的解决,有赖于对该问题所涉及的理论和既有实践的准确把握。在我国区域发展不平衡、人口众多、农业为主、人均耕地较少等结构性因素的制约下,厘清土地制度的运作逻辑、地权的实践过程显得尤为重要。地权的实践过程既受制于市场经济的发展规律,又处于一定的村庄社会结构之中。准确地说,村庄社会结构是地权实践的具体场域。基于此,在把握村庄社会结构的基础上,探讨地权的实践问题就成为必然之举。正是在这个意义上,关于地权实践的经验研究成为土地制度研究的重要一环。特别是在寻求中国社会科学主体性发展的过程中,经验研究有助于研究者探究中国问题在中国发生、发展和演变的逻辑,并进一步探究可能的解决路径。

对于转型期的中国社会而言,地权的实践过程更加复杂。在城市化、工业化持续推进的背景下,土地价值激增,关于土地的利益纷争不断呈现;区域经济发展的不平衡刺激了不同土地使用权人对土地价值的想象;在社会主义法治理念、个体主义、自由主义的影响下,农民权利意识日趋增加;市场经济条件下,农民内部分化日渐明显。这些正在发生、并将持续发生的变动都使得地权的实践比我们想象的更为复杂,具有普适意义的抽象理论需要在实践中接受进一步的检验。实践成为理论上完美的制度能否产生良好社会效果的唯一检验标准。而制度的运行,受制于现实处境中的诸多约束条件。地权的运行同样需要面对诸多的约束条件。中国社会转型过程中,这一约束条件既有宏观的大背景的变化,同样还必须面对微观意义上主体行为逻辑的变化;既需要应对乡村和城市的差异化发展,同时还必须面对区域发展不平衡的现实;既需要正视基层政府的治理逻辑,同时还必须面对农民分化的客观事实。笔者也正是在对这些问题的思考中,展开关于土地问题的研究。

对于同一个问题的研究,因为研究视角和知识积累的差异,不同的研究者可能得出不同的"客观事实"和解决问题的"有效途径"。交叉学科的研究视野有利于纠正研究过程中单一学科知识积累所产生的"偏见"。地权实践的研究,既涉及与法学相关的权利义务体系,同时在权利的实践过程中,又不能脱离村庄社会环境和社会结构,需要社会学的知识积累,进行定性研究;关于地权市场的讨论,需要对经济学常识有一定的了解。笔者有幸在受了七年的法学学科训练之后,进入社会学的研究中,并通过阅读经济学的相关著作,对法学、社会学、经济学的知识体系有了一个基本的认识。这些习得的知识积累成为笔者研究土地问题的丰富养料。

这么多年的学习生活,中南财经政法大学法学院已经成为我心中的家园。十六年的青春岁月在此度过。文治楼、文泰楼、晓南湖畔、青年园、阶梯教室、模拟法庭、高耸的校门,这些都成为我生命中难以忘怀的记忆。十六年的青春岁月,足以形塑一个人对世界的基本认知和对社会的可能想象。感谢在中南财经政法大学法学院这么多年的经历,让我依然是那个能勇往直前、努力奋进的人。法学院良好的工作氛围、学院领导的关心和爱护,还有亲切热情的诸位同事,所有这一切都让我对这个世界满怀美好的想象和期待。

很感谢一路走来,有那么多人给予我无私的帮助和关心。首先要特别感谢华中科技大学乡村治理研究中心的贺雪峰教授。人的一生能遇到几位好老师实在是很幸福的事情。庆幸自己能师从贺老师门下。贺老师具有强烈的爱国主义情怀、高度的民族责任感和敏锐的学术感知力。他是我见过的最为勤奋的学者。作为"华中乡土派"的领军人物,贺老师笔耕不辍,开拓中国社会科学主体性研究。他也是我见过的倾注全部心血培养学生的学者。不仅仅是自己门下的学生,只要有兴趣读书思考的学生,贺老师都会不遗余力地提供帮助。在多年的学术道路摸索中,偶尔彷徨无助时,总能收到贺老师关切的邮件,他持续不断地鼓励我不要轻易放弃,激励我继续努力用功。贺老师曾说过"不怕慢,只怕站",我对此深信不疑。

还要感谢我的硕士导师中南财经政法大学法学院的郑祝君教授。郑老师是引导我进入学术研究的第一人。郑老师严于律己的学术追求时常让我肃然起敬;而郑老师对我生活学习的关心和问候,总能让我倍感温暖。郑老师在学术、家庭和生活之间的游刃有余,也让作为女性的我心向往之。这么多年的生活、学习、工作,郑老师一直不遗余力地帮助我、鼓励我、鞭策我!这种唯有对亲人才会有的鞭策,让我终生难忘。

中南财经政法大学法学院的陈景良教授时时教诲,总能帮助我静心读书与写作。陈老师也许不知,每每与他简短的谈话之后,他的督促总能让我更加勤奋。张德淼教授是我的博士后指导老师。张老师温文尔雅,君子风度。印象中,张老师总是微笑着听我的困惑,并提出极具实践性的建议。同样要感谢中南财经政法大学法学院的徐涤宇教授、方世荣教授、刘仁山教授、黎江虹教授、胡弘弘教授、高利红教授、刘卓教授、张继成教授、刘笋教授、武乾副教授、李艳华副教授、陈军副教授。在中南财经政法大学十六年的岁月里,他们都给予了我无私的帮助。正是因为有了他们的帮助,我才能持续前行。

感谢华中科技大学中国乡村治理研究中心的各位同仁,特别要感谢吕德文、杨华、郭亮、田先红、张世勇、欧阳静、宋丽娜。挚友杨华具有极强的学术洞察力,在写作的过程中给予了我很多无私的帮助,我的第一次入村调研就是在杨华的直接"指导"下展开的。吕德文温和平淡,对问题总有独到的见解,总能从小处着眼提点我。郭亮关于土地问题的思考,给了我极大的启发。田先红闷声做大事,让我不忘告诫自己要宁静致远。张世勇坚韧的性格,是我学习的榜样。欧阳静和宋丽娜总能设身处地为我着想,让我释放消极情绪，用积极正面的态度面对生活和学术。感谢华中科技大学乡村治理研究中心的袁松、刘燕舞、赵晓峰、林辉煌、孙新华、刘锐、魏程林、周娟、吴秋菊、李元珍、龚维刚、余练、陈义媛、阳云云、余彪、杜圆圆、印子、刘磊、冯川、陈文婧、石峰枫、彭福林等学友，与他们一起的调研、讨论，让我受益匪浅。

特别感谢我的同事兼挚友陈柏峰、何鹏、郭俊霞、陈晓敏、李栋、郭华桥、王广波。陈柏峰亦师亦友，这么多年的学习，他的帮助贯穿始终，我的任何成长，都是在他的鼓励下获得的。我的任何困苦、烦扰，何鹏总是第一个听众，她总是提醒我，不要妄自菲薄。郭俊霞是令我倍感舒心的好友，学文学出身的她，总能道出优美的话语来安抚我心。陈晓敏有万事她当先的气概，尽可能地帮助我。李栋虽则是名义上的师弟，实际上却扮演了师兄的角色，一直鼓励我认真开展研究。华桥做事极认真，教会我一些难能可贵的做人的道理。不会忘记广波总在我需要帮助的时候鼎力相助。谢谢杨剑和黄建这对伉俪，他们是用真心待我的朋友。我们虽则不常在一起，但能互相牵挂。杨剑娴静温柔，黄建诙谐幽默，与他们在一起的日子，总是充满欢乐。

还要感谢那些接受我访谈并给予我诸多帮助的乡村干部和村民。他们真切的生活经历和对抽象问题的朴素理解，是我能完成本书的不竭源泉。

感谢北京大学出版社，感谢李倩编辑的辛勤付出。书稿排版过程中，因我不在国内，给李老师的工作带来了诸多不便。但她依然认真负责、细致耐心地跟我沟通，不仅多次邮件联系，还寻求其他途径帮助完善书稿，才促成本书在2015年年初出版。也衷心感谢复审老师和终审老师提出的进一步完善书稿的修改意见。

此时已是凌晨时分，我亲爱的女儿，在身旁甜蜜入睡。孩子逐渐长大，让作为母亲的我意识到要做更好的自己才称得上一位合格的母亲。感谢女儿的陪伴！感谢爱人的支持，他是我心中最温暖的部分，也是我书稿的第一个读者，还做了书稿校对的工作。谢谢公公婆婆这么多年照顾这个家，让我有时间外出调研！感谢我的父母和姐妹，他们是我前进的动力。

龚春霞

2014年12月于美国俄克拉荷马城市大学

Cokersbury Apartement 418, Oklahoma City University